心理学・社会科学研究のための

調査系論文で学ぶR入門

脇田貴文・浦上昌則・藤岡 慧 著

東京図書

まえがき

あなたは，統計ソフトRを使えるようになりたい，Rを使ってデータ分析をしたい，Rを使って卒論のデータ分析をしたいという気持ちでこの本を手にとられたと思います。もしかしたらRを使わなければならないという状況に置かれているかも知れません。そのような読者の思いにできるだけ応えられるよう，本書では以下のような試みを具体化してみました。

ここ数年，多くのR入門書が出版されています。もしそれらを手にされたことがあるなら，「入門」と名のつく書籍でも多種の統計分析が紹介されていて，「これが入門か…」と思われたかもしれません。また，Rに関してはインターネット上にも多くの情報が溢れていますが，こちらも専門性が高いものが多く，初学者の目にはさらに高いハードルと映るかもしれません。本書の第1部は，はじめてRに触る人を想定し，最低限必要な知識を厳選して取り上げました。

また本書は数ある心理学分野のR入門書の中でも特殊な構成になっています。姉妹書である『心理学・社会科学研究のための調査系論文の読み方 改訂版』と同じく，他書ではあまり見ない構成を採用しました。第1部では基礎的知識を，また第3部では心理学で用いられることが多い統計分析1つひとつを扱っています。このあたりは他書とも類似しているのですが，本書の大きな特徴は第2部にあります。

第2部では，サンプル論文を用意しました。論文の構成には，研究目的に達するための明確な「筋道」があります。他方，研究のための分析には，やや試行錯誤的な面もありますが，研究目的に達するための一般的な手順，「流れ」があります。分散分析だけ，探索的因子分析だけを単独で行うようなことは，現実にはありません。そこで，論文の「筋道」を踏まえ，それに対応する分析の「流れ」を追うことで，Rに対する一つひとつの命令を，データセットの作成，変数の作成，そして各分析の実行という，目的に達するために必要な一連の分析作業の中に位置づけられるようになるのではないかと考えました。

論文の「筋道」と分析の「流れ」は同一ではありませんが，論文の「筋道」は分析の「流れ」をおおまかに決定します。またここには，ある程度定まったパターンもあります。サンプル論文の「筋道」をとらえ，それと分析の「流れ」を対応させてみてください。卒業論文等の分析で困っている人は，サンプル論文における「筋道」と分析の「流れ」を真似することで，自分の研究目的に達するためにやるべき分析が見えてくるようになるかもしれません。

この試みが吉と出るか凶と出るかは神のみぞ知るところでもありますが，この「流れ」を自身のデータにおいてもイメージできるようになれば，R を使った統計分析の階段を 1 つ上がれると思います。

最後に，ANOVA 君の作成者であり本書での紹介を快諾してくださった大正大学心理社会学部の井関龍太先生，そして，企画段階から関わり，原稿の本文だけでなく，R のスクリプトや出力結果の細かな体裁に至るまで著者らの理想に近づけるべく奮闘してくださった東京図書の川上禎久氏に厚く御礼申し上げます。

2021 年 6 月　著者

■本書のサポート Web ページ

本書では以下にサポート Web ページを作成しています。

http://measurement.jp/R/index.html

〈ダウンロード〉

- 本書で用いるサンプル論文の PDF
- 本書で用いるデータファイル
  ch03.csv, ch04.csv, ch05.csv, ch06.csv, ch07.csv, ch08.csv
  ch11_abs.csv, pair.csv, kakunin.csv
- 本書で用いたスクリプト

〈サポート情報〉

- R のインストール詳細
- エラーリスト
- Excel の使い方

など

目　次

まえがき　iii

第0章　はじめに……1

Rを使ってデータ分析をするということ……1

- Rでは，目的地が同じでも，そこに至る道はたくさんある！　試行錯誤が重要！……1
- インターネットで検索すれば，たいてい同じことで悩んだ人の形跡が残っている……2
- Rのエラーは，情報の宝庫，嫌わないこと……2
- Rのスクリプトを書く際の「自分なりのルール」を作る……3
- Rは，常に進化している……4
- RとExcelの連携は必須……4

第1章　Rを使う環境を整える……5

Rのインストール……5

- RをインストールするPCの設定……5
- CRANを検索……6
- Rのダウンロード……6

RStudioについて……10

■ 第1部　さまざまな分析に共通する事項　Rの基礎知識……11

第2章　Rの基礎：初めてRを使う人へ……13

Step 1　Rで用いる用語……14

- スクリプト……14
- スクリプトを「実行する」……14
- 関数と引数……14
- 関数のオプションとデフォルト……15
- TRUEとFALSE……16

Step 2　計算をさせる……17

Step 3　変数の作成と値の代入……18

Step 4　変数内の要素へのアプローチ……21

Step 5　関数……23
Step 6　パッケージ……24
Step 7　R エディタの活用とコメントアウト……27
Step 8　行列……30
Step 9　データフレーム……34
Step 10 関数の詳細情報を知る……37

第3章　R 初心者から初級者へ……39

①データファイルの準備……40
②作業ディレクトリの設定……41
- Windows の場合……41
- Macintosh の場合……43

③データの読み込み……44
④読み込まれたデータを確認する……45
⑤欠測値（欠損値）の確認と扱い……46
⑥変数の型の確認……48
⑦度数分布を求める……50
- 度数分布……51
- クロス集計……51
- クロス集計表の独立性の検定……51

⑧ヒストグラムを描く……52
⑨基礎統計量を求める……53
⑩散布図，相関係数を求める……54
⑪データフレームから特定の変数を抽出して新たなデータフレームを作成する……56
⑫ある条件にあてはまるケースだけを抽出する……57
⑬新しい変数を作る：尺度得点を作る……60
⑭新しい変数を作る：連続型の変数からカテゴリ変数を作る……61
⑮新しい変数を作る：カテゴリ変数からカテゴリ変数を作る……63

■ 第2部　心理学の研究で行われる分析の流れ……67
研究におけるRの使い方—本章の読み方と使い方—……69
- 論文から分析を想像する……69
- 「分析の流れの確認」で実際の分析の流れを確認する……70
- スクリプトの全体像を把握する……70
- スクリプトと出力例を確認しながら自分でやってみる……70

第4章　インターンシップへの参加動機とその効果……73
使用する分析：信頼性の検討・2要因分散分析（混合計画）
内容・目的：インターンシップ参加の前後でデータを得る。
前後の平均値の変化からインターンシップ参加の影響を分析した研究
- Step 1　論文から分析を想像する……76
- Step 2　分析の流れの確認……77
- Step 3　分析スクリプトの全体像……78
- Step 4　分析スクリプトと出力例……81

第5章　動物に対する共感性尺度の作成……97
使用する分析：探索的因子分析・t 検定・1要因分散分析（被験者間計画）
内容・目的：新しい尺度を作成して，その信頼性，妥当性を確認することを主たる目的とした研究
- Step 1　論文から分析を想像する……101
- Step 2　分析の流れの確認……102
- Step 3　分析スクリプトの全体像……103
- Step 4　分析スクリプトと出力例……108

第6章　ペットを飼うことは精神的健康につながるか
—ペットを飼う理由と動物への共感性の観点から—……131

使用する分析：確認的因子分析・信頼性の検討・相関係数・偏相関係数

内容・目的：利用した既存の尺度の因子構造について確認した上で，変数間の関連を，相関係数・偏相関係数を用いて探索的に分析した研究

- Step 1　論文から分析を想像する……135
- Step 2　分析の流れの確認……136
- Step 3　分析スクリプトの全体像……137
- Step 4　分析スクリプトと出力例……140

第7章　動機づけと学習成果の関連における学年差の検討
—中学１年生と３年生の比較から—……157

使用する分析：共分散構造分析

内容・目的：潜在変数の関係性を共分散構造分析を用いて確認した研究。さらに，確認された潜在変数間の関係性に集団間で異同があるかを多母集団同時分析を用いて確認

- Step 1　論文から分析を想像する……161
- Step 2　分析の流れの確認……162
- Step 3　分析スクリプトの全体像……163
- Step 4　分析スクリプトと出力例……165

■ 第3部　心理学研究で用いられるさまざまな分析……177

第8章　t 検定……179

対応がない場合の t 検定……179

対応がある場合の t 検定……182

第9章　探索的因子分析……185

第10章　尺度の信頼性……191

心理尺度の信頼性を表す係数……191

- Cronbach の α……191
- McDonald の ω……193

第11章　確認的因子分析……197

第12章　分散分析……203

1要因分散分析（被験者間）……203

- aov( ) 関数を用いる方法……204
- ANOVA 君を用いる方法……205

1要因分散分析（被験者内）……208

2要因分散分析（被験者間×被験者間）……212

2要因分散分析（被験者間×被験者内：混合計画）……214

第13章　共分散構造分析……217

多母集団同時分析……223

- 測定方程式部分の等値制約……225
- 構造方程式部分の等値制約……229

付録　エラーリストと対応策……234

「示したいこと」と「分析方法」の対応……242

索引……244

著者紹介……246

Column

データフレームの扱い方……156

R コンソールの出力結果を Excel に移す方法……189

因子分析の結果を Excel に移して検討する方法……190

高機能エディタを用いて，スクリプトを効率良く作成する方法……196

カバー・表紙デザイン：高橋敦

第0章 はじめに

Rを使ってデータ分析をするということ

あなたは，Rを使えるようになりたい，Rを使ってデータ分析をしたい，Rを使って卒論のデータ分析をしたいという気持ちでこの本を手にとったと思います。私（脇田）自身は，これまでUNIX版のSPSS，Windows版のSPSS，SAS，STATA，JMPなどさまざまな統計ソフトを使用してきました。Rはこれらの統計ソフトとは一線を画します。はじめに，Rを使えるようになりたい人，Rを使って卒論を書くことを考えている人，また，初めて統計ソフトを触る人にとって重要なことを説明したいと思います。

この0章に関しては，最初は見出し部分だけを読んでも結構です。詳細を学ぼう，理解しようとするよりは，何となくの雰囲気を掴んでください。ここでは，基本的に私がつまずいた原因，これを先に知っておけば苦労しなくても（抵抗なく）Rを使った分析ができただろうと感じることを挙げてみます。次の6つの特徴を知るだけでも，かなりRに親しみやすくなるはずです。

1 Rでは，目的地が同じでも，そこに至る道はたくさんある！　試行錯誤が重要！

おそらく初心者がRにつまずく一番の要因は，色々なやり方があるということでしょう。既存の統計ソフトであれば，相関係数を求めるには，ここをクリックして，ここをクリックして…というように，やり方は1つしかありません（そういう場合がほとんどです）。そのため，本やwebなどで調べても，大抵は同じやり方が書かれています。

しかし，Rの場合はそうはいきません。同じ分析をするにも複数の道が存在します。まずはこのことに慣れること，右の道を通ったなら，ついでに左の道も試してみるというように柔軟に対応することが必要です。うまくいかないことがあっても，試行錯誤を繰り返しながら，自分なりのやり方を確立していくという感じです。この試行錯誤が最も重要なのです。

またRに関しては，インターネット上に膨大な情報が存在します。これは大きなメリットではありますが，初心者には混乱をもたらしもするでしょう。ある解説webページではAというやり方を説明しているけれど，別のwebページではBというやり方を説明しているということが多くあります。むしろそれは，ほとんどの場合といってもよいかもしれません。これは，書籍でも同じで，同じ目的の分析をしているけれども章が違えば違うやり方を用いていることもあります。

結果にたどり着くための方法はひとつではなく，色々なやり方があるということをしっかりと頭に置いておいてください。Rでは，同じことをする場合であっても，道筋Aや道筋B，さらには他の道筋もありうることを意識してください。

2 インターネットで検索すれば，たいてい同じことで悩んだ人の形跡が残っている

何かしらの問題にぶつかり，解決したいことが生じた場合，Googleなどで検索をすれば大抵解決方法が出てきます（ただし，それで解決できるかは別問題ですが…）。例えば，エラーを示すテキストをそのまま検索すると，そのエラーに関する記事やQ&Aなどがヒットしてくるでしょう。ヒットするのは日本語に限らず英語のサイトまでヒットしてきます。あなたと同じようなことで悩んだ人は多くいるのです。

ネット上には多くの情報があります。自分に必要な情報を探し，参考にしましょう。ただし，提示されている方法そのままをやってみてもうまくいかない場合もあります。先にも述べましたが，解決方法を試行錯誤しながら，情報を取捨選択することが必要になってきます。

3 Rのエラーは，情報の宝庫，嫌わないこと

Rを触っていると，さまざまなエラー表示に遭遇します。エラー表示に出会わない人は皆無でしょう。ゼミでRの学習をしていた際に，「エラー祭り」と言った学生がいました。まさに「祭り」のようにエラーが出てきます。

エラー表示に出会うと，何か怒られたような気になるかも知れませんが，そんなことはありません。こちらの指示が適切でなくてRが「聞き返してくれている」くらいに捉えるのが良いでしょう。これはまさしくコミュニケーションなのです。

実際の分析作業では，このエラーの意味（原因）を考えて，1つひとつ解決していくというプロセスが必要になります。「ここを間違えると，このエラーが出る」，逆にいえば「このエラーが出たときにはこのあたりが怪しい」という感覚が身につくと分析がスムーズにできるようになっていきます。

よくあるエラー表示は，付録やサポートWebページにまとめていますので参考にしてください。

4 Rのスクリプトを書く際の「自分なりのルール」を作る

Rでは，実行させたい内容をスクリプトを用いて記述し，分析を進めます。このスクリプトを記述する際には，自分なりのルールを決めると効率がよくなり，ミスも減ります。また，あとからスクリプトを見返したときにも，何をしているのかがすぐに理解できるようになります。

例えば，

データフレームの名前は	d_●●●（data の略）
作成したカテゴリ変数の名前は	●●●_cate（category の略）
逆転項目で逆転処理をした変数名は	●●r（reverse の略）
変数名だけが含まれた変数（リスト）の名前は	lis_●●●

というような感じです。自由に名前をつけられる部分は，このような自分なりのルールを作っておくとよいでしょう。

本書では，上記のルールのように _（アンダーバー）を多用しています。特に決まりはないのですが，アンダーバーは，視認性が高くなるというメリットがあります。例えば，scorecate よりは，score_cate の方が，スコアから作ったカテゴリ変数だということが，簡単にわかります。アンダーバーのかわりに score.cate のように .（ドット）を使うこともできますがどちらを使うかは好みでしょう。

また本書では，尺度項目などの変数名は a1，a2，a3 ではなく，a01，a02，a03 とするようにしています。こうすることで下記のようにスクリプトが長くなる場合にも見やすくなります。

```
score <- a1 + a2 + a3 + … + a10 +
         a11 + a12 + …                          ] a1, a2, a3 の場合
score <- a01 + a02 + a03 + … + a10 +
         a11 + a12 + a13 + … + a20              ] a01, a02, a03 の場合
```

また，Excel で「並べ替え」をすると，前者では，a1, a11, a12, …, a2, a20, となってしまい不便です。これも変数名をつける時のルールとしておくと良いでしょう。

おそらく，すでにRを使い始めている人が，本書のスクリプトを見たときに，違和感をおぼえたりすることもあるでしょう。その理由が「自分なりのルール」にあります。改行の仕方1つとってもクセがあります。自分なりの形，ルールを作って，スクリプトを記述できるようになると分析もスムーズにできるようになります。

5 Rは，常に進化している

Rはオープンソース（コードが公開されていて，柔軟に改変することができる）であるために，頻繁にバージョンアップが繰り返されています。本書では出力結果も示しますが，近い将来，出力結果の形式や指標の表示される位置が変更されるかもしれません。インターネット上の情報も，古いRのバージョンに対応したものから，最新のバージョンのものまで様々なので注意してください。

Rは進化している，常に変わっているということを頭の片隅に置いてください。また，後で説明しますが，パッケージという便利なものが世界中で開発され発表されています。これも常に進化しています。どんどん新しくなるRの環境に対応する，という心構えをもっておくとよいでしょう。

6 RとExcelの連携は必須

Rはいろいろなことを実行し，表示してくれます。論文に記載するような図表をRで作成することもできますが，これは回り道になりかねません。Rの基本出力の結果はテキストです。これをExcelに貼り付けて整えるという作業を行う方が楽な場合も多くあります。本書p.189，p.190や，サポートWebページを参照してください。

第1章 Rを使う環境を整える

Rのインストール

RはWindows，MacOS等の様々なOSに対応しています。本書では，Windows版とMacOS版のインストール方法を紹介します。

1 RをインストールするPCの設定

Rでは，命令の中で特定のファイルを指定する場合があります。その際のファイル指定は，拡張子までを含みます。ここでの間違いを防ぐため，Rを利用するPCでは，「拡張子を表示する」設定にしておく必要があります。

各種ファイルの名前には拡張子というものが付与されています。例えば，PDFファイルにはpdf，Excel文書はxlsxなどが，ファイル名の後にドット（.）をはさんでつけられています。たとえばExcelで名前を付けて保存する場合，入力する名前は拡張子の前の部分になります。すなわち，Excelで作成したファイルに「sample」と名前を付けて保存した場合（ファイル形式を指定しない場合），実際には「sample.xlsx」もしくは「sample.xls」として保存されるのです。

ところが最近のWindowsやMacでは，この拡張子を表示しない（非表示）ことが初期設定になっています。もし利用しているPCでファイルを見た時，その名前に「.xlsx」や「.pdf」といった拡張子がついていなければ，「拡張子を表示する」設定に変更しておいてください。そうしないと，ミスが生じる可能性が高くなってしまいます。

次に，特にWindowsの場合で起きやすいようですが，ユーザー名，Rをダウンロードする場所やRで作業をするディレクトリに，日本語で名前をつけていると，動作がうまくいかない可能性が高まるようです。ユーザー名，ディレクトリ名，ファイル名など，できるだけアルファベット表記にしておくことをおすすめします。

2 CRANを検索

Rはフリーウェア（無料）で，自由にダウンロードして利用することができるものです。ダウンロードするために，まずは公式のRのHPを検索しましょう。

ブラウザで「R」と検索すると，大抵は一番上にThe R Project for Statistical Computing（https://www.r-project.org/）が表示されます。クリックしてHPに入ると以下のようなページが表示されます。なお，「R 統計」や「R インストール」と検索すると日本語で書かれたページが多数ヒットしますが，公式のRのHPをヒットさせたいのであれば，「R CRAN」で検索してみましょう。

3 Rのダウンロード

download Rの部分（上図の※1）をクリックすると，次図のような世界中のミラーサイトのURLが表示されるページ（CRAN Mirrors）に移動します。このページには，自分が住んでいる場所から近い場所のミラーサイトを選択するよう書かれていますので，Japanまでスクロールしましょう。現在，日本のミラーサイトとしてはThe Institute of Statistical Mathematics, Tokyo（統計数理研究所）とYamagata Universityの2つがあります。どちらでもかまいませんが，ここでは前者を選択し，https://cran.ism.ac.jp/をクリックします。

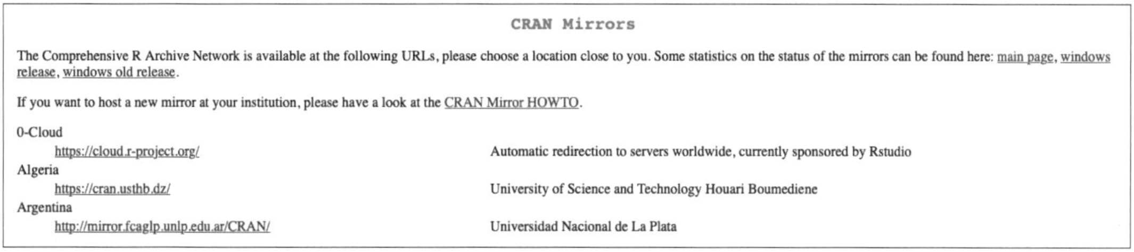
CRAN Mirrors

The Comprehensive R Archive Network is available at the following URLs, please choose a location close to you. Some statistics on the status of the mirrors can be found here: main page, windows release, windows old release.

If you want to host a new mirror at your institution, please have a look at the CRAN Mirror HOWTO.

0-Cloud	
https://cloud.r-project.org/	Automatic redirection to servers worldwide, currently sponsored by Rstudio
Algeria	
https://cran.usthb.dz/	University of Science and Technology Houari Boumediene
Argentina	
http://mirror.fcaglp.unlp.edu.ar/CRAN/	Universidad Nacional de La Plata

すると，以下のような画面にとびます。Download and Install R 欄（下図の※2）から，自分の利用している PC に合ったものを選んでください。以下では，Windows，Mac(OS X) 別に説明をします。Windows の人は※2の下の Download R for Windows を，Macintosh の人は※の上の Download R for (Mac) OS X をクリックしてください。

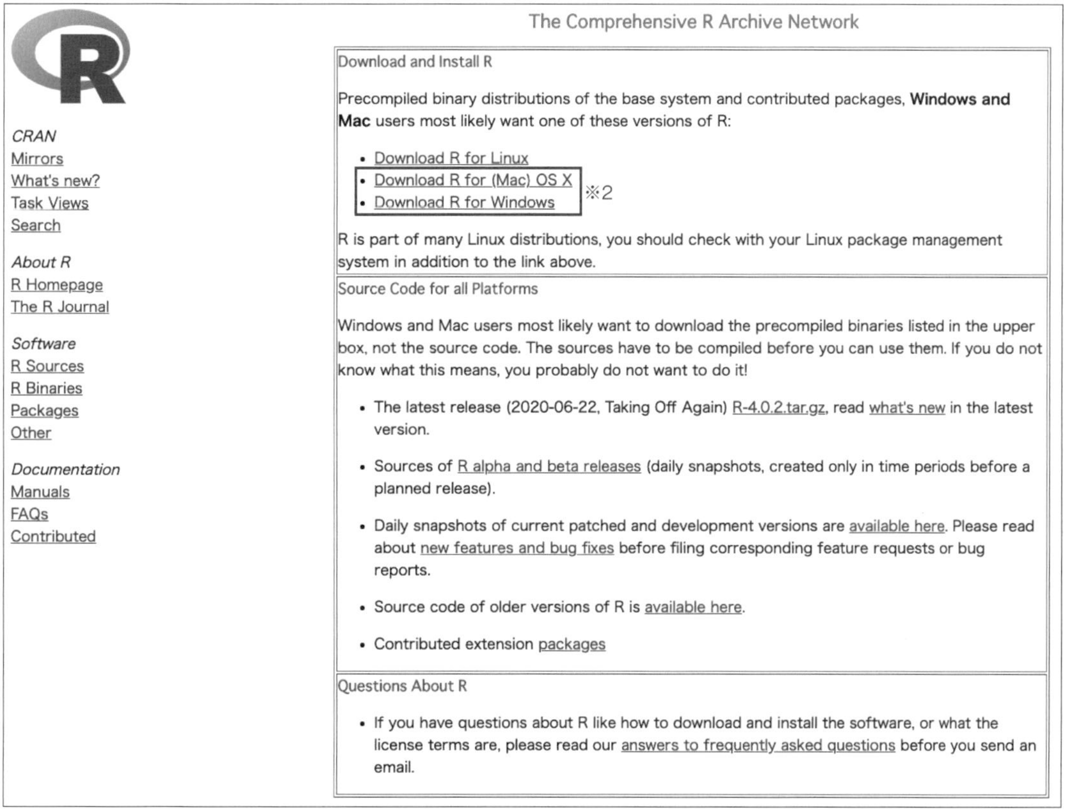
The Comprehensive R Archive Network

CRAN
Mirrors
What's new?
Task Views
Search

About R
R Homepage
The R Journal

Software
R Sources
R Binaries
Packages
Other

Documentation
Manuals
FAQs
Contributed

Download and Install R

Precompiled binary distributions of the base system and contributed packages, **Windows and Mac** users most likely want one of these versions of R:

- Download R for Linux
- Download R for (Mac) OS X
- Download R for Windows

※2

R is part of many Linux distributions, you should check with your Linux package management system in addition to the link above.

Source Code for all Platforms

Windows and Mac users most likely want to download the precompiled binaries listed in the upper box, not the source code. The sources have to be compiled before you can use them. If you do not know what this means, you probably do not want to do it!

- The latest release (2020-06-22, Taking Off Again) R-4.0.2.tar.gz, read what's new in the latest version.
- Sources of R alpha and beta releases (daily snapshots, created only in time periods before a planned release).
- Daily snapshots of current patched and development versions are available here. Please read about new features and bug fixes before filing corresponding feature requests or bug reports.
- Source code of older versions of R is available here.
- Contributed extension packages

Questions About R

- If you have questions about R like how to download and install the software, or what the license terms are, please read our answers to frequently asked questions before you send an email.

【Windows を使用している場合】

Windows 版をインストールする場合，Download R for Windows をクリックします。

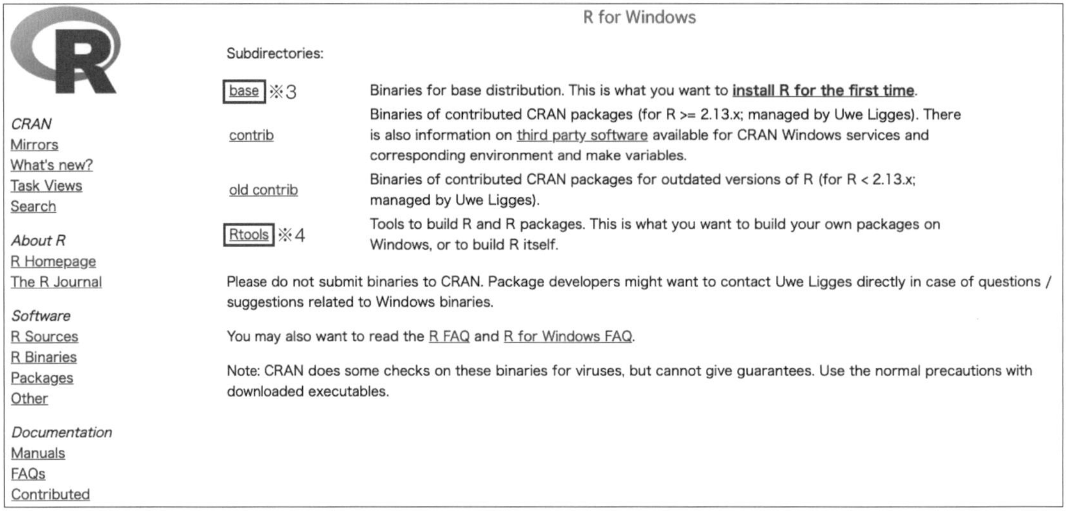

R for Windows

CRAN
Mirrors
What's new?
Task Views
Search

About R
R Homepage
The R Journal

Software
R Sources
R Binaries
Packages
Other

Documentation
Manuals
FAQs
Contributed

Subdirectories:

base ※3 Binaries for base distribution. This is what you want to **install R for the first time**.

contrib Binaries of contributed CRAN packages (for R >= 2.13.x; managed by Uwe Ligges). There is also information on third party software available for CRAN Windows services and corresponding environment and make variables.

old contrib Binaries of contributed CRAN packages for outdated versions of R (for R < 2.13.x; managed by Uwe Ligges).

Rtools ※4 Tools to build R and R packages. This is what you want to build your own packages on Windows, or to build R itself.

Please do not submit binaries to CRAN. Package developers might want to contact Uwe Ligges directly in case of questions / suggestions related to Windows binaries.

You may also want to read the R FAQ and R for Windows FAQ.

Note: CRAN does some checks on these binaries for viruses, but cannot give guarantees. Use the normal precautions with downloaded executables.

続いて Subdirectories の base(※ 3) をクリックします。

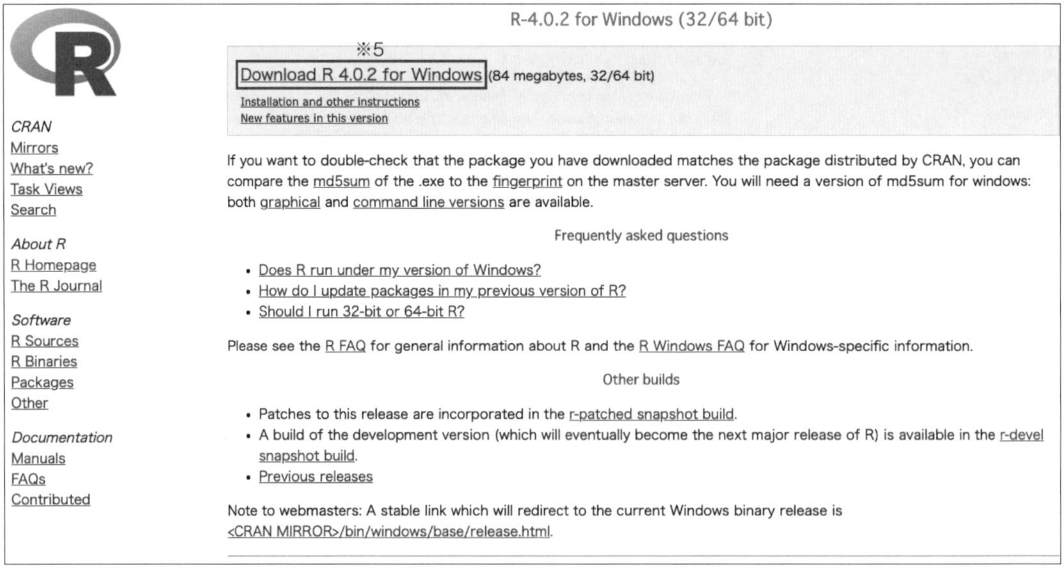

R-4.0.2 for Windows (32/64 bit)

CRAN
Mirrors
What's new?
Task Views
Search

About R
R Homepage
The R Journal

Software
R Sources
R Binaries
Packages
Other

Documentation
Manuals
FAQs
Contributed

※5
Download R 4.0.2 for Windows (84 megabytes, 32/64 bit)
Installation and other instructions
New features in this version

If you want to double-check that the package you have downloaded matches the package distributed by CRAN, you can compare the md5sum of the .exe to the fingerprint on the master server. You will need a version of md5sum for windows: both graphical and command line versions are available.

Frequently asked questions

- Does R run under my version of Windows?
- How do I update packages in my previous version of R?
- Should I run 32-bit or 64-bit R?

Please see the R FAQ for general information about R and the R Windows FAQ for Windows-specific information.

Other builds

- Patches to this release are incorporated in the r-patched snapshot build.
- A build of the development version (which will eventually become the next major release of R) is available in the r-devel snapshot build.
- Previous releases

Note to webmasters: A stable link which will redirect to the current Windows binary release is <CRAN MIRROR>/bin/windows/base/release.html.

ここで一番上にある Download R 4.0.2 for Windows（※ 5）をクリックするとダウンロードが開始されます。

base をクリックすることで表示される画面には，常に最新版が掲載されますので，それをインストールしましょう。この画像では R 4.0.2 となっていますが，最新版が公開されると，この数字が大きくなっていきます。たとえば 2020 年には，3.6.3 → 4.0.0 → 4.0.1 → 4.0.2 → 4.0.3 とアップデートが繰り返されました。2021 年 2 月現在，4.0.4 になっています。なお，よほど古いパソコンを使っている場合を除き，32bit 版は不要なのでチェックを外しておくとよいでしょう。

また Rtools もダウンロードしておきます（左ページ図の※ 4）。

【Macintosh を使用している場合】

Download R for（Mac）OS X をクリックすると次のような画面が表示されます。Latest release にある。R-4.0.2.pkg（※ 6）をクリックするとダウンロードが開始されます。なお，この画像では R 4.0.2 となっていますが，ここには常に最新版が掲載されています。

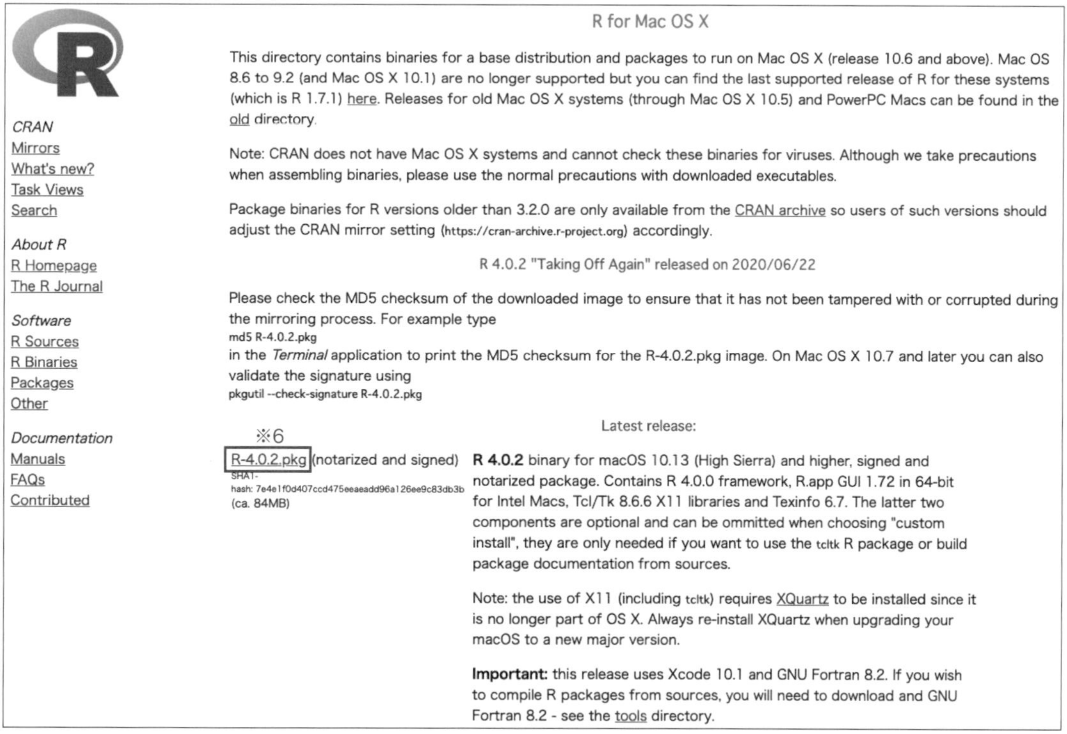
CRAN
Mirrors
What's new?
Task Views
Search

About R
R Homepage
The R Journal

Software
R Sources
R Binaries
Packages
Other

Documentation
Manuals
FAQs
Contributed

R for Mac OS X

This directory contains binaries for a base distribution and packages to run on Mac OS X (release 10.6 and above). Mac OS 8.6 to 9.2 (and Mac OS X 10.1) are no longer supported but you can find the last supported release of R for these systems (which is R 1.7.1) here. Releases for old Mac OS X systems (through Mac OS X 10.5) and PowerPC Macs can be found in the old directory.

Note: CRAN does not have Mac OS X systems and cannot check these binaries for viruses. Although we take precautions when assembling binaries, please use the normal precautions with downloaded executables.

Package binaries for R versions older than 3.2.0 are only available from the CRAN archive so users of such versions should adjust the CRAN mirror setting (https://cran-archive.r-project.org) accordingly.

R 4.0.2 "Taking Off Again" released on 2020/06/22

Please check the MD5 checksum of the downloaded image to ensure that it has not been tampered with or corrupted during the mirroring process. For example type
md5 R-4.0.2.pkg
in the *Terminal* application to print the MD5 checksum for the R-4.0.2.pkg image. On Mac OS X 10.7 and later you can also validate the signature using
pkgutil --check-signature R-4.0.2.pkg

Latest release:

※6
R-4.0.2.pkg (notarized and signed)
SHA1-hash: 7e4e1f0d407ccd475eeaeadd96a126ee9c83db3b
(ca. 84MB)

R 4.0.2 binary for macOS 10.13 (High Sierra) and higher, signed and notarized package. Contains R 4.0.0 framework, R.app GUI 1.72 in 64-bit for Intel Macs, Tcl/Tk 8.6.6 X11 libraries and Texinfo 6.7. The latter two components are optional and can be ommitted when choosing "custom install", they are only needed if you want to use the tcltk R package or build package documentation from sources.

Note: the use of X11 (including tcltk) requires XQuartz to be installed since it is no longer part of OS X. Always re-install XQuartz when upgrading your macOS to a new major version.

Important: this release uses Xcode 10.1 and GNU Fortran 8.2. If you wish to compile R packages from sources, you will need to download and GNU Fortran 8.2 - see the tools directory.

現在のRの最新バージョンは，macOS 10.13（High Sierra）以降が必要です。それ以前のmacOSを使っている場合は，その下にあるBinaries for legacy OS X systemsから以前のバージョンを選ぶこともできます。

RStudioについて

Rを使用するための準備は，上記のソフトのインストールができれば完了です。しかし，Rに慣れてくると，より複雑な分析やスクリプトを使用したくなってきます。その場合，上記でインストールしたRの環境は，必ずしも最適化されているとはいえません。

分析を効率的におこなうために，基本的なRの機能を補完する便利なフリーソフト（RStudio）が公開されています。ある程度慣れたところで，更にRを使っていきたい場合は，使用してみると良いでしょう。インストールの方法はサポートWebページで解説しています。

第1部

さまざまな分析に共通する事項
R の基礎知識

第2章 Rの基礎：初めてRを使う人へ

本章では，初めてRを触る人向けに基本的なRの使い方をStep 1からStep 10という形で説明します。実際にRを使いながら，出てくる用語や記述の仕方に慣れていってください。

またこの章は，心理学のデータ分析を行うための下準備と考えてください。以下の内容を説明します。

Step 1　Rで用いる用語
Step 2　計算をさせる
Step 3　変数の作成と値の代入
Step 4　変数内の要素へのアプローチ
Step 5　関数
Step 6　パッケージ
Step 7　Rエディタの活用とコメントアウト
Step 8　行列
Step 9　データフレーム
Step 10　関数の詳細情報を知る

Step 1　R で用いる用語

まずは，この後，本書で何度も出てくる用語について簡単に説明します。

1 スクリプト

スクリプトとは，R に指示をするための文のことです。例えば，5+4 というスクリプトは，5+4 をしなさいという命令文です。スクリプトには，アルファベット 1 文字で完結するスクリプトから，長文のスクリプトまで様々なものがあります。

このスクリプトを通じて R に指示を与えるのですが，R が理解できる文法で記述しなければなりません。「R 言語」ともよばれますが，R にこちらの意図を伝えるための言葉を覚えるつもりで学習を進めてください。

▶ここで説明した「スクリプト」は，「コード」ということもある。プログラミングの世界では明確に使い分けるようだが，本書では「スクリプト」として記述する。

2 スクリプトを「実行する」

スクリプトを記述しただけでは何も起きません。別途，スクリプトに記した指示を R に実行させることが必要なのです。

実行は，英語であれば Run です。「実行する」「ランする」というように使います。

3 関数と引数

複雑なスクリプトをまとめて，使いやすくしたものが関数です。

例えば，5, 8, 9, 5 というデータの標準偏差を求める場合，関数を使えば sd(c(5, 8, 9, 5)) で終わりですが，これを計算式で書こうとすると，まずこれらの平均を計算し，平均と各データの差を計算して，2 乗して…と，とても長いスクリプトとなってしまいます。

この sd( ) の部分が関数です。R では様々な関数が用意されていて，分析作業が簡単にできるようになっています。R で分析を行うということは，関数を使って分析を行うといっても過言ではありません。

また，関数の ( ) の中に記述するものを引数（ひきすう）といいます。実際の t 検定のスクリプトを例に引数を説明します。

```
t.test( 従属変数 ~ 独立変数 , var.equal= FALSE)
```

▶スクリプトにおいてピリオド（.）とカンマ（,）は全く別の意味をもつ。見分けにくいので十分に注意。

ここでの関数は，t.test( ) です。そして，( ) の中には，

従属変数 ~ 独立変数　←　第 1 引数
var.equal=FALSE　←　第 2 引数

の 3 つの部分があります。この例では，2 つの引数が使われています。ポイントは，引数は「,」で区切られるところです。そして初めから第 1 引数，第 2 引数，第 3 引数…とよびます。

なお，本書では，上記のように関数部分と引数の変更が必要ない部に関して赤色で示すことにします。なお文字列をあらわす「"」ダブルコーテーションは黒字のままとします。

4 関数のオプションとデフォルト

上述したように，関数は様々な分析をより簡単に命令できるように作られたもの（定義されたもの）です。例として，もう一度 t 検定のスクリプトを書いてみます。

【例 1】

```
t.test( 従属変数 ~ 独立変数 , var.equal=FALSE)
```

【例 2】

```
t.test( 従属変数 ~ 独立変数 )
```

この 2 つのスクリプトは引数の部分に違いがありますが，意味は全く同じなのです。なぜなら t.test( ) 関数には，var.equal= というオプションがあり，var.equal=FALSE が初期設定になっているためです。オプションとは，分析をする際に指示する必要がある選択肢のことです。例えば，この var.equal= というオプションは，t 検定の際に母集団の分散を等しいと仮定するか否かを指示しています（詳細 p.179）。

関数では，様々なオプションを引数に記述することが必要なのですが，毎回すべてのオプションを記述するのはかなり面倒です。そこで，特段の指示をしなければ（引数として指示しなければ），各オプションで初期設定値が使われます。この初期設定値をデフォルトといいます。

デフォルトが設定されたオプションもありますが，デフォルトの設定がなく，その都度記述が必要なオプションもあります。関数の利用は非常に便利ですが，デフォルトのままでは実行したい分析にならない場合も頻繁に生じますので注意が必要です。重要なオプションはできるだけ記述するようにしましょう。

5 TRUE と FALSE

先に示した t 検定のスクリプトでは，説明なしに，var.equal=FALSE という引数を登場させました。R スクリプトでは，このように FALSE（もしくは TRUE）が頻繁に登場します。

TRUE は真，FALSE は偽という意味ですが，R の引数の中で用いられる TRUE と FALSE は，そのオプションの利用を，する／しない，Yes/No を意味することも多くあります。

2 つ例を示しておきます。

【例 1】

```
var.equal=TRUE  と  var.equal=FALSE
```

var.equal= は等分散性の仮定をするかどうかを選択するオプションで，先の t.test( ) 関数で用いられています。var.equal=TRUE は等分散性の仮定を「する」，var.equal=FALSE は等分散性の仮定を「しない」を意味します。

【例 2】

```
na.rm=TRUE  と  na.rm=FALSE
```

na.rm= は，欠測値を除くかどうかというオプションです（na は欠測値，rm は remove の略と読んでください）。mean( ) 関数や sd( ) 関数などで用いられる，使用頻度が高いオプションです。na.rm=TRUE は欠測値を除くことを「する」，na.rm=FALSE は欠測値を除くことを「しない」を意味します。

▶他書や web 等で紹介されているスクリプトを参照すると，na.rm=T とか na.rm=F とか書かれていることもある。

▶T は TRUE の省略，F は FALSE を省略した記述方法。TRUE と T（もしくは FALSE と F）のどちらで記述しても構わない。

▶TRUE（もしくは T），FALSE（もしくは F）は，必ず大文字で記述。小文字にしたり True などとするとエラーになる。

Step 2　計算をさせる

ここからは，実際にRを操作し感触を確かめながら進めてください。Rを起動すると，画面に以下のようなテキストが表示されます。このテキストが表示されたフィールドを「Rコンソール」，もしくは単に「コンソール」とよびます。

```
R version 4.0.4 (2021-02-15) -- "Lost Library Book"
Copyright (C) 2021 The R Foundation for Statistical Computing
Platform: x86_64-apple-darwin17.0 (64-bit)

R は、自由なソフトウェアであり、「完全に無保証」です。
一定の条件に従えば、自由にこれを再配布することができます。
配布条件の詳細に関しては、'license()' あるいは 'licence()' と入力してください。

R は多くの貢献者による共同プロジェクトです。
詳しくは 'contributors()' と入力してください。
また、R や R のパッケージを出版物で引用する際の形式については
'citation()' と入力してください。

'demo()' と入力すればデモをみることができます。
'help()' とすればオンラインヘルプが出ます。
'help.start()' で HTML ブラウザによるヘルプがみられます。
'q()' と入力すれば R を終了します。

[R.app GUI 1.74 (7936) x86_64-apple-darwin17.0]

[履歴が次のファイルから読み込まれました /Users/[redacted]/.Rapp.history]

>
```

スクリプトは，最下部の「>」の後に記述していきます。まずは，5+4と入力して，実行してみてください（Enterキーを押してください）。入力は，半角英数字で行います。このスクリプトは，5+4を計算しなさいという命令を意味します。

【スクリプト】

```
5+4
```

【出力】

```
> 5 + 4
[1] 9
>
```

すると上のように5+4の答えが表示されます。なお最初の[1]は1つ（1つ目）を意味する数値ですが，ここではあまり意味がない情報なので無視して構いません。

そして次の行に「>」が表示され，次の命令を待っている状態になります。

なおRコンソールで，次のように改行後に「+」が表示される場合は，続きのスクリプトの入力を待っている状態を意味します。

```
> 5+4/
+
```

▶四則演算の記号は，以下のとおり。

足し算　+
引き算　-
掛け算　*（アスタリスク）
割り算　/（スラッシュ）

この例では，割り算を意味する「/」の後に数値が必要なので，それを待っているのです。

なお，まれにですが，分析をしている最中にこの状態が続くことがあります。その場合は，Esc（エスケープキー）を押すと，改めて「>」が表示されます。

▶カッコを用いた計算も可能。

$\frac{(20-2)}{(5+1)}$ は

(20-2)/(5+1)と記述する。

Rでは，右段に示したような演算記号を使って様々な計算ができます。しかし，これだけであれば電卓と変わりません。次のStep 3では，もう少しRの便利さがわかる作業をしてみましょう。

Step 3　変数の作成と値の代入

Rでは，変数を作成し，代入するという操作を頻繁に行います。変数というと難しいかもしれませんが，数値だけでなく，文字列やデータなど，さまざまなものを入れることができる，いわば「箱」のようなものです。これをいくつも作成でき，その箱に名前を付けて区別できます。さらにその箱に対して指示を与えることもできます。

▶中身が空っぽの箱（入れ物だけ）を作ることはできない。何かを代入することによって作成。

例えば，図のように，5をxという名前の箱に，4をyという名前の箱に入れて（代入して）みます。スクリプトは次のようになります。

【名前を付ける際の注意】

▶変数名（箱の名前）は，自由に付けられるが，数字や記号で始めることはできない。
▶何文字でも構わない。
▶変数名にスペースを入れることはできない。区切りを入れたい場合は，_（アンダーバー）や．（ドット）を使うとよい。
▶日本語も使えるが，文字化けすることがあるので勧めない。
▶大文字と小文字は区別される。「x」と「X」は別物。

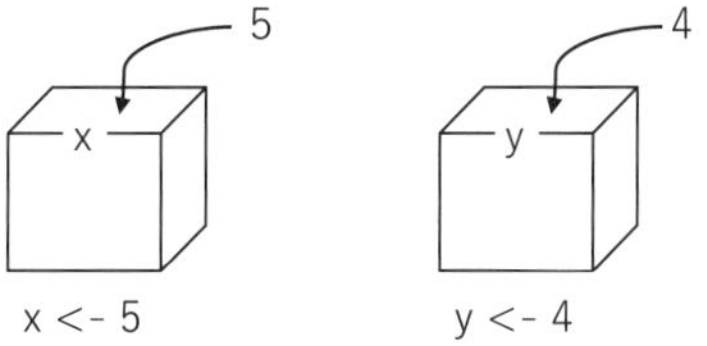

【スクリプト】

```
x <- 5
y <- 4
```

【出力】

```
> x <- 5
> y <- 4
```

▶この代入は，「x <- 5」は「x=5」というように，「<-」ではなく，「=」を使って表現することもできる。
▶操作が視覚的にもわかりやすいので，「<-」を用いる方が多いようだが，「=」を使っている例もある。
▶この「=」は，数学上の「イコール（等しい）」という意味ではない。

箱に入れるには「<-」という記号を使います。矢印に見えると思いますが，半角の不等号（<）とハイフン（-）で表現しています。スクリプトの1行目は，「x」に5を入れなさいという命令になります。また，「x <- 5」と「5 -> x」は同じ意味の命令になります。

出力では，スクリプトが再掲されるだけで特段の変化はありませんが，Rは，xには5，yには4という数字が入っていると記憶しています。確認するために，xと入力して実行してみましょう。

▶Rでは，この箱のことを「オブジェクト」とよぶ。本書では，わかりやすさのためにこの箱のことを変数とよぶが，例えば，エラーメッセージ上では「オブジェクトがありません。」のように表示される。
▶エラーメッセージに，「オブジェクト」という言葉が出てきても，慌てずに，その変数（箱）が正しく存在するかを確認しよう。

【スクリプト】

```
x
```

【出力】

```
> x
[1] 5
```

出力には，たしかに「5」と表示されます。「x」というスクリプト（箱の名前だけを記述するスクリプト）は，その名前の箱に入っているものを表示しなさいという命令を意味します。Rの操作では，こういった変数の作成と代入を頻繁に行います。変数を作成し代入したら，すぐに変数名だけのスクリプトを実行して，何が代入されているのか，正しく代入されているかを確認する習慣をつけておきましょう。

続いて，x と y の箱を足すというスクリプトを実行してみましょう。

【スクリプト】

```
x + y
```

【出力】

```
> x + y
[1] 9
```

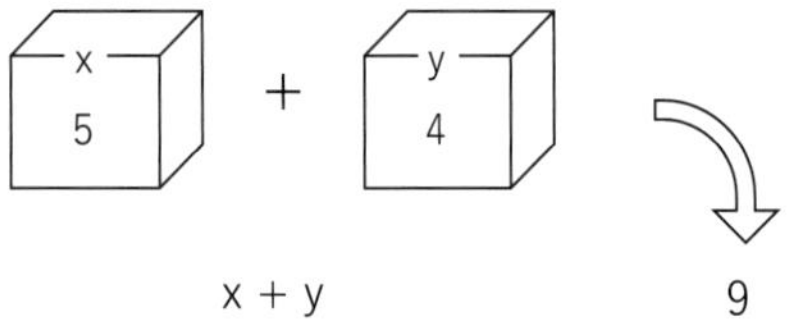

このように，箱に入っている数値が足されたものが出力されます。

さらに，x と y の計算結果を z という箱に入れることもできます。以下のスクリプトを実行し，z の中身を表示させてみましょう。

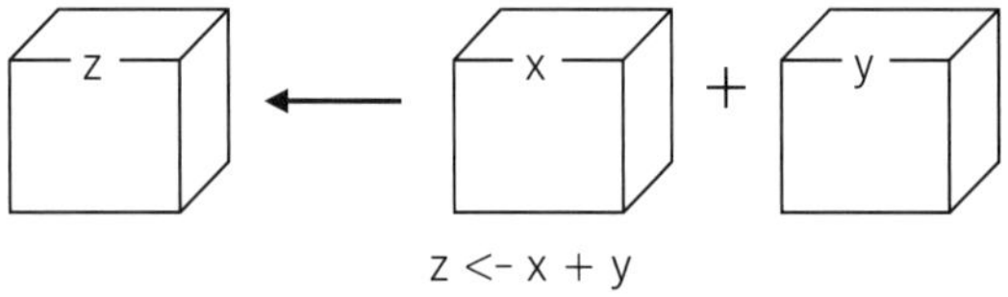

【スクリプト】

```
z <- x + y
z
```

【出力】

```
> z <- x + y
> z
[1] 9
```

Step 4　変数内の要素へのアプローチ

さきほどは，x という箱の中には 1 つの数値だけ入っていました。次は，x の箱の中に 5 つの数字（165, 174, 162, 180, 166）を格納してみましょう。この場合には，これらの 5 つをまとめるという意味で，c( ) という関数を用います。この c は combine の意味で，結び付けるとか束ねるという意味です。R では非常によく使う関数ですので，ここで覚えてしまってください。

【注意】
▶c は必ず小文字。

【スクリプト】

```
x <- c(165, 174, 162, 180, 166)
x
```

【注意】
▶5 つの数字を，x <- 165，x <- 174…とすると，単に x の中身の上書きを繰り返していることになる。

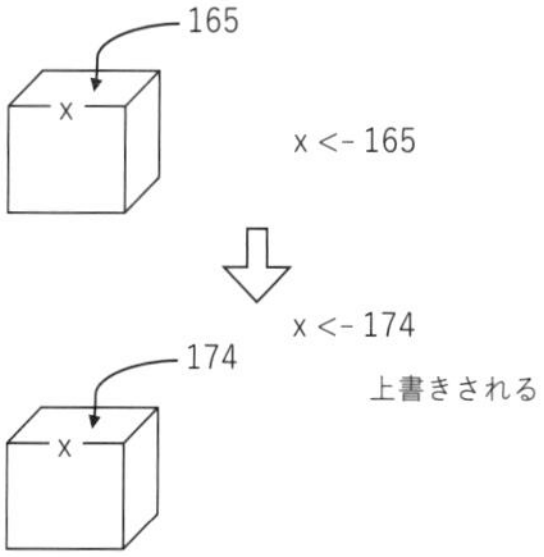

これで，x の箱の中に 5 つの数字が格納されました。確認のために，x というスクリプトを入力して実行してみましょう。

【出力】

```
> x
[1] 165 174 162 180 166
```

このように表示されるはずです。確かに 5 つの数字が確認できます。

なお，先の Step 3 では x の箱に「5」という 1 つの数値を入れていました。ここで x に新しく 5 つの数字を入れたのですが，この時点で，x に上書きされます。R では，上書きをする際に「x に上書きしてもよいですか？」といった確認の表示などは出ないので注意が必要です。

さて，この x の箱には，順に 165, 174, 162, 180, 166 の数字が入っています。こういったデータをまとめたものをベクトルと呼びます(データがひとつでもベクトルです)。そして 1 つひとつの数字を要素といいます。では，ベクトルの中の要素，たとえばこの中の3つ目の162にアクセスするにはどうすれば良いでしょうか。以下のスクリプトを実行してみてください。

【スクリプト】

```
x[3]
```

▶[ ] は，Enterkeyのすぐ左のキーで入力できる。

【出力】

```
> x[3]
[1] 162
```

【注意】

▶x(3) とするとエラーになる。( ) と [ ] は意味が異なり，使い分けられるので注意。

このように出力が表示されます。ベクトルの名前と，その後ろの[ ] の中に数字を入れることによって，そのベクトル内の要素にアクセスすることができます。

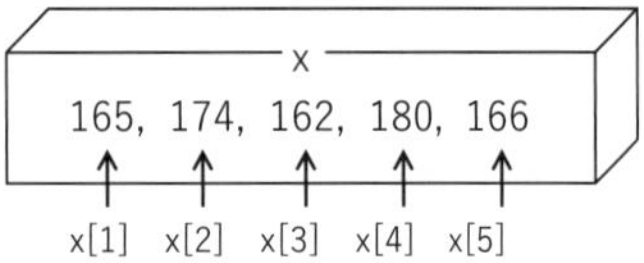

この要素へのアクセスについては，もう少し突っ込んで経験を積んでおきましょう。ベクトルxの3つ目の要素にアクセスするのがx[3]でしたが,「2つ目から4つ目まで」一気にアクセスすることもできます。スクリプトはx[2：4]となります。整数を「：(コロン)」でつなぐことで，[2：4] なら2，3，4を，[1：5] なら，1，2，3，4，5を意味します。この「：」は，しばしば使いますので覚えておいてください。

次に,「2つ目と4つ目」を考えてみますが，残念ながらこれは1つのスクリプトでは命令できません。x[2] と x[4] の2つが必要です。x[2, 4] というスクリプトを実行するとエラーメッセージが表示されます。

【アドバンス】

▶左の2つ目と4つ目にアクセスする方法は，c( ) を用いて要素を表す数字をまとめることで実現できる。

```
> x[c(2,4)]
```

```
> x[c(2,4)]
[1] 174 180
```

さらに，x[7] というスクリプトも試してみてください。要素は5つしかありませんので，7つ目は存在しません。ところがエラーメッセージも表示されません。「NA」と表示されます。「NA」は「データがない」ことを意味します。

Step 5　関数

Rの関数にはさまざまなものがありますが，ここでは平均と標準偏差を求める関数を紹介します。

先ほどの，165, 174, 162, 180, 166 が収められた x を使います。これら5つのデータの平均を求める場合には，次のスクリプトを実行します。

【スクリプト】

```
mean(x)
```

【出力】

```
> mean(x)
[1] 169.4
```

標準偏差は，次のようなスクリプトになります。

【スクリプト】

```
sd(x)
```

【出力】

```
> sd(x)
[1] 7.402702
```

▶sd( ) 関数で計算される値は，

$$\sqrt{\frac{1}{n-1}\sum_{i=1}^{n}(x_i-\bar{x})^2}$$

で計算される不偏標準偏差である。

mean(x), sd(x) はいずれも関数で，x が引数になっています。今回は5つのデータだったので，あまり有用性を感じられないかもしれませんが，100 個のデータでも 10000 個のデータでも，それが入っている箱の名前を引数で指定するだけでサッと計算をしてくれます。

R ではこの他にも，相関係数を求める cor( )，散布図を描く plot( )，度数を求める table( ) など，便利な関数が数多く用意されています。mean( ), sd( ) 以外の基本的な関数は，これから順次紹介していきます。

Step 6　パッケージ

Rにおいてあらかじめ使用できる関数は数多くあり，非常に便利なものですが，専門的な分析にはその分析専用の関数が提供されています。こういった専用の関数を集めたものをパッケージといいます。

パッケージは，世界中の人たちが作成して，ユーザーが使用できるようにCRANなどインターネット上で公開しています。そのため，初めてそのパッケージを使用する場合には，install.packages( )という関数を実行して，パッケージをダウンロードし，インストールする必要があります。同じ分析や目的であっても，様々なパッケージが公開されています。最初は書籍等で紹介されているパッケージを使用して，Rに慣れてきたら自分でも探してみると良いでしょう。

ここでは，心理学の分析で頻繁に利用される関数が集められているpsychというパッケージをインストールしましょう。その際，psychをダブルコーテーションで挟む必要があるので注意してください。

【スクリプト】

```
install.packages("psych", dependencies=TRUE)
```

このスクリプトを実行すると，どこからダウンロードするかを選択する画面が出てきます。実際にはどこでも構わないのですが，日本のサイトからダウンロードする場合にはJapanを選びましょう。

しばらくすると，コンソールに自動的にテキストが流れます。最終的に「>」が表示するまで待ちましょう。うまくインストールされたでしょうか。エラーが生じた場合は右の【注意】やこのStepの最後の補足を参照してください。

なお，パッケージによってはインストールにかなり時間がかかるものも存在します。面倒に思うかも知れませんが，この作業は初めてそのパッケージを使用する際にだけ行う手続きです。そのパソコン（R環境）で，一度パッケージをインストールしてしまえば，その後の再インストールは不要です。

では，psychパッケージに含まれているdescribe( )という関数を

▶psychの両脇にある「"」がダブルコーテーション。日本語配列のキーボードで打ちたいときは，shiftキーを押しながら

のキーを押す。

▶パッケージの中には，別のパッケージがインストールされていることを必要とするものもある。これを依存関係，依存パッケージなどとよぶが，dependencies=というオプションをTRUEに指定することで，依存関係にあるパッケージを同時にインストールすることができる。

【注意】

▶特にWindowsの場合，PCの設定によって，しばしばパッケージのインストールがうまくいかない場合がある。そういう場合は，まず次の2点を確認する。

1. 一時的に，ウイルス対策ソフトを停止させておいてインストールを実行する
2. 一旦Rを終了し，管理者として再起動してからインストールを実行する（Rを起動する際，Rのアイコン（もしくはショートカットアイコン）を右クリックし，「管理者として実行(A)...」を選択する）

用いてみましょう。まずこの関数を実行する前に，x の中身を確認しておきましょう（p.21 参照）。中身が確認できたら，describe(x) と入力して実行してください。

残念ながら，エラーメッセージが示されます。psych パッケージをインストールしたのに，「関数 "describe" を見つけることができませんでした」と表示されます。

ここが重要なのですが，パッケージはインストールしてあるだけではダメで，分析を行う際に，今からこのパッケージを使います！という宣言をする必要があります。そのスクリプトが，library( ) という関数です。

【スクリプト】

```
library(psych)
```

▶install.packages( ) とは違って，library( ) ではダブルコーテーションが不要。

このスクリプトを実行して，何もエラーが出なければ，psych パッケージによって定義されている関数を使用できるようになります。

これで準備が整いましたので，もう一度 describe( ) 関数を実行してみましょう。

【エラーが出る場合】

▶もしエラーが出るならば，パッケージそのものがインストールされていない可能性が高い。上記のインストールの手続きをチェック。また，次ページの［補足］もチェック。

【スクリプト】

```
describe(x)
```

【出力】

```
> describe(x)
   vars n mean    sd median trimmed  mad min max range skew
x1    1 5  169.4 7.4    166    169.4 5.93 162 180    18 0.37
   kurtosis   se
x1     -1.9 3.31
```

describe( ) 関数が便利なのは，平均値以外にも標準偏差など様々な統計量を一度に計算してくれるところです。詳細は第 3 章⑨（p.53）を参照してください。

【補足】psych パッケージがうまくインストールできない場合

2021 年 2 月現在，前ページのスクリプトで psych パッケージをインストールすると，

警告： 依存対象（dependency）‘graph’, ‘Rgraphviz’ が利用できません

というメッセージが表れます。これは graph パッケージと Rgraphviz パッケージという依存関係にあるパッケージが，ダウンロード元である CRAN のサイト（リポジトリ）にない（見つけられない）ことを意味します。少し難しく「依存関係」といいましたが，例えば A というパッケージは，B のパッケージや C のパッケージを利用して作成されていたとします。何らかの理由で CRAN のサイト上に，B のパッケージが存在しないとこのようなエラーが生じます。

そこで「R パッケージ graph」などのキーワードで検索すると，現在 graph パッケージは CRAN からは削除されており，Bioconductor 〈http://www.bioconductor.org/packages/release/bioc/html/graph.html〉 というサイトからのみダウンロードできるという情報をみつけることができるでしょう。

このように，R のパッケージのほとんどは CRAN にありますが，CRAN 以外のサイトからダウンロードするものもあります。以上のような警告が表れた場合は，手間がかかりますがパッケージをダウンロードできるサイトを探し，そこで示されている手順に沿ってインストールすることも必要です。

これまではできていたのに，パッケージをアップデートしたら（改めてインストールしたら）エラーが出るようになってしまうということも起こり得ます。そのような場合も，落ち着いて web 上で情報を検索してみてください。

Step 7　R エディタの活用とコメントアウト

R エディタもデータ分析を行う上で必須の知識です。ここまで R コンソールでスクリプトを入力してきました。しかし，この方法で行うと，毎回スクリプトを一から記述する必要があります。例えば，午前中に分析作業をしていて，午後に改めて別のパソコンで分析作業をしようとすると，はじめからスクリプトを書いていく必要があります。これでは非常に不便です。そこで，R エディタを使ってスクリプトを書いておけば，それを保存しておき，再度読み出して利用することができます。

ここから先は，R エディタを使うことを前提に進めていきます。

R エディタはメモ帳のようなものです。ここにスクリプトを書いて，実行をしていきます。なお R エディタでは，コンソール画面にあった，行頭の「>」を記述する必要はありません。

では，R エディタの利用を練習してみましょう。なお今後の練習も，すべて R エディタにスクリプトを記述することをすすめます。

Windows と Macintosh それぞれの場合で，R エディタの起動→スクリプトの実行→スクリプトの保存までを説明します。

【Windows の場合】

・R エディタは，メニューの「ファイル」→「新しいスクリプト」で新しいものを表示させます。保存してあるスクリプトを開く場合は，「ファイル」→「スクリプトを開く」から目的のものを開けば，保存しておいたものを R エディタ上に表示できます。
・R エディタで記述されたスクリプトを実行する場合は，実行したい行にカーソルをおき（もしくは行を選択し），右クリック→「カーソル行または選択中の R スクリプトを実行」を選択します。もしくは，ctrl キー＋R でも実行できます。
・記述したスクリプトを保存するときは，「ファイル」→「保存」もしくは「別名で保存」で保存できます。

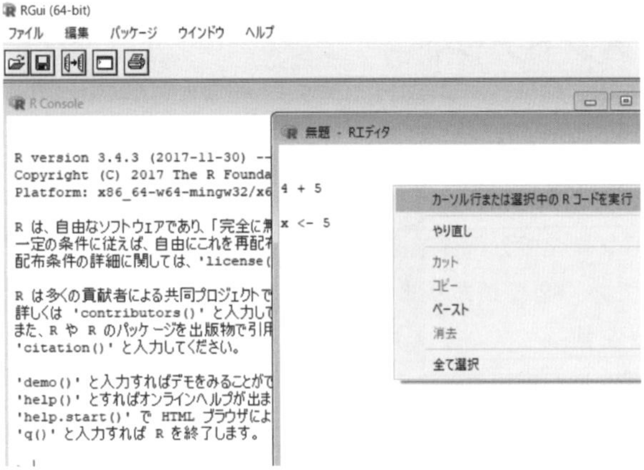

【Macintosh の場合】

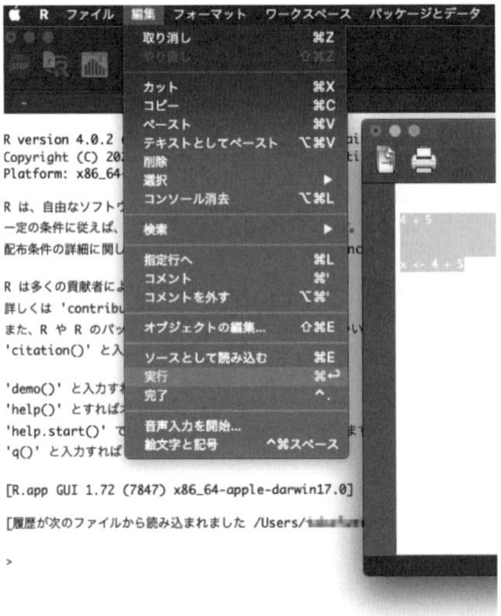

・「ファイル」→「新規文書」でRエディタが起動します。保存してあるスクリプトを開く場合は，「ファイル」→「文章を開く」から目的のものを開けば，保存しておいたものをRエディタ上に表示できます。

・Rエディタで記述されたスクリプトを実行する場合は，実行したいスクリプトを選択しておき，メニュー「編集」にある「実行」を選択します。もしくは，実行したい行にカーソルをおき，Command+Return キーでも実行できます。

・記述したスクリプトを保存するときは，「ファイル」→「保存」または「別名で保存」で行います。

それでは，もう少しRエディタを試してみましょう。なお，Step 4から続けてこの段階へ進んでいること，つまり165, 174, 162, 180, 166が収められたxがあり，library( )関数で，psychパッケージを読み込んである状態から引き続き行っているとします。

Rエディタに以下のスクリプトを入力します（右図）。

【スクリプト】

```
describe(x)
```

このスクリプトを実行しても，Rエディタには何の変化もありません。結果は，これまで使っていたRコンソールに表示されます。

ここがRエディタの便利なところです。スクリプトだけをまとめておき，必要な時に必要な分析だけを，記述を繰り返すことなくRに実行させることができるのです。

さて，このRエディタですが，さらに便利に使うことができます。例えばp.78を見てみてください。一連の分析を行うと，何行にもわたるスクリプトを記述することになります。何も印やメモを付けずにスクリプトだけを記述していくと，後でスクリプトを確認する場合や，特定の分析の部分を見つける場合などで不便です。そこで，メモを残せると便利なのですが，これは，コメントアウトという機能を使うと可能です。

p.78のスクリプトを見ていくと，#が行のはじめについているのがわかります。これがコメントアウトです。#からはじまる行は，実行する際に無視されます。また行の途中に#をつけると，それより前は実行されますが，後ろは無視されます。そのため，#は変数名などに絶対に使ってはいけません（使えません）。

▶#（シャープ）は半角。

一連のスクリプトの中で，見出しや，その部分が何をしているかをメモしているのが，#の行です。うまく利用し，理解しやすい，間違えにくいスクリプトを書きましょう。

Step 8　行列

行列というのは，下図の左側のような形のものをいいます。つまりベクトルの集合体ともいえます。これをＲではマトリックス(matrix)といいます。右側の３つ（x, y, z）のベクトルをまとめたものです。

行列

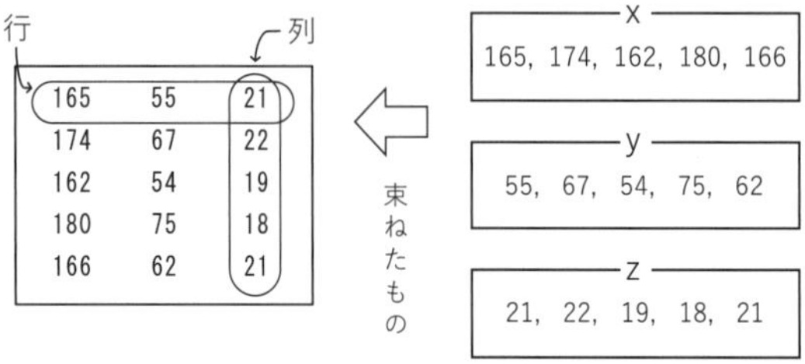

一般的に，データを得たら，まずExcelなどで以下のように整理します。これまでにSPSSなどを使ったことがある方はもちろん，データ処理を少し経験したことがあれば，このような形式に触れたことがあるでしょう。１つひとつのケースを行，把握された変数を列として整理することが一般的です。

	A	B	C	D	E	F
1	ID	性別	年齢	質問1	質問2	質問3
2	0001	2	24	1	6	3
3	0002	2	31	4	4	5
4	0003	1	26	4	3	2
5	0004	2	22	5	6	5
6	0005	1	30	2	4	3
7	0006	1	28	2	2	2
8	0007	2	28	4	3	4
9	0008					

Ｒによる分析は，このように整理されたデータがもとになります。つまり行列の形をもつデータに対して分析をすることになりますので慣れていきましょう。

まず，行列のデータを作ってみます。上図の行列を構成する３つのベクトルを作ります。

【スクリプト】

```
x <- c(165, 174, 162, 180, 166)
y <- c(55, 67, 54, 75, 62)
z <- c(21, 22, 19, 18, 21)
```

これを図のように結合し，行列の形にしたいと思います。

cbind( ) という関数を使って行列の形にまとめ，その結果を d という箱に入れます。スクリプトのイメージは図のようになります。

【スクリプト】

```
d <- cbind(x, y, z)
d
```

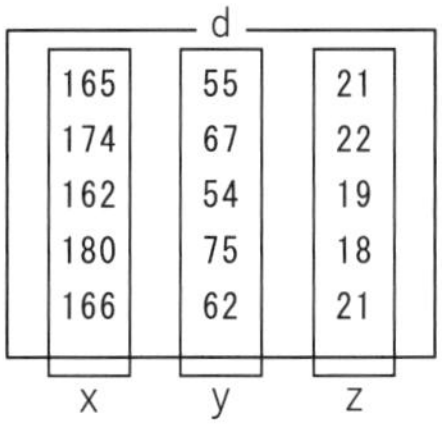

▶cbind の c はカラム･列(colum)の意味。1つのベクトルを1つの列の要素としてまとめている(bind)。

▶ここでは使用しないが，1つのベクトルを1つの行としてまとめる rbind( ) という関数もある。この r は,ロー･行（row）の意味。

【出力】

```
> d <- cbind(x, y, z)
> d
       x  y  z
[1,] 165 55 21
[2,] 174 67 22
[3,] 162 54 19
[4,] 180 75 18
[5,] 166 62 21
```

【エラーが出る場合】

▶ベクトルの長さが違うといったエラーが出た場合は，,（カンマ）と .（ドット）の入力ミスがないか確認。

これで，行列ができました。先の Excel に入力されたデータの形に近くなってきました。では，行列の特定の要素，たとえば 2 行 4 列目の値にアクセスすることをやってみましょう。

そのためには，先に紹介した方法と同様に箱の名前と [ ] を用います。ただし，今回は，5 × 3（5 行 3 列）の行列になっているので，行と列それぞれで指定する必要があります。箱の名前[行 , 列] というスクリプトでアクセスすることができます。

例えば，d[1, 1] というスクリプトは，1 行 1 列目の数値，つまり 165 を返します。

【スクリプト】

```
d[1, 1]
```

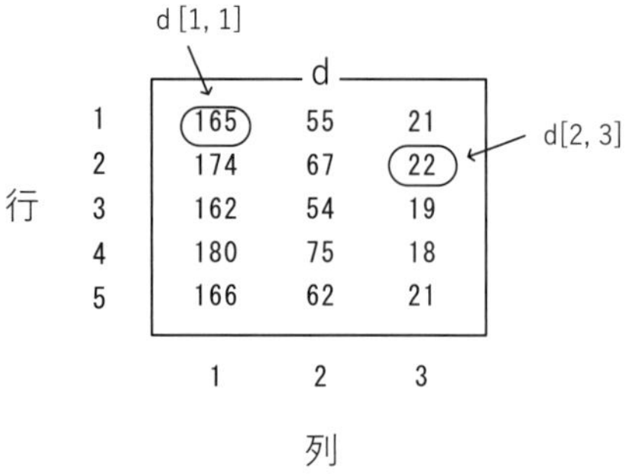

【出力】

```
> d[1, 1]
  x
165
```

同様に，d[2, 3] というスクリプトは，2 行 3 列目の数値，22 を返します。自分で，いろいろと試してみてください。

では，d[, 1] というスクリプトはどの部分を示していると思いますか。また，どういう出力が得られると思いますか。少し想像してから，以下を実行してください。

【スクリプト】

```
d[, 1]
```

【出力】

```
> d[, 1]
[1] 165 174 162 180 166
```

出力はこのようになります。想像通りだったでしょうか。少々わかりにくいのですが，d[, 1] というスクリプトは行の部分に数字がない，指定されていない形になっています（行番号はありませんが，「,」があるところに注意してください）。この場合は，すべての行の1列目を指します。同様にd[2,]という列部分を指定していないスクリプトは，2行目のすべての列を指します（こちらも「,」があります）。

【スクリプト】

```
d[2, ]
```

【出力】

```
> d[2, ]
  x   y   z
174  67  22
```

特定の列全体（もしくは行全体）を指定するという指示（たとえば，全対象者の「年齢」だけ，など）は，分析をするためのスクリプトを記述する際にしばしば用いますので覚えておきましょう。

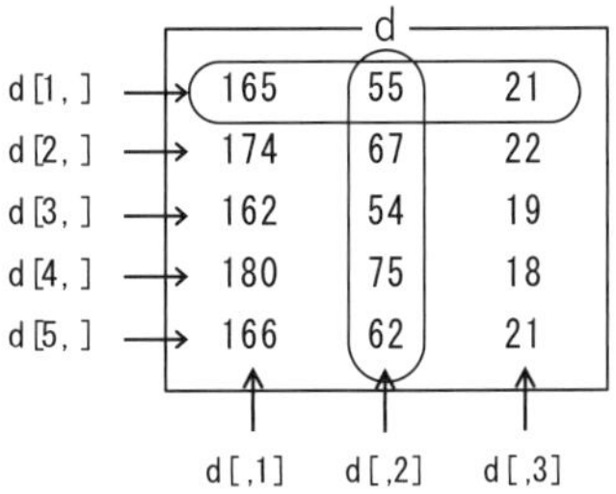

なお，p.22でも紹介した「:」も利用することができます。たとえば，d[3, 1 : 2]というスクリプトではどのような出力が得られるかを推測し，実行してみてください。

Step 9　データフレーム

データフレームは，データ分析を行う際には必須と言えるほど重要なものです。

まず，データフレームとは行列にラベルを付加したものです。ラベルというのは変数名に相当し，変数を指定する際にその変数名を用いることができるという便利なものです。先に紹介したExcelの入力例（p.30）そのものの形です。データフレームの扱いに慣れると，実際のデータ分析も進めやすくなります。

さて，Step 8で作成したdという箱に入っているx, y, zは，順に身長，体重，年齢だとします。身長を指定したい場合，上記のように身長は1列目なのでd[, 1]というように，列番号で指定することができました。しかし，変数が多くなると指定したい変数が何列目かを数えることが困難になってきますし，1列目と3列目といった指示を一度に出しにくいという限界もあります。そこで，それぞれの列にheight, weight, ageという変数名（ラベル）を与えます。こうすれば，その変数が何列目にあろうとheightという変数名で指定できるようになります。

▶データフレームでは，変数に，変数の型という属性情報が追加されている（p.48 参照）。

【注意】
▶変数名には日本語も使えるが，エラーの原因にもなる。本書ではすべてアルファベット表記を用いている。

これ以外にもデータフレームにすることの意味はありますが，ここでは触れずに先に進みたいと思います。今後はすべてデータフレームを用いて説明を行います。

先ほど作ったdはマトリックス（matrix）です。マトリックスをデータフレームに変換するには，次のようにします。まずは次ページの【ここで行う作業のイメージ】を見てください。なお，先ほど作ったdは確かに行列の形をしていますが，データフレームではないのです。混乱してしまうかもしれませんが，「行列の形であれば必ずデータフレーム」というわけではないことを覚えておいてください。

【ここで行う作業のイメージ】

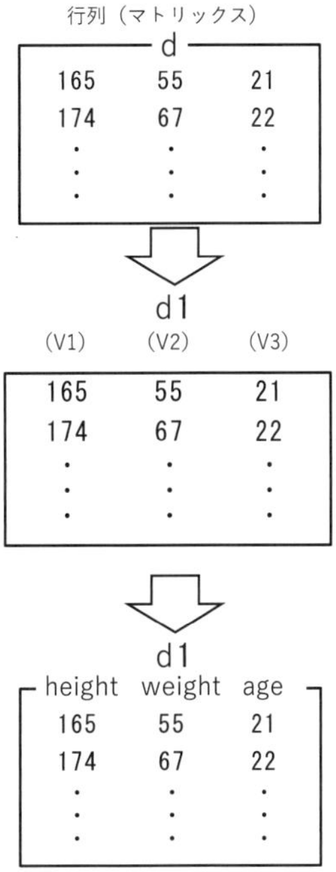

【手順 1】

d1 <- as. data. frame(d)

【手順 2】

colnames(d1) <- c("height", "weight", "age")

【手順 1】
▶d という行列を d1 というデータフレームに変換。
▶行列から，データフレームにすることで，変数名 1 をつけることができるようになる。
▶V1，V2，V3 という変数名が自動で付与される。V は variable（変数）の略。

【手順 2】
▶colnames( ) のスクリプトを実行することで，V1 → height，V2 → weight，V3 → age に，変数名を変更。

【スクリプト】

```
d1 <- as.data.frame(d)
d1
```

【出力】

```
> d1
    x  y  z
1 165 55 21
2 174 67 22
3 162 54 19
4 180 75 18
5 166 62 21
```

▶左側のスクリプトは，d という行列を，データフレームの形にして d1 という新しい名前を付けている。
d <- as.data.frame(d)
このように，作成するデータフレームの名前も d とすると，上書きがされ，もとの行列はなくなる。

as.data.frame( ) という関数を使い，引数にデータフレームに変換したい箱（d1）を指定します。そして，変数したものを入れる箱の名を指定します。これで，d というマトリックスを d1 というデータフレームに変換しました。出力の見た目はほとんど変わりませんが，各行の先頭がマトリックスでは [1,]，データフレームでは 1 という違いがあります（p.31 と p.35 の出力をみくらべてください）。

そしてその上で，以下のスクリプトで，変数名をつけることができます。

【スクリプト】

```
colnames(d1) <- c("height", "weight", "age")
d1
```

▶実際に，卒業論文などで用いるデータは Excel で入力し，csv 形式で保存したものを読み込むことが多い。このような操作で読み込んだ場合，データはデータフレーム形式になる。

【出力】

```
> colnames(d1) <- c("height", "weight", "age")
> d1
  height weight age
1    165     55  21
2    174     67  22
3    162     54  19
4    180     75  18
5    166     62  21
```

なお，変数が 3 つであれば，それほど混乱しないでしょうが，変数が 30 個，40 個となってくると，「どういう変数名だったっけ？」と正確な変数名を思い出せなくなることもあります。

こういう場合には，names( ) という関数が便利です。引数にデータフレーム名を記述すれば，そのデータフレームの変数名をリストとして得ることができます。

【スクリプト】

```
names(d1)
```

【出力】

```
> names(d1)
[1] "height" "weight" "age"
```

次に，データフレーム d1 を使って，height の平均，標準偏差を求めてみましょう。

平均を求める関数は，mean( )，標準偏差を求める関数は sd( ) でした。そこで，mean(height) というスクリプトを記述し実行してみてください。

これを実行すると，エラーになります（オブジェクト'height'がありません）。なぜこのようなエラーが生じるのでしょうか。

それは，heightという変数が，どのデータフレームにあるのかRが分からないからです（これが，'height'がありません，というRからのメッセージの意味しているところです）。Rでは，1つの分析環境の中で，いくつでもデータフレームを作成することができます。そのため，平均を求めるのは，「d1というデータフレームの中のheightである」ということを明示する必要があります。

▶分析環境というと難しいかもしれないが，Rを起動している状態というような意味。

「d1というデータフレームの中のheight」は，d1$heightで表します。「$」という記号を用い，データフレーム名$変数名という形をとります。データフレーム名を伝え忘れると上記のようなエラーが生じます。

それでは，改めて平均，標準偏差を求めてみます。

【スクリプト】

```
mean(d1$height)
sd(d1$height)
```

【出力】

```
> mean(d1$height)
[1] 169.4
> sd(d1$height)
[1] 7.402702
```

【注意】

▶mean( )関数も，sd( )関数も，欠測値が含まれるデータに対して実行すると「NA」と出力される。

▶以下のように，na.rm=TRUEというオプションをつけることで，データが欠測値を含んでいた場合は，そのケースを除いて計算が行われる。

```
mean(d$height, na.rm=TRUE)
sd(d$height, na.rm=TRUE)
```

▶実際の分析の際には，欠測値が含まれているのかどうかが不明な場合も少なくない。最初からna.rm=TRUEオプションをつけて計算すると，欠測値の存在を見逃す可能性があるので注意。

なお，もちろん列番号を指定することでも実行可能です。heightはd1の1列目なので，mean( )関数の引数に1列目全体を指定する，mean(d1[, 1])というスクリプトでも同様の結果を得ることができます。

Step 10　関数の詳細情報を知る

関数には様々なオプションがあることは先にも記しておきました。今後，本格的にRを使って様々な関数を利用し始めると，より詳しい使い方を知ることや，どのように引数を設定すれば良いかを確認する必要性に迫られることもあるでしょう。またエラーメッセージに対応するためにも，オプションに関する知識が必要になってくることもあります。R では，それぞれの関数についてとても詳しい情報が提供されていますので，必要な場合はこれを参照します。

その際には，help( ) を実行すると説明が表示されます。例えば，describe( ) 関数のヘルプをみてみましょう。スクリプトは，help( ) の引数に調べたい関数の名前を入れるだけです。

なお describe( ) 関数は，psych パッケージに含まれる関数です。こういったパッケージで追加される関数については，library( ) 関数で，パッケージを読み込んでから help( ) を実行します。該当する関数が見つからないというメッセージが出る場合は，まずこの点を確認してください。

【スクリプト】

```
help(describe)
```

【出力】

describe {psych}　　　　R Documentation

Basic descriptive statistics useful for psychometrics

Description

There are many summary statistics available in R; this function provides the ones most useful for scale construction and item analysis in classic psychometrics. Range is most useful for the first pass in a data set, to check for coding errors.

Usage

```
describe(x, na.rm = TRUE, interp=FALSE,skew = TRUE, ranges = TRUE,trim=.1,
         type=3,check=TRUE,fast=NULL,quant=NULL,IQR=FALSE,omit=FALSE,data=NULL)
describeData(x,head=4,tail=4)
describeFast(x)
```

▶左の出力例は Macintosh の場合。

▶最初の describe{psych} が，関数とパッケージを表す。

▶パッケージに含まれる関数ではなく，デフォルトで R がもっている関数については，たとえば mean{base} のように，{base} と表示される。

ここには様々な情報が掲載されていることがわかるでしょう。各種オプションやデフォルト値についても詳しく説明がされています。最後の部分には，用例を示されています。すべてを読む必要はありませんが，困った時，もう少し知りたい時などには，まずこれを見てみましょう。

第3章

R 初心者から初級者へ

本章では，実際に心理学のデータを分析するために，広く利用されるデータの要約，統計量の算出など，実践的で基本的なRの使い方を説明します。以下の内容を扱いますので，この章を通してRを使った基礎的なデータ分析ができる力を身につけてください。

▶前章までは【スクリプト】【出力】と明示してきたが，以降スクリプトは赤の背景，出力はグレーの背景で示す。

① データファイルの準備
② 作業ディレクトリの設定
③ データの読み込み
④ 読み込まれたデータを確認する
⑤ 欠測値（欠損値）の確認と扱い
⑥ 変数の型の確認
⑦ 度数分布，クロス集計，χ^2 検定
⑧ ヒストグラムを描く
⑨ 基礎統計量を求める
⑩ 散布図，相関係数を求める
⑪ データフレームから特定の変数を抽出して新たなデータフレームを作成する
⑫ ある条件にあてはまるケースだけを抽出する
⑬ 新しい変数を作る：尺度得点を作る
⑭ 新しい変数を作る：連続型の変数からカテゴリ変数を作る
⑮ 新しい変数を作る：カテゴリ変数からカテゴリ変数を作る

心理学の研究では，データが集まったら，まずExcelなどに入力して下記の図のように整理します。そして，そのファイルをRに読み込ませて分析をする，という手順になります。前章までの説明では，練習のためにRでベクトルを作ったり，複数のベクトルを結合したりしてデータフレームを作成しましたが，実際には，このような方法はとりません。

ここからは，現実的な分析手順に沿って説明をしていきましょう。

	A	B	C	D	E	F	G	H	I	J	K	L	M	N
1	ID	height	weight	age	gender1	gender2	a01	a02	a03	a04	a05	a06	Faculty	pref
2	1	165.7	55	21	F	2	1	3	4	3	3	4	1	Osaka
3	2	174.2	67	22	F	2	5	5	1	1	1	5	1	Kyoto
4	3	162.6	54	19	M	1	1	1	1	2	3	2	2	Kyoto
5	4	180.2	75	18	F	2	4	1	2	3	4	2	6	Kyoto
6	5	166.6	62	21	F	2	5	1	3	5	1	4	4	Osaka
7	6	172.9	67	19	M	1	4	1	5	1	2	3	6	Osaka
8	7	170.7	68	21	M	1	4	2	3	1	3	2	6	Osaka
9	8	152.9	45	18	F	2	2	1	2	1	1	2	3	Osaka
10	9	163.5	62	20	F	2	3	3	1	3	3	4	3	Osaka
11	10	168.1	64	22	M	1	3	1	4	2	1	4	6	Osaka

①データファイルの準備

質問紙などで回答を得たら，Excelなどに入力し分析用のデータファイルを準備します。1つひとつのケースを行，変数を列として整理しておくと便利です。また先のように，Rで変数名を付与することもできますが，1行目に変数名を入れておくとその手間が省けます。

▶Rで変数名を付与するには，colnames( )関数を用いる。p.35参照。

本章では，Rを使って実際にデータを分析する実習をしながら説明をしていきますが，そのためにダミーデータ（ch03.csv）を作成しています。これもデータファイルの一例ですので参考にしてください。

Excelで入力が終わったら，CSV形式で保存しておきましょう。保存形式の選択肢に「CSV」と「CSV UTF-8」の両方があれば，「CSV」を選んでください。Excelファイル（xlsxやxls形式）を直接Rで読み込むこともできますが，ここでは汎用性の高い形式としてCSV形式を推奨します。

▶テキスト形式とは，Windowsであればメモ帳で開くことができる形式のこと。アプリケーションに依存しないため，とても扱いやすい形式。

CSV形式のCSVとは，Comma Separated Valueの略で，その名のとおり，カンマで値が区切られたもので，テキスト形式になっています。ch03.csvをメモ帳で開いてみました。次のように，Excelではセルに分かれていた切れ目に，カンマが入っています。

```
ID,height,weight,age,gender1,gender2,a01,a02,a03,a04,a05,a06,Faculty,pref
1,165.7,55,21,F,2,1,3,4,3,3,4,1,Osaka
2,174.2,67,22,F,2,5,5,1,1,1,5,1,Kyoto
3,162.6,54,19,M,1,1,1,1,2,3,2,2,Kyoto
4,180.2,75,18,F,2,4,1,2,3,4,2,6,Kyoto
5,166.6,62,21,F,2,5,1,3,5,1,4,4,Osaka
```

▶Excel では，1つのファイルの中に複数のシートを含めることができるが，CSV 形式にはそもそも「シート」という考え方がない。そのため，保存する際に警告が表示されるが，気にせず進めて構わない。

R ではこの形式のデータを用意して使用するのが良いと思います。

②作業ディレクトリの設定

次に,「作業ディレクトリ」を作成, 指定します。「作業ディレクトリ」とは，R で分析するデータが置いてある，R で作業をする場所（フォルダ）のことです。この設定は重要で，次のファイルの読み込みがうまくいかない原因になりやすい部分なので十分に注意してください。

まず，「作業ディレクトリ」として指定するフォルダを作成します。既存のフォルダを利用しても構いません。指定の際に利用する関数は同じですが，手順は，Windows と Macintosh でやや異なるため，分けて説明します。

1 Windows の場合

「作業ディレクトリ」とするフォルダを新しく作成するならば，適当な場所で，エクスプローラーの「ホーム」タブから「新しいフォルダー」をクリックすれば,「新しいフォルダー」が作成されます。そして適当な名前（アルファベット表記を強く推奨します）を付けておきます。

次に，どのフォルダが作業ディレクトリなのかを R に伝えます。その方法には 2 つあります。

【方法 1】

R のメニューの「ファイル」に「ディレクトリの変更…」というメニューがありますので，そこから作業ディレクトリにしたいフォルダを指定します。

【方法 2】

【方法 1】の作業フォルダを指定する作業は，R を起動するたびに必要になります。そこで，この手続きを setwd( ) という関数を使い，実行することで省くこともできます。

setwd( ) 関数は，以下のように引数に作業ディレクトリとするフォルダのパスをダブルコーテーションで囲って指定します。

```
setwd("フォルダのパス")
```

このパスのことがわからない人は，次のように作業をしてください。下図のようにエクスプローラで，作業ディレクトリとするフォルダの上にカーソルを移動し，Shift キーを押しながら右クリックをして，「パスのコピー」を選びます。そして，setwd( ) 関数の「フォルダのパス」の位置にペーストします。さらに，すべての「\」（バックスラッシュ）を「/」（スラッシュ）に変更した後に実行します。

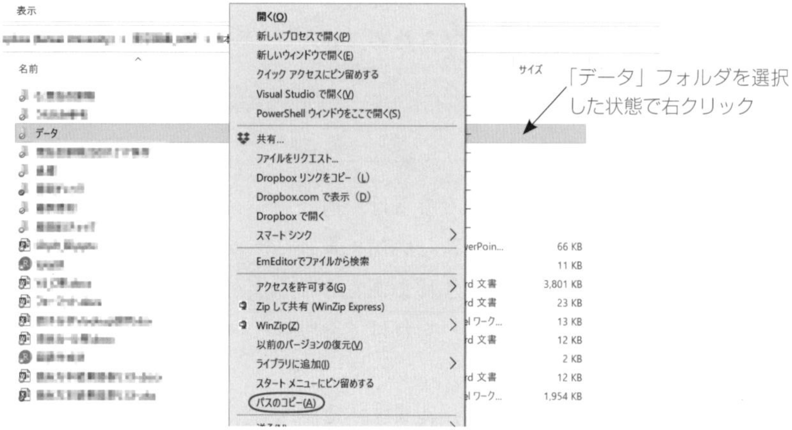

外見は変化がありませんが，これでディレクトリの変更ができました。作業ディレクトリを表示させる getwd( ) 関数を使って確認しておきましょう。

```
getwd()
```

▶この関数は引数が必要ない。

このスクリプトを実行して，先に setwd( ) 関数で指定した作業ディレクトリのパスと同じものが表示されれば大丈夫です。

2 Macintosh の場合

新しく「作業ディレクトリ」とするフォルダを作成するならば，適当な場所に, Finder の「ファイル」から「新規フォルダ」を選べば,「名称未設定フォルダ」が作成されます。そして適当な名前（アルファベット表記を強くすすめます）を付けておきます。

次に，どのフォルダが作業ディレクトリなのかを R に伝えます。次の 2 つの方法があります。

【方法 1】

R のメニューの「その他」に「作業ディレクトリの変更」というメニューがありますので，そこで作業ディレクトリとしたいフォルダを指定します。この作業フォルダを指定する作業は，R を起動するたびに必要になります。そこで，この手続きを setwd( ) という関数を使うことで省くこともできます。

【方法 2】

setwd( ) 関数を実行することでディレクトリを設定します。setwd( ) 関数は，以下のように引数に作業ディレクトリとするフォルダのパスをダブルコーテーションで囲って指定します。

```
setwd(" フォルダのパス ")
```

このパスのことがわからない人は, 次のように作業をしてください。

Finder で作業ディレクトリとしたフォルダを選択し，「option キー」+「command キー」+「c」の 3 つを同時に押します。特に変化はありませんが，これで「フォルダのパス」がコピーされました。setwd( ) 関数の「フォルダのパス」の位置にペーストし，実行します。

外見は変化がありませんが，これでディレクトリの変更ができました。作業ディレクトリを表示させる getwd( ) 関数を使って確認しておきましょう。

```
getwd( )
```

▶この関数は引数が必要ない。

このスクリプトを実行して，先に setwd( ) 関数で指定した作業ディレクトリのパスと同じものが表示されれば大丈夫です。

③データの読み込み

用意した CSV 形式のファイルを，先に指定した作業ディレクトリに移動します。ここでは本章で使用するダミーデータ，ch03.csv を②のディレクトリの設定で指定したフォルダに入れてください。

▶ch03.csv はサポート Web ページで配布している（p.v 参照）。

この CSV 形式のファイルを読み込むには，以下のように read.csv( ) という関数を使います。read.csv("ch03.csv", header=TRUE) というスクリプトは，CSV 形式の ch03.csv ファイルを読み込んでデータフレームを作るというスクリプトです。第 2 引数の header=TRUE は，ch03.csv ファイルの 1 行目を変数名として読みこむという意味です。1 行目に変数名を入れて入力，整理したファイルであれば，必ずこの header= オプションで TRUE を指定します。

▶「フォルダ」と「ディレクトリ」は同じ。R ではディレクトリを利用している。

ここでは，下図のように ch03.csv を読み込み d という名前のデータフレームを作成しています。

【Windows の場合】

```
d <- read.csv("ch03.csv", header=TRUE)
```

【Macintosh の場合】

```
d <- read.csv("ch03.csv", header=TRUE, fileEncoding="CP932")
```

【注意】
▶Windows で，デスクトップ上のフォルダに ch03.csv を置いている場合，読み込みができないことがある。対処方法はサポート Web ページを確認。

【注意】
▶「Macintosh の場合」のみにある引数の fileEncoding="CP932" は，CSV ファイルを読み込む時の文字コードの指定。これを指定しないと文字化けが生じることがあるので，それを防ぐために文字コードを指定しておく。

なおこのスクリプトを実行しても，実行されたスクリプトがそのまま表示されるだけで，R コンソールには特段の変化はありません。

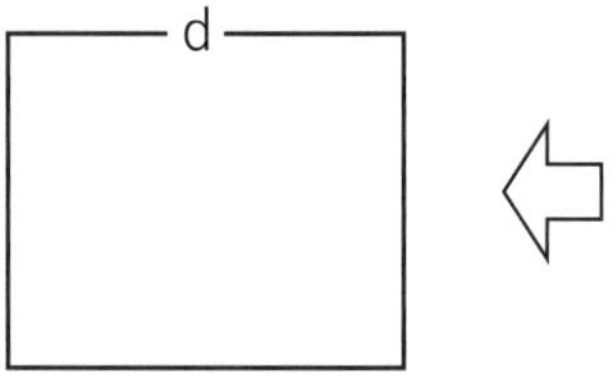

ch03.csv

	A	B	C	D	E	F	G	H	I	J	K	L	M	N
1	ID	height	weight	age	gender1	gender2	a01	a02	a03	a04	a05	a06	Faculty	pref
2	1	165.7	55	21	F	2	1	3	4	3	3	4	1	Osaka
3	2	174.2	67	22	F	2	5	5	1	1	1	5	1	Kyoto
4	3	162.6	54	19	M	1	1	1	1	2	3	2	2	Kyoto
5	4	180.2	75	18	F	2	4	1	2	3	4	2	6	Kyoto
6	5	166.6	62	21	F	2	5	1	3	5	1	4	4	Osaka
7	6	172.9	67	19	M	1	4	1	5	1	2	3	6	Osaka
8	7	170.7	68	21	M	1	4	2	3	1	3	2	6	Osaka
9	8	152.9	45	18	F	2	2	1	2	1	1	2	3	Osaka
10	9	163.5	62	20	F	2	3	3	1	3	3	4	3	Osaka

d <- read.csv(“ch03.csv” , header= TRUE)

④読み込まれたデータを確認する

正しくデータが読み込まれたかを詳細かつ全てチェックすることは，現実的にはとても困難です。これまでと同様に，入れ物の名前，dだけを入力して実行してみてください。これで読み込んだすべてのデータを表示させることができますが，すべての数値が正確に対応しているかどうかをチェックするのは難題です。

そのため，便宜的ではありますが，変数に欠落はないか，データ数に欠落はないかといった点のチェックに留めることが多いといえます。この際に便利な関数として，最初の数行だけを読み出す関数head( )や，最後の数行だけを読み出すtail( )があります。またデータ数（行数）を確認する関数としてnrow( )を使うこともできます。

```
head(d)
tail(d)
nrow(d)
```

```
> head(d)
  ID height weight age gender1 gender2 a01 a02 a03 a04 a05 a06
1  1  165.7     55  21       F       2   1   3   4   3   3   4
2  2  174.2     67  22       F       2   5   5   1   1   1   5
3  3  162.6     54  19       M       1   1   1   1   2   3   2
4  4  180.2     75  18       F       2   4   1   2   3   4   2
5  5  166.6     62  21       F       2   5   1   3   5   1   4
6  6  172.9     67  19       M       1   4   1   5   1   2   3
  Faculty  pref
1       1 Osaka
2       1 Kyoto
3       2 Kyoto
4       6 Kyoto
5       4 Osaka
6       6 Osaka
> tail(d)
   ID height weight age gender1 gender2 a01 a02 a03 a04 a05 a06
55 55  155.5     49  20       M       1   3  NA  NA   3   2   3
56 56  177.5     72  22       F       2   1   2   5   1  NA   5
57 57  175.2     68  18       M       1   2   2   1   1  NA   4
58 58  150.1     66  20       F       2   2   1   3   1   1  NA
59 59  175.0     63  22       F       2  NA   3   1   2   2   5
60 60  153.2     51  21       F       2   4  NA   2   2   1   5
```

▶head( )などで読み込んだデータを表示させた際，欠測値の部分はNAと表示される。ch03.csvでは，51番目から60番目のデータに欠測値が含まれる。したがって，tail(d)を実行した場合に，NAが表示されている。

```
   Faculty  pref
55        4 Osaka
56        5 Kyoto
57        2 Osaka
58        5 Kyoto
59        1 Kyoto
60        4 Osaka

> nrow(d)
[1] 60
```

出力を確認して，変数に欠落はないか，データ数に欠落はないかをチェックしましょう。

⑤欠測値（欠損値）の確認と扱い

Rでは欠測値の扱いに関してはさまざまです。どのような意味で「さまざま」かというと，使用する関数によって取り扱いが変わるのです。そのため欠測値については十分に注意しておく必要があります。

データをExcelなどに入力する際には，欠測値の場合は何も入力しなくてもよいでしょう。read.csv( ) などで読み込む際，空欄のセルは自動的に欠測値と判断されます。なお空欄ではなく，特定の文字や数値を，欠測値を意味するものとして利用することもできますが，その場合はデータ読み込み時などに，Rにそれが欠測値を意味していることを伝える必要が生じます。

読み込んだデータにどれほどの欠測値があるのかを確認するには，complete.cases( ) という関数を利用した，d[!complete.cases(d),] といったスクリプトが便利でしょう。エクスクラメーション「！」は，「否定」「～でない」を意味します。簡単にいうと，データフレームdの中で，「欠測値を持たないケース（行）でないもの」つまり欠測値を持つケース（行）を抽出して表示せよという命令になります。

▶complete.cases(d)
データフレームdの中で全てがそろっているデータの行。

▶!complete.cases(d)
データフレームdの中で全てがそろっていないデータの行。

▶d[!complete.cases(d),]
データフレームd(最初のd)のうち，!complete.cases(d)で検索された行。

出力の中で，「NA」が欠測値を表します。「NA」を含むケースだけが表示されています。

```
d[!complete.cases(d),]
```

```
> d[!complete.cases(d),]
   ID height weight age gender1 gender2 a01 a02 a03 a04 a05 a06
51 51  170.8     64  20       M       1  NA   1   5   2   3   4
52 52  160.9     61  22       F       2   3   1  NA   1   1   1
53 53  180.9     74  20       M       1   2  NA   1   4   2   5
54 54  170.1     63  20       F       2   1   3  NA   2   2  NA
55 55  155.5     49  20       M       1   3  NA  NA   3   2   3
56 56  177.5     72  22       F       2   1   2   5   1  NA   5
57 57  175.2     68  18       M       1   2   2   1   1  NA   4
58 58  150.1     66  20       F       2   2   1   3   1   1  NA
59 59  175.0     63  22       F       2  NA   3   1   2   2   5
60 60  153.2     51  21       F       2   4  NA   2   2   1   5
   Faculty  pref
 1        1 Osaka
51        6 Kyoto
52        5 Kyoto
53        6 Osaka
54        2 Osaka
55        4 Osaka
56        5 Kyoto
57        2 Osaka
58        5 Kyoto
59        1 Kyoto
60        4 Osaka
```

次に，欠測値の処理について考えます。欠測値を含むデータは，すべての分析から除外する（リストワイズ削除），欠測値の部分を必要とする分析の時のみ，当該データを除外する（ペアワイズ削除），何らかの方法によって欠測値に値を代入するなどの対処方法があります。いずれの方法にもメリット，デメリットがあるので，一概に最良の方法を決めることはできません。

ここでは欠測値を含むデータを，一度にすべて除外する（リストワイズ削除）方法を紹介しておきます。欠測値を含むデータを行ごと削除する関数に，na.omit( ) という関数があります。この引数に，データフレーム名を入れます。

この関数を使って，データフレーム d から欠測値を含むデータ（ケース）を削除して，d1 というデータフレームに代入します。その後で，d1 のデータ数（行数）を確認し，欠測値を持つデータを表示させてみます。

```
d1 <- na.omit(d)
nrow(d1)
d1[!complete.cases(d1),]
```

先ほどは，nrow( ) は60でした。元のデータフレームdには，10名のデータに欠測値が存在していたので，これを削除したためnrow(d1) は50になりました。d1[!complete.cases(d1),] の出力をみても，該当する行は0であることがわかります。

⑥変数の型の確認

データフレームの変数はそれぞれ「型」という属性をもっています。これは非常に重要な部分で，変数の型と，分析に用いる関数が一致していないとエラーが生じます。かなり頻繁に生じるエラーなので，繰り返し確認する癖をつけてください。

変数の型は，以下のように，class( ) という関数を使用して確認することができます。

```
class(d1$height)
```

```
> class(d1$height)
[1] "numeric"
```

この出力は，データフレームd1のheightという変数は，numeric型であることを示しています。

また，str( ) という関数を使って，変数1つひとつではなく，データフレームに含まれるすべての変数の型を一度で確認することもできます。

```
str(d1)
```

▶ここで，d1 <- na.omit(d) というように，d1という新しいデータフレームを作成しているのはなぜだろうか。

もちろん，d <- na.omit(d) で上書きしても構わないが，このスクリプトの場合，元々のデータフレームd(60名) から，10名を削除している。もし一連の分析の中で，欠測値を含んでいても良い場合があれば，改めてオリジナルのデータを読み込む必要が生じる。

そのため，別の名前のデータフレームを作成している。この時点で，Rの環境の中には，欠測値も含んだデータ数60のdというデータフレームと，欠測値を含まないデータ数50のデータフレームd1が共存していることになる。

こうしておけば，必要に応じてデータフレームを使い分けることもできる。

▶型には，factor，integer，numericなどがある。これは尺度水準と合わせて考えると良い。情報量が多い順に並べると，次のようになる。そして，この尺度水準とRの変数の「型」がほぼ対応している。

比率尺度 間隔尺度	numeric，integer
順序尺度	integer
名義尺度	factor

```
> str(d1)
'data.frame': 50 obs. of  14 variables:
 $ ID      : int  1 2 3 4 5 6 7 8 9 10 ...
 $ height  : num  166 174 163 180 167 ...
 $ weight  : int  55 67 54 75 62 67 68 45 62 64 ...
 $ age     : int  21 22 19 18 21 19 21 18 20 22 ...
 $ gender1: chr  "F" "F" "M" "F" ...
 $ gender2: int  2 2 1 2 2 1 1 2 2 1 ...
 $ a01     : int  1 5 1 4 5 4 4 2 3 3 ...
 $ a02     : int  3 5 1 1 1 1 2 1 3 1 ...
 $ a03     : int  4 1 1 2 3 5 3 2 1 4 ...
 $ a04     : int  3 1 2 3 5 1 1 1 3 2 ...
 $ a05     : int  3 1 3 4 1 2 3 1 3 1 ...
 $ a06     : int  4 5 2 2 4 3 2 2 4 4 ...
 $ Faculty: int  1 1 2 6 4 6 6 3 3 6 ...
 $ pref    : chr  "Osaka" "Kyoto" "Kyoto" "Kyoto" ...
 - attr(*, "na.action")= 'omit' Named int [1:10] 51 52 53 54 55
56 57 58 59 60
  ..- attr(*, "names")= chr [1:10] "51" "52" "53" "54" ...
>
```

str( ) という関数は，引数として指定されたデータフレームに含まれるすべての変数の型を示してくれます。

出力の1行目，'data.frame' は，d1 がデータフレームであることを示しています。そして 14 の変数（列）をもち，50 ケース（行数）のデータであることが表示されます（50 obs.（observation の略）of 14 variables）。

2行目から各変数の情報です。$ の後が変数名でそれに続く int，num の部分が注目すべき変数の型です。ここに表示されている int は整数型（integer），num は数値型（実数値，numeric），chr は文字型（character）です。ここでは表示されていませんが，factor と表示される因子型（factor）もあります。factor 型は，カテゴリカルな変数（たとえば1が男性，2が女性といった，いわば名義尺度の変数）を意味します。

なぜこの変数の型が重要かというと，文字型や因子型のデータでは平均値などを計算できない（計算しても意味がない）とか，関数によっては，適切なデータの型でないと正しく計算しないなどという問題が生じるからです。

なおcsvファイルを読み込んだ場合，数値データばかりの変数は整数型か数値型，数値以外が含まれる変数は文字型として認識されるはずです。もし数値データばかりの変数のはずなのに文字型と認識されているような場合は，数値以外が入力されているセルがないか確認してみましょう。

さて，数値データばかりの変数が整数型か数値型になっていれば特段の問題はないといえます。注意が必要なのは，因子型であるべきカテゴリを表す変数（たとえば1が男性，2が女性を表しているような場合）です。数値データなので，csvファイルから読み込むと整数型や数値型と認識されます。このままだと正しく計算されない場合が生じます。そのため，t検定や分散分析を行う際には，独立変数に関しては因子型（factor）に変換しておくことをおすすめします。

以下に変換の方法を示します。as.factor( )関数を用いて，データフレームd1に含まれるinteger型のgender2を，因子型（factor）に変換し，gender3として保存します。factor型は扱いが若干分かりにくいところがあります。詳細はサポートWebページを確認してください。

```
d1$gender3 <- as.factor(d1$gender2)
```

class(d1$gender3)で確認すれば，factor型に変換されたことが分かるでしょう。

▶下記の2つのスクリプトの違いを確認。1つ目のスクリプトでは左側がgender2になっているのに対して，2つ目のスクリプトではgender3になっている。

```
d1$gender2 <-
  as.factor(d1$gender2)
d1$gender3 <-
  as.factor(d1$gender2)
```

▶そのままgender2という変数の型をfactor型に変えたものが上のスクリプト。

下のスクリプトは，gender2というcharacter型の変数は残したまま，新たにgender3というfactor型の変数を作ることになる。

どちらが良いかは好みだが，このくらいの変換であればどちらでも構わないだろう。なお，本書では上書きは使わず，新たな変数を作る方向で説明をしている。

⑦度数分布を求める

データを読み込み，欠測値の扱いなどを決めた後に必ずすべきことは，項目ごとに回答の分布の様相を把握したり，平均値などの基礎統計量を求めたりすることです。

それでは度数分布を見てみましょう。table( )関数を用います。引数は変数名とexclude=NULLというオプションです。exclude=NULLは，欠測値がある場合，それをカウントさせるためのオプションです。

1 度数分布

```
table(d1$a01, exclude=NULL)
table(d1$gender1, exclude=NULL)
```

```
> table(d1$a01, exclude=NULL)

 1  2  3  4  5
 9  8 11  9 13
> table(d1$gender1, exclude=NULL)

 F  M
27 23
```

▶棒グラフで表したければ一旦，度数分布の結果を tmp に格納。その上で，barplot( )関数を用いる。なお，tmp という名前に関してはどのようなものでも構わない（tmp は一時的という意味の temporary の略)。

```
tmp <- table(d$a01)
barplot(tmp)
```

2 クロス集計

table( ) 関数は，カテゴリ変数の分析として定番のクロス集計表を作成するためにも使えます。table(変数 1, 変数 2, exclude = NULL) という形です。2 つの引数の前者が行（縦方向)，後者が列（横方向) に配置されます。ここでは性別の変数 gender1 と居住地の変数 pref を用います。

```
table(d1$gender1, d1$pref, exclude=NULL)
```

```
> table(d1$gender1, d1$pref, exclude=NULL)
    Kyoto Osaka
  F    13    14
  M     8    15
```

▶table( ) 関数は，デフォルトでは欠測値が含まれていてもそれを無視してカウントする設定になっている。そのため，出力から「NA」が含まれるのかどうかまったくわからない。これでは，項目をチェックする際には不都合なので exclude=NULL を必ず入れておくことをすすめる。

d1 は欠測値を全て除いたデータであるため exclude=NULL を入れても入れなくても出力はかわらない。欠測値が含まれるデータフレーム d と比較してみてほしい。

なお，今回のように「NA」が無い場合は，左側の出力のようになる。

3 クロス集計表の独立性の検定

集計表に関して，独立性の検定（χ^2 検定）を行うことも簡単にできます。関数は，chisq.test( ) です。引数には，クロス集計表（クロス集計表が入っている変数名）を記述します。以下のスクリプトでは，まず上記のクロス集計表を，result という名前を付けて保存し，それに対して χ^2 検定を行っています。

```
result <- table(d1$gender1, d1$pref, exclude=NULL)
chisq.test(result)
```

▶chisq.test(table(d1$gender1, d1$pref, exclude=NULL)) というように，入れ子構造にして1行にまとめることもできる。

```
> result <- table(d1$gender1, d1$pref, exclude=NULL)
> chisq.test(result)

        Pearson's Chi-squared test with Yates' continuity
correction

data:  result
X-squared = 0.44475, df = 1, p-value = 0.5048
```

出力を読み取りましょう。χ^2 値（X-squared）は 0.44475，自由度（df）は 1，p 値（p-value）は 0.5048 という結果です。すなわち，帰無仮説を棄却できないという結果になります。

⑧ヒストグラムを描く

続いてヒストグラムを作成してみます。ここでは，weight のヒストグラムを描いてみましょう。ヒストグラムを描く関数は hist( ) です。もっとも簡単なスクリプトは，引数として変数を指定するだけです。この場合，R が自動的に階級幅を設定してヒストグラムを描いてくれます。

▶R で作図をすると R コンソールではなく新しいウィンドウに表示される。

```
hist(d1$weight)
```

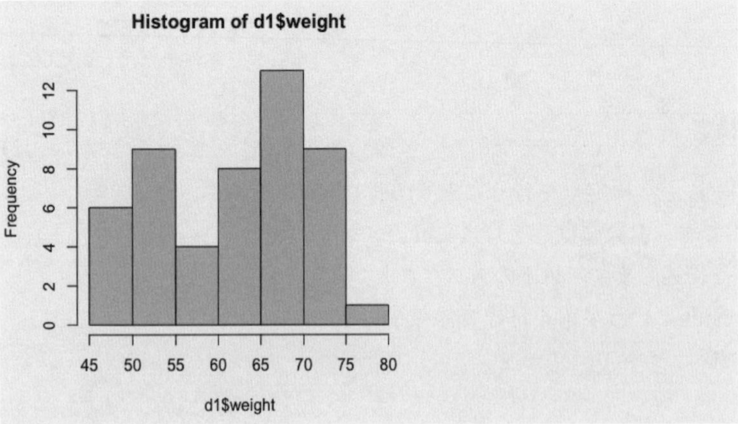

▶hist( ) 関数には，breaks= というオプションがあり，階級の区切り方を細かく指定できる。

breaks=seq(0, 100, 10) と記述すれば，ヒストグラムの
最小値を 0 ←第 1 引数
最大値を 100 ←第 2 引数
階級の幅を 10 ←第 3 引数
とする指定になる。

```
hist(d1$weight, breaks=
seq(0, 100, 10))
```

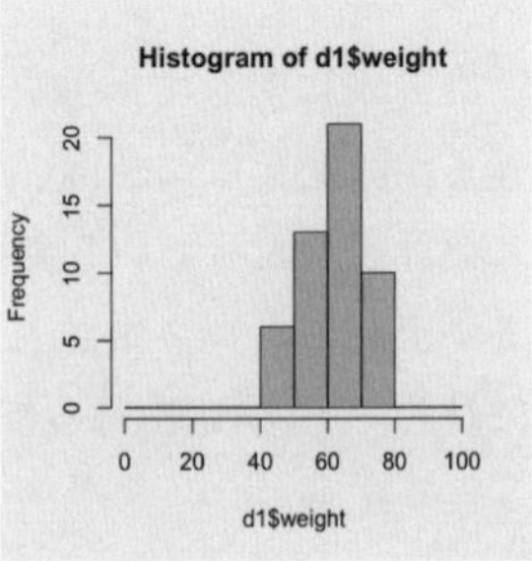

これだけでヒストグラムが簡単に作成できるのですが，上図のたとえば50の値は，45-50，50-55のどちらに含まれるでしょうか。hist( )関数におけるデフォルトは，階級の下限値を「含まず」，上限値を「含む」設定になっています。すなわち，45より大きく50以下が一番左，次が50より大きく55以下となります。「○以上，●未満」が使われることも多いですが，その場合にはオプションright=FALSEを追加します。

▶breaks=c(0, 25, 50, 75, 100)とすれば，0-25，25-50，50-75，75-100と任意に階級の幅を設定することができる。

```
hist(d1$weight, breaks=
c(0, 25, 50, 75, 100))
```

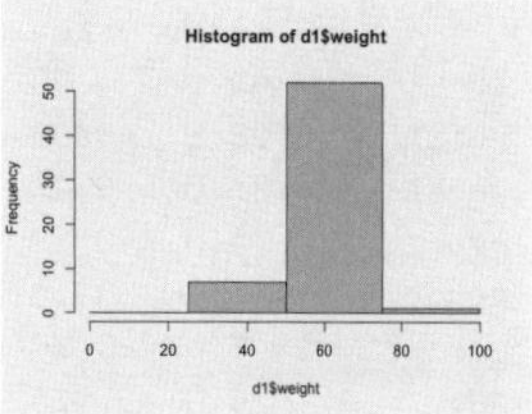

⑨基礎統計量を求める

次に基礎統計量を求めてみます。これには先にも利用した，psychパッケージに含まれるdescribe( )関数が便利です。データフレーム内の特定の変数，例えば，データフレームd1の変数ageに関して求める場合は，以下のスクリプトになります。

```
describe(d1$age)
```

```
> describe(d1$age)
   vars  n  mean  sd median trimmed  mad min max range  skew
X1    1 50 20.28 1.2     20   20.35 1.48  18  22     4 -0.33
   kurtosis   se
X1    -0.77 0.17
```

【注意】

▶describe( ) はPsychパッケージに含まれる関数なので，library(psych) を実行しておく必要がある。p.25参照。

▶この出力は，順に

vars: 変数の番号

n: データ数

mean: 平均

sd: 標準偏差

median: 中央値

trimmed: 調整平均（下位10%，上位10%のデータを除いた上で求めた平均）

mad: 絶対平均偏差

min: 最小値

max: 最大値

range: 範囲

skew: 歪度

kurtosis: 尖度

se: 標準誤差

describe( )関数が便利なのは，データフレームに含まれるすべての変数の指標を一括で算出してくれるところでしょう。以下のように引数にデータフレーム名を入れるだけです。

```
describe(d1)
```

```
> describe(d1)
         vars  n   mean    sd median trimmed   mad   min   max
ID          1 50  25.50 14.58  25.50   25.50 18.53   1.0  50.0
height      2 50 166.76  7.77 166.55  166.79  9.27 151.6 180.5
weight      3 50  62.16  8.75  64.50   62.67 10.38  45.0  76.0
age         4 50  20.28  1.20  20.00   20.35  1.48  18.0  22.0
gender1*    5 50   1.46  0.50   1.00    1.45  0.00   1.0   2.0
gender2     6 50   1.54  0.50   2.00    1.55  0.00   1.0   2.0
```

```
a01         7 50  3.18 1.45  3.00     3.22 1.48  1.0  5.0
a02         8 50  2.88 1.44  3.00     2.85 1.48  1.0  5.0
a03         9 50  3.10 1.37  3.00     3.12 1.48  1.0  5.0
a04        10 50  2.96 1.34  3.00     2.95 1.48  1.0  5.0
a05        11 50  2.82 1.47  3.00     2.78 1.48  1.0  5.0
a06        12 50  3.30 1.36  3.00     3.38 1.48  1.0  5.0
Faculty    13 50  3.78 1.58  4.00     3.80 1.48  1.0  6.0
pref*      14 50  1.58 0.50  2.00     1.60 0.00  1.0  2.0
gender3*   15 50  1.54 0.50  2.00     1.55 0.00  1.0  2.0
           range  skew kurtosis   se
ID          49.0  0.00    -1.27 2.06
height      28.9 -0.06    -0.94 1.10
weight      31.0 -0.43    -0.97 1.24
age          4.0 -0.33    -0.77 0.17
gender1*     1.0  0.16    -2.01 0.07
gender2      1.0 -0.16    -2.01 0.07
a01          4.0 -0.15    -1.36 0.21
a02          4.0  0.08    -1.36 0.20
a03          4.0 -0.08    -1.27 0.19
a04          4.0 -0.08    -1.20 0.19
a05          4.0  0.19    -1.34 0.21
a06          4.0 -0.16    -1.33 0.19
Faculty      5.0 -0.04    -1.24 0.22
pref*        1.0 -0.31    -1.94 0.07
gender3*     1.0 -0.16    -2.01 0.07
```

出力に関しては，変数が1つの場合と同様ですが，1つ注意すべきポイントがあります。gender1 と pref に関して，変数名のあとに＊がついています。これは，この変数は文字列（先ほどの変数の型で言えば character 型）であるため，平均を求めても意味がないということを示しています。また，gender2 は，平均 1.54 となっています。性別なので平均に意味はありませんが，gender2 の変数型が integer 型（整数値）であるために平均が算出されています。

⑩散布図，相関係数を求める

ここでは，2変数の関連をとらえる際の基本である，散布図と相関係数の求め方を説明します。まず，散布図を作成してみましょう。散布図を作成する関数にも多種ありますが，ここでは plot( ) 関数を用います。引数には，2つの変数を「,」で区切って記述します。「,」前の変数が X 軸，後ろの変数が Y 軸となります。

```
plot(d1$height, d1$weight)
```

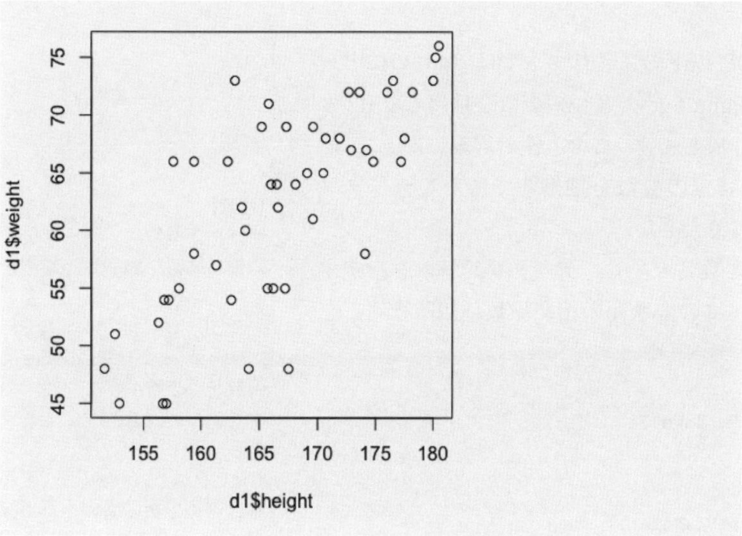

▶散布図の１つひとつの値を示す○（マーカー）を別の形にすることもできる。
plot( ) 関数を実行する前に，par(pch=20) などと指定してみよう。

```
par(pch=20)
plot(d1$height, d1$weight)
```

▶20の部分を変更することで，様々なマーカーを使うことができる。google で，R par pch の3つのキーワードで画像検索すると確認できるだろう。

プロットされている○の１つひとつが各データですが，同一点に複数のデータがある場合は，○の太さが太くなります。しかし，判別はなかなか難しいので注意が必要です。

続いて相関係数です。相関係数を求める関数にも多種ありますが，ここではcor( ) 関数を紹介します。引数に，相関を求める２つの変数を「,」で区切って記述します。

```
cor(d1$height, d1$weight)
```

```
> cor(d1$height, d1$weight)
[1] 0.7429953
```

▶相関係数は，２変数の共分散を，それぞれの標準偏差の積で割ったもの。共分散を求めたい場合は，cov( ) 関数を用いる。スクリプトの cor 部分を cov に変更するだけ。

```
cov(d1$height, d1$weight)
```

cor( ) 関数の出力は非常にシンプルです。相関係数のみが表示されます。

▶無相関の検定は p.87。

もうひとつデータフレームならではの求め方があります。以下のスクリプトを実行してください。すべての変数間の相関，つまり相関行列が出力されます。

説明が前後してしまいますが，以下のスクリプトでは，はじめにデータフレーム d1 から height, weight, age の 3 つの変数を抽出して d2 という新しいデータフレームを作成します。この方法の詳細に関しては，次項「⑪データフレームから特定の変数を抽出して新たなデータフレームを作成する」を確認してください。

cor( ) 関数の引数として，変数名でなく，データフレームを指定することで，それに含まれるすべての変数間の相関係数（相関行列）を求めることができます。

```
d2 <- d1[c("height", "weight", "age")]
cor(d2)
```

```
> d2 <- d1[c("height", "weight", "age")]
> cor(d2)
           height      weight         age
height 1.00000000 0.742995277 0.076200254
weight 0.74299528 1.000000000 0.005384812
age    0.07620025 0.005384812 1.000000000
```

【注意】

▶cor( ) 関数は，データに欠測値があると NA という結果を返してくる。

こういう場合は，欠測値を持たないデータだけを用いて相関係数を求めるように，use= のオプションで設定することができる。

▶たとえば，欠測値の部分を必要とする分析の時のみ，当該データを除外するペアワイズ削除を行う場合は，pairwise.complete.obs をダブルコーテーションで囲って指定する。

```
cor(d$height, d$weight,
use="pairwise.complete.
obs")
```

⑪データフレームから特定の変数を抽出して新たなデータフレームを作成する

順に進めていれば，現在データフレーム d1 は，以下のように 15 個の変数で構成されているはずです。

```
> d1
  ID height weight age gender1 gender2 a01 a02 a03 a04 a05 a06 Faculty  pref gender3
1  1  165.7     55  21       F       2   1   3   4   3   3   4       1 Osaka       2
2  2  174.2     67  22       F       2   5   5   1   1   1   5       1 Kyoto       2
3  3  162.6     54  19       M       1   1   1   1   2   3   2       2 Kyoto       1
                                   (出力略)
```

分析を進めていくと新しい変数がどんどん増えていきます。しかし，先のような相関行列を求めたい場合や，describe( )関数を使って一部の変数だけの基礎統計量を確認したい場合など，データフレームに含まれる変数を抽出してこれらの分析を行った方が効率が良い場合も増えてきます。

p.32で，行列の要素へのアクセスを説明しましたが，その応用で，既存のデータフレームから，変数を抽出した新しいデータフレームを作ることができます。あらためて，先ほどの相関行列を求める際にheight, weight, ageだけを取り出すスクリプトを示します。d1の中から，指定した変数（列）を取り出して，d2に保存するというスクリプトです。

```
d2 <- d1[c("height", "weight", "age")]
d2
```

```
> d2
  height weight age
1  165.7     55  21
2  174.2     67  22
3  162.6     54  19
```
（出力略）

このように3つの変数だけで構成されるデータフレームが作成されています。

▶左の，

```
d1[c("height", "weight",
 "age")]
```

をみて，おかしいと思うかもしれない。p.32で，データフレームでは，d1[行，列]というように，行と列で示すことができると説明している。そのため，

```
d1[, c("height", "weight",
 "age")]
```

ではないかと。ポイントは最初の［のすぐ後のカンマ。

これは，どちらでも良くて，左で示したスクリプトでは，このカンマを省略している。本書では，新たにデータフレームを作成する場合は，カンマを省略する形で示している。

⑫ある条件にあてはまるケースだけを抽出する

データ分析をしていると，居住地がOsakaだけのデータ，性別が男性だけのデータなど，特定の条件に該当するデータだけを抽出して検討する必要性に迫られる場合があります。

この場合には，subset( )という関数を使って，対象とするデータだけを抽出したデータフレームを新しく作成します。subset( )関数は，subset(元になるデータフレーム，条件式)という形で用い，抽出結果を新しい変数に格納します。たとえば以下は，データフレームd1から，変数prefにOsakaと回答しているケースだけを抽出し，d_ex_Osakaというデータフレームに格納するスクリプトと，同様に

Kyotoだけのデータを抽出し，d_ex_Kyotoというデータフレームに格納するスクリプトです（条件式の中で，「等しい」を意味する記号が「=」を2つ続けるものである点に注意)。これで，居住地がOsakaであるケースだけのデータフレームと，Kyotoであるケースだけのデータフレームを作ることができます。

```
d_ex_Osaka <- subset(d1, d1$pref == "Osaka")
d_ex_Kyoto <- subset(d1, d1$pref == "Kyoto")
```

また，たとえば，年齢が20歳未満と20歳以上でデータフレームを作成するには，以下のようにします。なお，「以上」,「以下」は不等号と等号を並べて表現しますが，必ず不等号を先，等号を後におきます。

```
d_ex_below <- subset(d1, d1$age < 20)
d_ex_above <- subset(d1, d1$age >= 20)
```

ここで，先ほどの復習も兼ねて，居住地がOsakaと，Kyotoの人の身長のヒストグラムをそれぞれ描いてみましょう。140 cmから190 cmの範囲で，5 cm刻みで作成します。

```
hist(d_ex_Osaka$height, breaks=seq(140, 190, 5))
hist(d_ex_Kyoto$height, breaks=seq(140, 190, 5))
```

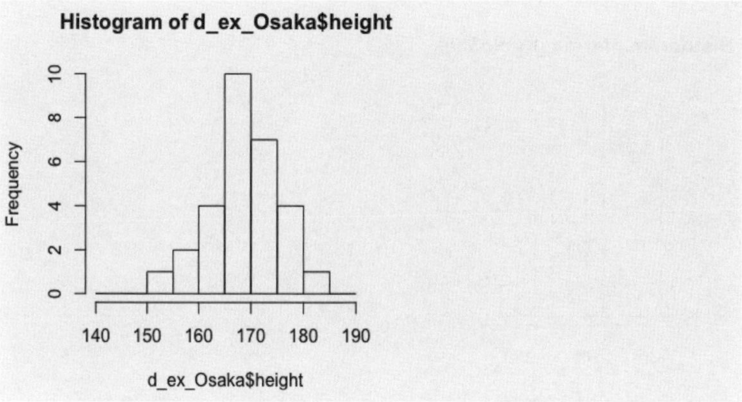

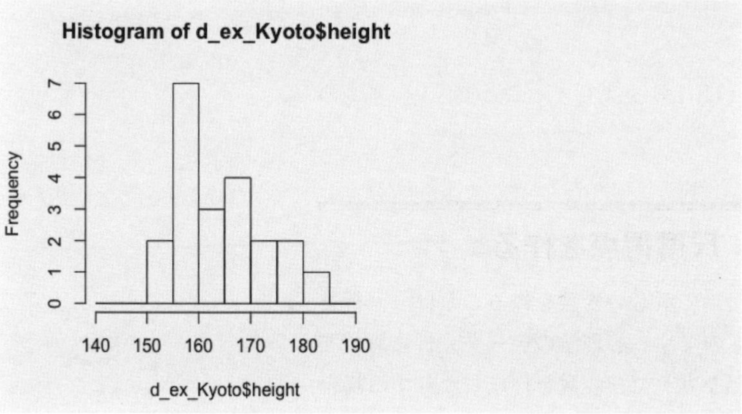

このように1つずつ表示されます。さらに，応用として，ひとつのウインドに2つのヒストグラムを並べて表示する方法を扱っておきます。その方法は2つの hist( ) 関数を実行する前に，par( ) 関数を実行することで可能になります。

```
par(mfrow=c(1, 2))
hist(d_ex_Osaka$height, breaks=seq(140, 190, 5))
hist(d_ex_Kyoto$height, breaks=seq(140, 190, 5))
```

▶par( ) 関数は，図を表示するウインドをコントロールする関数。

▶par(mfrow=c(1,2)) というスクリプトで，図を表示する1つのウインドに，2つの図を横並びに表示させることができる(1行2列)。

▶また，比較をしやすいように，breaks= オプションで階級の区切り方を同じにしている。

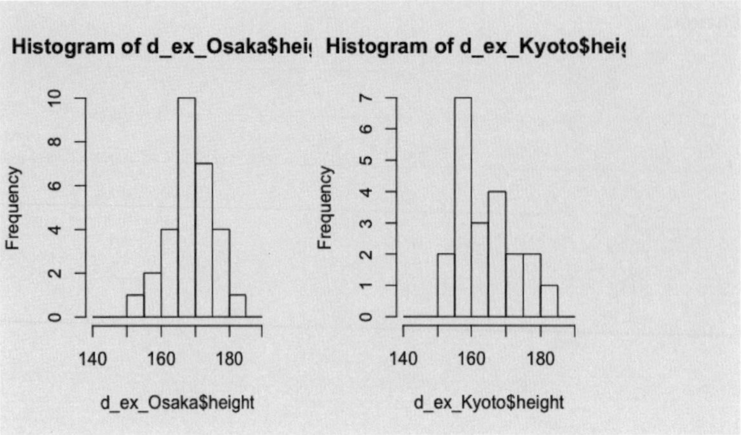

元に戻すには，par(mfrow=c(1, 1)) を実行することで，1つずつのグラフになります。

⑬新しい変数を作る：尺度得点を作る

得られている変数データを用いて新しい変数を作ることは，分析を進める上で避けては通れないものです。心理学のデータ分析においては，尺度得点を求めたり，新たなカテゴリ変数を作成したりする場合がこれに相当します。引き続き，ch03.csv を用いて説明します。

まず，項目 a01, a02, a03 がひとつの尺度を構成していると見なして，これらの尺度得点を求めてみます。尺度得点は，大抵の場合，項目の合計得点をあてるか，項目平均値をあてるかのどちらかでしょう。ここでは前者を F1_score1，後者を F1_score2 という新たな変数として作成してみます。これらの尺度得点を計算しデータフレーム d1 に追加するスクリプトは，以下のとおりになります。単純に 3 つの変数を足して合計をつくる，それを項目数の 3 で割って平均値を求めるという作業を行っています。

```
# 合計点
d1$F1_score1 <- d1$a01 + d1$a02 + d1$a03
# 平均点
d1$F1_score2 <- (d1$a01 + d1$a02 + d1$a03)/3
```

▶d1$a01＋d1$a02…で用いている$はp.37と同じ。

これを実行しても，Rの画面上何も変化は生じません。下図のように，d1の1番最後にF1_scoreが追加されます。そのため，右のような方法で変換の正しさを確認してみると良いでしょう。

▶本当に正しく計算ができているかを確認するには，以下のスクリプトを実行して，tmpの中身を確認すると良い。

```
tmp <- d1[c("a01",
            "a02", "a03",
            "F1_score1",
            "F1_score2")]

tmp
```

▶このスクリプトを実行すると，a01, a02, a03, F1_score1, F1_score2の5変数だけが出力されるので，a01, a02, a03の値を使って，F1_score1, F1_score2の値を検算してみる。

なお，一部だけを見るなら，head(tmp)やtail(tmp)を使ってもよい。

▶少し面倒かもしれないが，このように変換する元の変数と，変換した後の変数だけを抽出して，隣り合わせに表示して確認すると安全。この方法は次の「新たなカテゴリ変数を作成する」でも有用な確認方法。

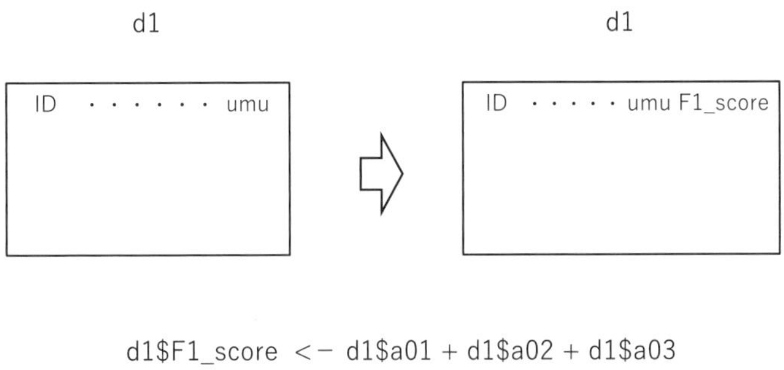

⑭新しい変数を作る：連続型の変数からカテゴリ変数を作る

データ分析をしていると，連続型の変数をカテゴリ変数に変換する必要が生じる場合があります。たとえば，ある変数を元に低群と高群に分けたり，年齢で10代，20代，30代と分けたりする場合です。

いくつか方法が考えられますが，まずはシンプルな，cut( )という関数を使う方法を紹介します。ここでは，これまでと同じく，ch03.csvを使い，heightが160 cm未満の人，160 cm以上170 cm未満の人，170 cm以上の人というように，連続型のheight変数をもとに3つのカテゴリに分ける方法を示します。ここでは，新しい変数（カテゴリ変数）はheight_cateとし，小さい方から，「10」「20」「30」という値を与えます。

```
d1$height_cate <- cut(d1$height, breaks=c(-Inf, 160, 170, Inf),
                      right=FALSE, labels=c(10, 20, 30))
```

このスクリプトを実行しても，特に出力されるものはありません。そこで意図したように新しい変数が作成できているか，先と同じように確認してみましょう。

```
tmp <- d1[c("height", "height_cate")]
tmp
```

```
> tmp <- d1[c("height", "height_cate")]
> tmp
  height height_cate
1  165.7          20
2  174.2          30
3  162.6          20
4  180.2          30
5  166.6          20
                                 (出力略)
```

これと同様なことは，ifelse( ) という関数を使って行うこともできます。Excel の IF 関数と同じような文法で，引数は，第 1 引数が条件，第 2 引数が真の場合，第 3 引数が偽の場合を指します。すなわち d1$height_2 <- ifelse(d1$height < 160, 1, 2) であれば，データフレーム d1 の変数 height に，160 未満（<）という条件を当てはめ，条件の通り 160 未満であれば 1, 条件に当てはまらなかったら 2 を割り当て，データフレーム d1 の変数 height_2 に格納する，ということを意味します。

この ifelse( ) 関数を入れ子にして，3 つに分けようとするのが以下のスクリプトです。入れ子というのは，関数の引数にまた関数が入っていることを指します。

```
d1$height_cate2 <- ifelse(d1$height < 160, 10,
                   ifelse(d1$height < 170, 20, 30))
```

ひとつめの ifelse( ) で height が 160 未満に 10 を与え，それ以外なら次の ifelse( ) に進み，height が 170 未満なら 20，それ以外には 30 を与えようとするスクリプトです。このスクリプトを実行した後，以下のスクリプトを実行して，height_cate と height_cate2 の値が同じになっていることを確認してください。

▶cut( ) 関数の引数

第 1 引数：変換の元になる変数の指定（ここでは d1$height）

第 2 引数：breaks=オプションで，160 と 170 をカットポイントとすることを宣言。breaks=オプションでは，途中のカットポイントだけでなく，両端も明示する必要があるため，マイナスの無限大を示す「-Inf」，プラスの無限大を示す「Inf」を両端に配している。

第 3 引数：right=オプションは，breaks=に記述された区切となる数値の右側の数値を含む（以下）か，含まない（未満）かを指定する。右側の数値を含む場合が TRUE。今回は「160 cm 以上 170 cm 未満」というように，区間の右側の値を「含まない」ので FALSE と設定。

第 4 引数：labels=オプションは，breaks=の左側から順に，それぞれの区分にどのような値を代入するかを指定。

▶入れ子のイメージ

関数 A の引数に関数 B，さらに関数 B の引数に関数 C が入っている場合 A(B(C( ))) となる。関数の中に関数が入っているイメージ。

```
tmp <- d1[c("height", "height_cate", "height_cate2")]
tmp
```

なお，height_cate と height_cate2 は，出力で確認できるように同じ数値が入っているのですが，変数の型は違います。cut( ) 関数を使って作成される値は因子型（factor），ifelse( ) 関数を使って作成される値は数値型（numeric）になります。以下の class( ) 関数で確認してみてください。

```
class(d1$height_cate)
class(d1$height_cate2)
```

実際は，160 cm 未満の人に 10，160 cm 以上 170 cm 未満の人に 20，170 cm 以上の人に 30 という値を割り当てただけなので，height_cate や height_cate2 の数値はカテゴリ変数です。そのため変数の型としては，因子型の方が適切です。

⑮新しい変数を作る：カテゴリ変数からカテゴリ変数を作る

先に，連続型の変数からカテゴリ変数を作る方法を紹介しましたが，次にはカテゴリ変数から別のカテゴリ変数を作る方法を紹介します。データ例は，ch03.csv の Faculty（学部）を使います。

Faculty には，1 ～ 6 の数値が入っています。
1: 人文学部
2: 社会学部
3: 外国語学部
4: 工学部
5: 理学部
6: 経済学部
を表しているとします。

ここで，文系学部 1, 2, 3, 6 と理系学部 4, 5 の 2 つに分類してみましょ

▶ある変数に関して，何らかの基準をもとに低群・中群・高群に分ける時，平均±1/2SD というカットポイントを使うこともある。平均±1/2SD で分けると，元の変数がほぼ正規分布をしていれば，各群の人数がおおよそ等しくなる。

▶height を使ってこれを実行するには，まず，height の平均，SD を求める。そして，その値を cut( ) 関数の breaks= オプションに入れればよい。

```
low <- mean(d1$height)-
       sd(d1$height)*0.5
high <- mean(d1$height)+
       sd(d1$height)*0.5
d1$height_cate3 <- cut(
       d1$height,breaks=
       c(-Inf, low, high,
       Inf), right=FALSE,
       labels=c(1,2,3))
```

▶最初のスクリプトで平均から 0.5SD の値を引いた結果を low に，2 番目のスクリプトで，平均から 0.5SD の値を足した結果を high に代入している。

この時点で，low には 162.636579…，high には 170.933420…という値が格納されている。

そして，cut( ) の breaks= の low，high で，それらの値を参照するという形で実行できる。

う。方法はいくつか考えられますが，以下のスクリプトなどがわかりやすいと思います。

ここでは，代入先の変数名[条件式] <- 代入する値　という形を使います。たとえば d1$Faculty_cate[d1$Faculty == 1] <- 1 は，代入先の変数名が d1$Faculty_cate，条件式が d1$Faculty == 1，代入する値が 1 を意味します。また条件式 d1$Faculty == 1 は，「データフレーム d1 の変数 Faculty が 1 である」を意味します（イコールを意味するには「=」を 2 つ繋げるところに注意）。この条件式が真（TRUE）ならば，矢印右側の代入する値を d1$Faculty_cate に入れるという関数です。なお，偽（FALSE）ならば，何も実行されず，d1$Faculty_cate はそのままになります。

つまり，Faculty が 1 であるケースでは，Faculty_cate に 1 を入れる（最初に NA が入っているので 1 を上書きする），Faculty が 1 以外のケースでは，Faculty_cate は NA のままにしておく，ということになります。これを 6 学部分繰り返しているのが以下のスクリプトです。

```
d1$Faculty_cate <- NA
d1$Faculty_cate[d1$Faculty == 1] <- 1
d1$Faculty_cate[d1$Faculty == 2] <- 1
d1$Faculty_cate[d1$Faculty == 3] <- 1
d1$Faculty_cate[d1$Faculty == 4] <- 2
d1$Faculty_cate[d1$Faculty == 5] <- 2
d1$Faculty_cate[d1$Faculty == 6] <- 1
```

▶最初に，d1$Faculty_cate <- NA で Faculty_cate という新しい変数を作り，そこにすべて NA（欠測値）を代入している。これは，中身がない新しい変数を作ることはできないので，仮に NA を入れているということ。欠測値に関しては，p.46 参照。

正しく変数がつくられているか，確認してみましょう。

```
tmp <- d1[c("Faculty", "Faculty_cate")]
tmp
```

```
> tmp <- d1[c("Faculty", "Faculty_cate")]
> tmp
  Faculty Faculty_cate
1       1            1
2       1            1
3       2            1
4       6            1
5       4            2
6       6            1
7       6            1
```

ここまでのまとめ　分析に必要なことの確認

第 2，3 章では，R の基本を説明しました。どれも R を使用する上で必要なことですが，ここでは「データを分析する」，「本書を使って R を学ぶ」ことに焦点を絞って，身についたかを確認しましょう。実際に R で実行できるかどうかを確認してください。データおよび解答はサポート Web ページに示します。

Q1. データを読み込む。
kakunin.csv を読み込んでください。データフレーム名は d とします。
Q2. 読み込んだデータフレーム d に含まれる変数の名前を確認する。
Q3. height の平均，標準偏差を求める。
Q4. psych パッケージを使って，一度に kakunin.csv に含まれる変数の平均，標準偏差などの統計量を求める。
Q5. 変数 height の度数分布を求める。
Q6. 変数 height のヒストグラムを描く。
Q7. 変数 height と weight の相関係数を求める。
Q8. 変数 height と weight の散布図を描く。
Q9. 変数 a01，a02，a03 の合計得点を求めて，変数名を score とする。
Q10. 変数 BMI が 23 未満と 23 以上のカテゴリを作る。変数名は BMI_cate とする。

第 2 部

心理学の研究で行われる分析の流れ

序文 研究におけるRの使い方
―本章の読み方と使い方―

第1部では，広く利用されるデータの要約，統計量の算出など，実践的で基本的なRの使い方を紹介してきました。ここまでできるようになれば，データさえあれば，調査対象の特徴を記述，把握することもさほど難しくはないでしょう。

第2部では，研究におけるRの使い方に焦点を当てます。残念ながら，Rが使えるようになれば研究ができる，研究のための分析ができるわけではありません。Rの利用は，あくまでも目的に達するための手段に過ぎません。しかし，さまざまな手段を身につけておくことで効率良く分析を行うことができるようになりますし，できる分析の幅が広がれば，できる研究の幅も広がります。

さて，質問紙調査や実験など量的なデータを扱う研究では，研究目的を達成するために，変数間の関連性を確認したり，仮説検証を行います。そのために分析を行い，分析結果を研究結果（論文の材料）として利用します。そこで研究者は，Rに「こういう分析をせよ」という指示を与えるのですが，もちろんこの指示は，研究の目的に照らして必要な分析の指示です。つまり研究にRを利用するということは，研究の目的に達するために必要な分析を計画し，その分析を具体的にRに指示するということなのです。

この研究計画とRを使った分析の関係を理解してもらうために，4つのサンプル論文を準備しました。ここでは，次のStep 1からStep 4の4段階で，「研究論文」「研究」「統計手法」「Rによる分析」を結び付けてみましょう。

Step 1. 論文から分析を想像する

まずはサンプルを読み，その研究の目的を把握し，それを達成するためにどのような分析が必要なのか，どういう順で行われたのかを推測してください。論文の「ポイント」や「示したいこと」もまとめています。付録の「示したいことと分析方法の対応」（p.242）も参照しながら確認してください。

Step 2. 「分析の流れの確認」で実際の分析の流れを確認する

その論文に記述された研究の目的に到達するために，どのような順序で分析がなされているのかを把握してください。なお Step 2 には，「論文」に記載されている分析のみが示されているわけではありません。論文には書かないけれども，分析をする際に確認している事項，しなければならない事項も含まれています。実際の研究における分析では，これらの部分もとても重要です。

Step 3. スクリプトの全体像を把握する

Step 3 では Step 2 の流れに沿って R の「スクリプトの全体像」を示しています。その中には，第 1 部で紹介した内容も多く含まれます。しかし，研究全体にかかわる長いスクリプトですし，多少複雑になっていますので，「初級者」になったばかりの読者には理解が難しいかもしれません。そういう場合は，各スクリプトの意味を一つひとつ理解するというよりは，Step 2 の分析の流れと対応させながら，何をしているかをざっと確認してみてください。あくまでざっとで結構です。

第 0 章でも触れたように，R を使った分析では到達点は同じでもさまざまな経路があります。本書で示しているのはあくまで一例，一経路です。R を使った研究のための分析ができるようになるには，それぞれのスクリプトの意味を読み解くことも大事ですが，それ以上に，そこで何をしているのか，何のためにそれをしているのかを把握しておくことが重要といえます。

また，Step 3 のスクリプトは，そのようなスクリプトを自分で書けるようになるという，あくまで「目標」と捉えておいてください。R に慣れてきたなと思ったら，改めて Step 3 を見直し，スクリプトを読み解いてみてください。R に慣れてきたという実感が得られると思います。

なお，分析に慣れている読者であれば，やりたいことと R での記述を対応させて把握することができるでしょう。R の特徴，癖のようなものの理解に役立つと思います。

Step 4. スクリプトと出力例を確認しながら自分でやってみる

Step 3 でスクリプト全体を眺めたら，Step 4「スクリプトと出力例」を順に確認していきましょう。自分でもサンプルデータを使ってスクリプトを実行しながら，どのような出力が得られるのかを確認してください。サンプルデータの変数に関しては，本文中では詳細な説明をしていないのでデータファイルで確認してください。

Step 4 はスクリプトとその出力の一部，特に注目すべき部分や，論文に記載すべき部分を中心に説明しています。また，その出力の解説，見方も示しています。ただし，Step 4 での紹介は，あくまでも一部であり，概要に留めています。出力のすべてを掲載しているわけではありません。いくつかの関数については，後の 8 章から 13 章でより詳しく説明しています。

なお，実際の分析では，ここで示されるようなスクリプト全体を一気に書き上げることはしません。たしかに，分析をする前におおよその全体イメージはありますが，具体的なスクリプトは，結果を確認しながら順次記述を加えていきます。ここではある意味で完成された分析のスクリプト全体を掲げますが，このようなものを一気に書けるようになることが目標ではありませんので安心してください。また例示しているスクリプトは，最小限に留めています。実際は，分析過程において試行錯誤をするので，記述するスクリプトはもっと多くなります。分析の過程ではもっと多くのスクリプトを書いていますが，論文執筆に必要な結果に関連するスクリプトだけを選び出したというイメージです。

実際の分析では，たくさんのスクリプトを書くため，どうすればより簡単に，効率良く，そして間違いなくスクリプトを記述できるかを考えることも重要になります。

なお，次章以下で示すコードは，ややテクニカルなオプションも含めて書いています。ある章で紹介したスクリプトを，後の章でさらに展開している部分もあります。自分に必要な内容かどうかの判断は置いておき，1章ずつ，順番に進めてください。

また，第2部では以下のパッケージや関数を利用します。第2章のStep 6パッケージ（p.24）を参照して，依存関係にあるパッケージを含めてダウンロードし，インストールしておいてください。

■本書で使用するパッケージのリスト

・psych
・GPArotation
・ppcor
・lavaan
・car

■ ANOVA君

これはパッケージではありませんが，井関龍太先生が作成され，ご自身のホームページで配布されている分散分析を行う関数です。ホームページからanovakunをダウンロードして，作業ディレクトリ（setwdで指定しているフォルダ）に保存しておいてください。

井関龍太先生のホームページ（Google等で検索できます）
http://riseki.php.xdomain.jp/index.php?ANOVA君
（2021年6月現在，anovakun_485.txtが配付）

第4章 インターンシップへの参加動機とその効果

サンプル論文 1

インターンシップへの参加動機とその効果

問題・目的部分の要約

島袋（2004, 2006）は，様々な業界の中堅職業人にインタビューを行い，職業人としての成長と，働くことに対する態度との関連を検討している。その結果，日々の仕事に対して自分を投入するというアクティブな態度や意識が成長と関連し，他方で仕事に関する様々なことを教えてもらおうとするパッシブな態度や意識は，成長とあまり関係しないと報告している（島袋，2006）。

わが国の大学生のインターンシップは，1990 年代後半から急速に普及し，学生がキャリアを考える重要な機会として位置づけられる。上記の島袋（2006）の見出した傾向は，インターンシップの場面にも適用できるのではないだろうか。すなわち，インターンシップに際して自分を職場に投入しようとするアクティブな参加動機をもつ場合はその効果が顕著であり，一方仕事を知る，教えてもらうというパッシブな動機で参加する場合は，インターンシップの効果は小さいと推測できるだろう。

そこで本研究では，インターンシップへの参加が，働くことに対する意欲や自信に与える影響について，参加動機の特徴を踏まえて検討する。

方法

調査時期および対象

関東圏にある 2 大学の 3 年生を対象に，大学のキャリア支援担当部署の協力のもとに調査を実施した。インターンシップへの参加前後での変化を把握するために，プレテストをインターンシップの参加期間の 1 週間ほど前に，ポストテストをインターンシップ終了後，1 週間ほどの期間に実施した。なお調査への協力は任意であった。調査期間は 2018 年 6 月から 11 月までであり，数日から 1 週間程度の短期のインターンシップに参加した者のみを対象として協力を求めた。期間内に複数回の短期インターンシップに参加している場合，初回の回答のみを分析に利用した。

調査内容

インターンシップ参加動機　島袋（2006）の指摘を踏まえて，アクティブな動機として，「実際の職場で自分の力を試してみたかったから」，パッシブな参加動機としては，「職場の人からいろいろなことを教えてもらえると思ったから」という2つの選択肢を準備した。回答は「あなたがインターンシップに参加しようと思った理由について，以下の2つからよりあてはまる方を選んでください」と教示し，選択を求めた。なお，この質問はプレテストのみで用いた。

働くことへの意欲　学生を対象として斉藤（2009）が作成した職業態度尺度から，働く意欲を測定する下位尺度を利用した。「仕事に就いたら，精一杯働こうと思っている」「仕事を通して人々の役に立ちたい」など，1つの逆転項目を含む7項目で構成される。プレテスト，ポストテストの両方で項目の並び順を変えて実施した。教示文において，「今現在」の考えを回答するよう指示し，「あてはまらない」から「あてはまる」までの5段階で回答を求めた。

働くことへの自信　斉藤（2009）が作成した職業態度尺度から，働くことへの自信を測定する下位尺度を用いた。「仲間と協力して仕事をすることに自信がある」「自分に向いていないと感じる仕事をする自信はない」など，3つの逆転項目を含む6項目で構成される。プレテスト，ポストテストの両方で項目の並び順を変えて配置した。教示文において，「今現在」の考えを回答するよう指示し，「あてはまらない」から「あてはまる」までの5段階で回答を求めた。

倫理的配慮

本研究は，両大学において倫理委員会による審査を受け，実施が承認されたものである。

結果と考察

調査の結果，216名から回答が得られた。1名の回答に欠測があったため，この回答者を除く215名の回答を分析対象とした。

まず，働くことへの意欲（以下，意欲尺度とよぶ）と働くことへの自信（以下，自信尺度とよぶ）を測定する尺度について検討した。それぞれの尺度について，プレテスト，ポストテスト別に，項目分析を行った。分布の様子や平均値，標準偏差などを確認した結果，回答に大きな偏りが認められる項目といった，留意が必要な項目は認められなかった。

次に信頼性係数の推定値として α 係数を求めたところ，意欲尺度では，プレテスト時が $\alpha=.81$，ポストテスト時が $\alpha=.79$ であった。自信尺度は，プレテスト時が $\alpha=.70$，ポストテスト時が $\alpha=.74$ であった。自信尺度の α 係数が低かったため詳細を検討した。α 係数の95%信頼区間はプレテスト時は.64–.76，ポストテスト時は.69–.79であった。さらに項目間相関を検討したところ，プレテスト時の項目間相関係数は.22から.47，平均は.28であり，ポストテスト時は.18から.51で平均は.33であった。最も低い項目間でも，得られた相関係数は有意であることが確認できた。また斉藤（2009）の研究における α 係数は.75，立石（2013）

は.72であったことが報告されている。したがって，自信尺度の信頼性には留意が必要なものの，使用に問題はないと判断した。

そこで，すべての項目を用いて，プレテスト，ポストテスト時の尺度得点（項目得点の平均値）を求めた。尺度得点は，意欲尺度でプレテスト平均が2.89（$SD=0.65$），ポストテストの平均は2.92（$SD=0.62$）であった。自信尺度は，プレテストの平均が3.28（$SD=0.60$），ポストテストの平均は3.31（$SD=0.57$）であった。

さらに，インターンシップ参加の前後で，意欲尺度得点，自信尺度得点に変化があるか，またインターンシップ参加動機による差異があるかを検討するために，調査時期と参加動機を要因とする2要因分散分析を実施した。調査時点，群別の平均値をTable 1に示す。なお，参加動機は，「実際の職場で自分の力を試してみたかったから」を選択した者は118名（以下，アクティブ動機群とよぶ），「職場の人からいろいろなことを教えてもらえると思ったから」を選択した者は97名（以下，パッシブ動機群とよぶ）であった。

分散分析の結果，働くことへの意欲については参加動機の主効果のみが認められた（$F(1,213)=4.96$, $p<.05$, $\eta^2=0.02$）。すなわち，インターンシップ参加の前後を問わず，アクティブ動機群の意欲の方がパッシブ動機群よりも高いことが明らかになった。

次に働くことへの自信については，有意な交互作用が認められた（$F(1,213)=13.41$, $p<.001$, $\eta^2=0.01$）。そこで単純主効果の分析をおこなったところ，アクティブ動機群において，プレテスト得点よりもポストテスト得点の方が有意に高かった（$F(1,117)=10.98$, $p<.01$, $\eta^2=0.01$）。また，ポストテスト時において，アクティブ動機群の得点がパッシブ動機群よりも有意に高いことが明らかになった（$F(1,213)=7.57$, $p<.01$, $\eta^2=0.03$）。

Table 1　調査時点，群別の基礎統計量

	アクティブ動機群		パッシブ動機群	
	プレテスト	ポストテスト	プレテスト	ポストテスト
働くことへの意欲	2.96（0.72）	3.01（0.70）	2.81（0.54）	2.80（0.49）
働くことへの自信	3.28（0.64）	3.41（0.57）	3.27（0.55）	3.19（0.56）

これらの分散分析の結果から，短期インターンシップに参加することは，働くことへの自信を高めることに対して部分的に影響があるといえるだろう。すなわち，実際の職場で自分の力を試してみたいという動機でインターンシップに参加する場合，働くことに対する自信が高まることが期待できよう。

（以下，略）

Step 1　論文から分析を想像する

この研究は，インターンシップへの参加が，働くことへの意欲や自信へ与える影響について，参加動機による差異を含めて検討することを目的としています。すなわち，インターンシップへの参加前後で働くことへの意欲や自信が変化するか，さらにその変化には，インターンシップへの参加動機の違いが影響するかを検討するというところが到達点といえるでしょう。

「方法」から，参加動機が名義尺度水準，働くことへの意欲，働くことへの自信が間隔尺度水準で測定されていることがわかります。また同一人物に，インターンシップ参加の「前後」で調査が行われたことが記されています。このデータ収集方法から，参加動機が被験者間，インターンシップ参加の前後が被験者内の混合計画であることがわかります。

「結果」の部分は，まず測定に利用した尺度の項目分析の結果，信頼性の検討結果が示されています。働くことへの意欲，働くことへの自信という2つの尺度は，先行研究で作成されたものを利用していることがわかりますが，こういった場合，尺度自体の検討については，その信頼性をどの程度であると見積もるかによって検討のポイントが大きく異なります。

▶先行研究で作成された尺度を使用した場合，その尺度自体に対する検討を行うか行わないかはさまざまである。

たとえば標準化された尺度など，先行研究等で十分な検討が行われている尺度を利用した際には，手順にそって点数化するだけにとどめることが一般的。

他方，まだ十分な検討（結果の蓄積）が行われていないような尺度の場合は，項目分析や確認的因子分析を行う場合もある。

今回はやや慎重に，α係数を用いて信頼性の検討がなされています。α係数を算出したところ，今回の尺度は，少なくとも「信頼性が高い」とは言い難いことが明らかになりました。そこで項目間相関などの情報も考慮し，働くことへの自信尺度の信頼性には留意が必要なものの，使用に問題はないと判断しています。

この判断には議論の余地があるといえるでしょうが，絶対的な基準があるわけでもありません。自分の研究で同じような状況に陥らないために，尺度の利用を検討する際には，先行研究での信頼性にも十分に注意し，尺度の改善の必要性なども含めて慎重に検討するようにしましょう。

そして最後に混合計画の2要因分散分析を用いて，本研究の主たる目的であった，参加動機の違いによって，インターンシップへの参加前後の働くことへの意欲，自信がどのように異なるかについて検定が行われています。分散分析の実行方法も重要ですが，分散分析を行う前に，各水準の平均値の様相をしっかりと確認しているところにも留意してください。

Step 2　分析の流れの確認

データ収集

↓

1. 欠測値を確認し欠測値のあるデータを削除

↓

2. 尺度項目の分析（度数分布の確認，平均値，標準偏差の確認）

↓

3. 信頼性の検討

↓

4. 尺度得点の算出

↓

5. 尺度得点の分布，基礎統計量を確認

↓

6. 時期・動機別の基礎統計量を確認

↓

7. 2要因分散分析（混合計画）

Step 3　分析スクリプトの全体像

```
## 分析準備
# ディレクトリの設定
# パッケージの読み込み
library(psych)

# データの読み込み
d0 <- read.csv("ch04.csv", header=TRUE)

# データの確認
head(d0)
tail(d0)
nrow(d0)

# 変数の型の確認
str(d0)
```

▶# はコメントアウト：p.29 参照

▶library( ): p.25 参照
後に，alpha( ) 関数，describe( ) 関数を使用するために，パッケージを読み込んでおく。
▶read.csv( ): p.44 参照
▶head( ): p.45 参照
▶tail( ): p.45 参照
▶nrow( ): p.45 参照

▶str( ): p.48 参照

```
## 1. 欠測値を確認し欠測値のあるデータを削除
d0[!complete.cases(d0),]
d <- na.omit(d0)
```

▶[!complete.cases( ),]: p.46 参照
▶na.omit( ): p.47 参照
以後，利用するデータフレームは d になることに注意。

```
## 2. 尺度項目の分析
# 逆転項目を処理
d$pre_a06r <- 6 - d$pre_a06
d$pre_b01r <- 6 - d$pre_b01
d$pre_b02r <- 6 - d$pre_b02
d$pre_b05r <- 6 - d$pre_b05
d$pos_a06r <- 6 - d$pos_a06
d$pos_b01r <- 6 - d$pos_b01
d$pos_b02r <- 6 - d$pos_b02
d$pos_b05r <- 6 - d$pos_b05

# 度数分布の確認
table(d$pre_a01, exclude=NULL)
table(d$pre_a02, exclude=NULL)
・・・(省略)・・・
table(d$pre_b06, exclude=NULL)

# 複数変数に対して一度に度数分布の作成を指示する
d_ab <- d[c("pre_a01", "pre_a02", "pre_a03", "pre_a04",
            "pre_a05", "pre_a06r", "pre_a07","pre_b01r",
            "pre_b02r", "pre_b03", "pre_b04", "pre_b05r",
            "pre_b06", "pos_a01", "pos_a02", "pos_a03", "pos_a04",
            "pos_a05", "pos_a06r", "pos_a07","pos_b01r",
            "pos_b02r", "pos_b03", "pos_b04", "pos_b05r",
            "pos_b06")]
```

▶各項目が 5 件法なので，5→1，4→2，…とする。件法+1 から当該項目を引くことで処理。処理した結果を，新たに r を付した変数として保存。

▶table( ): p.50 参照
▶対象となる項目が多くなると，table( ) を何度も繰り返すことになるため，対象となる項目だけでデータフレームを作成しておく。そして sapply( ) 関数を使って，1 つの関数をデータフレームのすべての変数に対して実行する。第 1 引数にデータフレーム，第 2 引数に適用する関数を指定する。

```
sapply(d_ab, table, exclude=NULL)
# 平均値・標準偏差の確認
describe(d_ab)
```

▶describe( ): p.53 参照
変数をまとめたデータフレーム d_ab を使用する。

```
## 3. 信頼性の検討
# 意欲プレテスト
d_pre_a <- d[c("pre_a01", "pre_a02", "pre_a03", "pre_a04",
               "pre_a05", "pre_a06r", "pre_a07")]
alpha(d_pre_a)
# 意欲ポストテスト
d_pos_a <- d[c("pos_a01", "pos_a02", "pos_a03", "pos_a04",
               "pos_a05", "pos_a06r", "pos_a07")]
alpha(d_pos_a)
# 自信プレテスト
d_pre_b <- d[c("pre_b01r", "pre_b02r", "pre_b03", "pre_b04",
               "pre_b05r", "pre_b06")]
alpha(d_pre_b)

# 自信ポストテスト
d_pos_b <- d[c("pos_b01r", "pos_b02r", "pos_b03", "pos_b04",
               "pos_b05r", "pos_b06")]
alpha(d_pos_b)

# 項目間相関の確認
cor(d_pre_b)
cor(d_pos_b)

cor.test(d$pre_b01r, d$pre_b06)
cor.test(d$pos_b02r, d$pos_b05r)
```

▶alpha( ) は，psych パッケージに含まれる α 係数を算出する関数。引数に，α 係数を求める項目群やデータフレームを指定。: p.191 参照

▶この確認は，α 係数が高くないことに関する追加分析。

▶cor( ): p.55 参照

▶cor.test( ) 関数は，相関係数に加え，95%信頼区間の算出や無相関検定を行う関数。

```
## 4. 尺度得点の算出
d$pre_a_score <- (d$pre_a01 + d$pre_a02 + d$pre_a03 + d$pre_a04 +
                  d$pre_a05 + d$pre_a06r + d$pre_a07)/7
d$pos_a_score <- (d$pos_a01 + d$pos_a02 + d$pos_a03 + d$pos_a04 +
                  d$pos_a05 + d$pos_a06r + d$pos_a07)/7
d$pre_b_score <- (d$pre_b01r + d$pre_b02r + d$pre_b03 +
                  d$pre_b04 + d$pre_b05r + d$pre_b06)/6
d$pos_b_score <- (d$pos_b01r + d$pos_b02r + d$pos_b03 +
                  d$pos_b04 + d$pos_b05r + d$pos_b06)/6
```

▶項目得点の合計を項目数で割ることで，尺度得点を項目平均値として算出。

```
## 5. 各尺度得点の分布，基礎統計量を確認
# ヒストグラムの確認
par(mfrow=c(2, 2))
hist(d$pre_a_score, breaks=seq(1, 5, 0.5))
hist(d$pos_a_score, breaks=seq(1, 5, 0.5))
hist(d$pre_b_score, breaks=seq(1, 5, 0.5))
hist(d$pos_b_score, breaks=seq(1, 5, 0.5))
```

▶hist( ): p.52 参照

▶ここでは，1 から 5 まで 0.5 きざみを指定。

```
# 基礎統計量を算出
d_ab_score <- d[c("pre_a_score", "pos_a_score", "pre_b_score",
                  "pos_b_score")]
describe(d_ab_score)
```

▶describe( ): p.53 参照
複数の変数をまとめたデータフレームを作っておき，それに対して describe( ) 関数を適用。

```
## 6. 時期・動機別の基礎統計量の確認
describeBy(d$pre_a_score, group=d$m_group)
describeBy(d$pos_a_score, group=d$m_group)
describeBy(d$pre_b_score, group=d$m_group)
describeBy(d$pos_b_score, group=d$m_group)

# 群ごとの平均値をプロット
# 意欲得点をプロットするためのデータフレーム作成
d_a_pre <- d[c("pre_a_score", "m_group")]
colnames(d_a_pre) <- c("iyoku", "m_group")
d_a_pre$time <- 1
d_a_pos <- d[c("pos_a_score", "m_group")]
colnames(d_a_pos) <- c("iyoku", "m_group")
d_a_pos$time <- 2
d_a <- rbind(d_a_pre, d_a_pos)

# 意欲得点のプロット
interaction.plot(d_a$time, d_a$m_group, d_a$iyoku)

# 自信得点をプロットさせるためのデータフレーム作成
d_b_pre <- d[c("pre_b_score", "m_group")]
colnames(d_b_pre) <- c("jishin", "m_group")
d_b_pre$time <- 1
d_b_pos <- d[c("pos_b_score", "m_group")]
colnames(d_b_pos) <- c("jishin ", "m_group")
d_b_pos$time <- 2
d_b <- rbind(d_b_pre, d_b_pos)
# 自信得点のプロット
interaction.plot(d_b$time, d_b$m_group, d_b$ jishin)
```

▶describeBy( ) はグループ別に describe( ) を実行する関数。引数には，グループを分ける group=オプションを含める（ここでは，参加動機を区別する d$m_group）。

▶2要因分散分析の各群の平均値をプロットするには，interaction.plot( ) 関数を利用するのが便利。しかし，混合計画の場合は，そのためにデータフレームを作成し直す必要がある。

▶interaction.plot( ) 関数は，
第1引数にX軸の変数，
第2引数に線を区別する変数，
第3引数にY軸の変数を指定する。
▶これに適合するように，働くことへの意欲（iyoku）もしくは自信（jishin），調査時（time，プレテスト1，ポストテスト2），参加理由（m_group，アクティブ群1，パッシブ群2）の3変数をもつ，データフレーム d_a と d_b を作成。
▶その後，それらを利用して interaction.plot( ) を実行。

```
## 7. 分散分析（混合計画）
# anovakun の読み込み
source("anovakun_485.txt")
# anovakun で分析できるようにデータフレームを作成し，分析
# 働くことへの意欲
d_aov_a <- d[c("m_group", "pre_a_score", "pos_a_score")]
d_aov_a <- d_aov_a[order(d_aov_a$m_group),]
anovakun(d_aov_a, "AsB", 2, 2, eta=TRUE)

# 働くことへの自信
d_aov_b <- d[c("m_group", "pre_b_score", "pos_b_score")]
d_aov_b <- d_aov_b[order(d_aov_b$m_group),]
anovakun(d_aov_b, "AsB", 2, 2, eta=TRUE)
```

▶ANOVA 君を利用する準備をしておく。p.205 参照。
▶source("anovakun_485.txt") というスクリプトを実行することで，anovakun( ) 関数を利用できるようになる。

▶混合計画であるため，anovakun の第2引数は "AsB" になる。
詳細 p.207, 214

Step 4　分析スクリプトと出力例

```
## 分析準備
# ディレクトリの設定
# パッケージの読み込み
library(psych)

# データの読み込み
d0 <- read.csv("ch04.csv", header=TRUE)

# データの確認
head(d0)
tail(d0)
nrow(d0)

# 変数の型の確認
str(d0)
```

▶Rのメニューから指定してもかまいません。

▶エラーがないか，デーファイル（ch04.csv）が，正しく読み込まれているかどうかを確認する。このデータは216名分，28個の変数を含んでいる。

（出力略）

```
## 1. 欠測値を確認し欠測値のあるデータを削除
```

データを読み込んだら，まずはすべての変数について欠測値を含むデータがどの程度あるのか，どの変数に欠測値が含まれるのかを確認します。これはどのような場合でも，最初にやるべき事項です。

```
d0[!complete.cases(d0),]
```

```
> ## 1. 欠測値を確認し欠測値のあるデータを削除
> d0[!complete.cases(d0),]
     ID m_group pre_a01 pre_a02 pre_a03 pre_a04 pre_a05 pre_a06
157 157       1       3       3       3       2       3       3
  pre_a07 pre_b01 pre_b02 pre_b03 pre_b04 pre_b05 pre_b06 pos_a01
157     3       3       3       3       3       2       4       3
  pos_a02 pos_a03 pos_a04 pos_a05 pos_a06 pos_a07 pos_b01 pos_b02
157     3       3       3       3       2       3       3       3
  pos_b03 pos_b04 pos_b05 pos_b06
157     3      NA       3       3
```

※1

▶データフレームd0の中から，欠測値が含まれるケース（行）すべてが出力される。欠測値はNAと表示される。欠測値は，ID 157のpos_b04だけ（※1）。

このようにして得られる欠測値の状況を踏まえて，欠測値を含むデータをどのように扱うかを決定します。ここでは論文での操作に従い，欠測値を含むデータをすべて削除します。以下のコードを実行することにより，欠測値が含まれるケース（行）が削除されます。出力は，実行したスクリプトが表示されるだけです。

```
d <- na.omit(d0)
```

```
> d <- na.omit(d0)
>
```

▶欠測値を除いたデータフレームにdという名前を与えている。以後はこのデータフレームdを使用。

欠測値を含むデータを除き，これから分析するデータを確定したら，各項目の分析（分布の様子や平均値，標準偏差といった基礎統計量の算出）に移ります。これらは，どのような分析の場合にも共通する基本的な手続きです。

この手続きの一部始終，またその結果すべてが詳細に論文に記述されることはあまりなく，重要な部分のみを示します。そのために出力された平均値や標準偏差，最小値や最大値などを，Excelなどにコピー&ペースト等で移動し，適切な表に加工します。

```
## 2. 尺度項目の分析
```

次に逆転項目の処理を行います。逆転項目を逆転するタイミングは一意に決められませんが，最初から逆転項目がわかっている場合は，項目分析の前後くらいが適当でしょう。

▶逆転項目が不明な場合は，因子分析等を行った後でも構わない。

```
# 逆転項目を処理
d$pre_a06r <- 6 - d$pre_a06
d$pre_b01r <- 6 - d$pre_b01
d$pre_b02r <- 6 - d$pre_b02
d$pre_b05r <- 6 - d$pre_b05
d$pos_a06r <- 6 - d$pos_a06
d$pos_b01r <- 6 - d$pos_b01
d$pos_b02r <- 6 - d$pos_b02
d$pos_b05r <- 6 - d$pos_b05
```

▶逆転項目は，変換後の値を同じ項目名で上書きすることもできる。しかし，これを行うと，逆転処理が済んでいるのか，まだなのかが判別できなくなるため，別の名前にしておくことを推奨。

出力として，実行したスクリプトがそのまま表示されるだけです。

```
# 度数分布の確認
table(d$pre_a01, exclude=NULL)
table(d$pre_a02, exclude=NULL)
・・・(省略)・・・
table(d$pos_b06, exclude=NULL)
```

```
> # 度数分布の確認
> table(d$pre_a01, exclude=NULL)

 1  2  3  4  5
21 76 84 28  6
> table(d$pre_a02, exclude=NULL)

 1  2  3  4  5
20 62 85 40  8
> table(d$pre_a03, exclude=NULL)

1   2   3   4   5
8  52 106  44   5
                                    (出力略)
```

▶欠測値をもつデータは，先の操作で除いているため，exclude =NULL というオプションはつけなくても構わない。

▶実際には，すべての項目を順に確認。

▶出力された度数分布の様相を確認する。

```
# 複数変数に対して一度に度数分布の作成を指示する
d_ab <- d[c("pre_a01", "pre_a02", "pre_a03", "pre_a04",
            "pre_a05", "pre_a06r", "pre_a07","pre_b01r",
            "pre_b02r", "pre_b03", "pre_b04", "pre_b05r",
            "pre_b06","pos_a01", "pos_a02", "pos_a03", "pos_a04",
            "pos_a05", "pos_a06r", "pos_a07","pos_b01r",
            "pos_b02r", "pos_b03", "pos_b04", "pos_b05r",
            "pos_b06")]
sapply(d_ab, table, exclude = NULL)
```

▶対象となる項目だけで構成されるデータフレームを作成しておく。そして sapply( ) 関数を使って，table( ) 関数をデータフレームのすべての変数に対して実行。このデータフレームは，次の describe( ) 関数でも利用している。

▶sapply( ) 関数：p.78 参照。

```
> # 複数変数に対して一気に度数分布の作成を指示する
> d_ab <- d[c("pre_a01", "pre_a02", "pre_a03", "pre_a04",
          + "pre_a05", "pre_a06r", "pre_a07",
          + "pre_b01r", "pre_b02r", "pre_b03", "pre_b04",
          + "pre_b05r", "pre_b06",
          + "pos_a01", "pos_a02", "pos_a03", "pos_a04",
          + "pos_a05", "pos_a06r", "pos_a07",
          + "pos_b01r", "pos_b02r", "pos_b03", "pos_b04",
          + "pos_b05r", "pos_b06")]
> sapply(d_ab, table, exclude=NULL)

  pre_a01 pre_a02 pre_a03 pre_a04 pre_a05 pre_a06r pre_a07
1      21      20       8      10      15       16      12
2      76      62      52      54      61       51      42
3      84      85     106     101      83       92      89
4      28      40      44      39      39       43      59
5       6       8       5      11      17       13      13
```

▶table( ) 関数を 1 項目ずつに対して適用した先の場合と結果の出力形式が異なっている。なお，sapply( ) 関数を使った場合には，必ずこのように出力されるわけではない。データの分布状況によっては，先の個別に table( ) 関数を使った場合と同じ形式で出力されることもある。

```
  pre_b01r pre_b02r pre_b03 pre_b04 pre_b05r pre_b06 pos_a01
1       18        9      13       5        5       6      29
2       33       37      25      26       23      21      67
3       83       90     105      91       96      87      82
4       60       65      56      76       73      70      27
5       21       14      16      17       18      31      10
  pos_a02 pos_a03 pos_a04 pos_a05 pos_a06r pos_a07 pos_b01r
1      17       3      10       5       22       2        6
2      59      63      58      54       50      42       32
3      93     105      93     106       66     110      104
4      39      36      44      43       46      56       59
5       7       8      10       7       31       5       14
  pos_b02r pos_b03 pos_b04 pos_b05r pos_b06
1        6      10       5        3       2
2       37      35      18       24      15
3       98      84     108      100      81
4       57      71      72       74      87
5       17      15      12       14      30
```

```
# 平均値・標準偏差の確認
describe(d_ab)
```

▶この describe( ) 関数でも，先に作成した対象となる項目だけのデータフレーム d_ab を利用している。スクリプトを煩雑にしないためにも，対象となる項目だけでデータフレームを作成することはよく行われる。

```
> # 平均値・標準偏差の確認
> describe(d_ab)
         vars   n mean   sd median trimmed  mad min max range  skew kurtosis   se
pre_a01     1 215 2.64 0.93      3    2.64 1.48   1   5     4  0.25    -0.17 0.06
pre_a02     2 215 2.79 0.98      3    2.80 1.48   1   5     4  0.08    -0.41 0.07
pre_a03     3 215 2.93 0.83      3    2.94 1.48   1   5     4 -0.03    -0.05 0.06
pre_a04     4 215 2.94 0.91      3    2.92 1.48   1   5     4  0.16    -0.04 0.06
pre_a05     5 215 2.92 1.03      3    2.88 1.48   1   5     4  0.22    -0.43 0.07
pre_a06r    6 215 2.93 0.99      3    2.94 1.48   1   5     4  0.04    -0.30 0.07
pre_a07     7 215 3.09 0.97      3    3.10 1.48   1   5     4 -0.14    -0.31 0.07
pre_b01r    8 215 3.15 1.07      3    3.17 1.48   1   5     4 -0.24    -0.42 0.07
pre_b02r    9 215 3.18 0.94      3    3.19 1.48   1   5     4 -0.18    -0.22 0.06
pre_b03    10 215 3.17 0.94      3    3.20 1.48   1   5     4 -0.25     0.17 0.06
```

ここまでの分析結果を眺め，準備した項目の中に，回答が大きく偏っているなど留意すべき特徴がある項目が含まれているかどうかを確認します。この判断をする明確な基準はありませんが，気になる項目があれば留意しつつ分析を進めます。

```
## 6. 信頼性の検討
```

▶alpha( ) 関数については，第 10 章で詳しく紹介している。

この研究では，先行研究で作成されている尺度を利用しています。論文の記載通り，各尺度について α 係数を算出してみます。

まずは検討しようとする尺度を構成する項目だけを抽出し，新たなデータフレームを作成しておきます。そして alpha( ) 関数の引数に，そのデータフレーム名を記述します。

```
# 意欲プレテスト
d_pre_a <- d[c("pre_a01", "pre_a02", "pre_a03", "pre_a04",
               "pre_a05", "pre_a06r", "pre_a07")]
alpha(d_pre_a)
```

▶左のスクリプトにはないが，新しいデータフレームを作成した場合は，たとえばスクリプト d_pre_a で，d_pre_a の中身を確認する習慣をつけるとよい。

```
> # 意欲プレテスト
> d_pre_a <- d[c("pre_a01", "pre_a02", "pre_a03", "pre_a04", "pre_a05",
"pre_a06r", "pre_a07")]
> alpha(d_pre_a)

Reliability analysis
Call: alpha(x = d_pre_a)
   ※1
 raw_alpha std.alpha G6(smc) average_r S/N  ase mean   sd median_r
      0.81      0.81    0.81      0.38 4.3 0.02  2.9 0.65     0.38

 lower alpha upper     95% confidence boundaries
0.77 0.81 0.85
      ※2
 Reliability if an item is dropped:
         raw_alpha std.alpha G6(smc) average_r S/N alpha se  var.r med.r
pre_a01       0.76      0.77    0.75      0.35 3.3    0.025 0.0083  0.38
pre_a02       0.80      0.80    0.78      0.40 3.9    0.022 0.0064  0.39
pre_a03       0.78      0.78    0.77      0.38 3.6    0.023 0.0105  0.39
pre_a04       0.78      0.78    0.77      0.37 3.5    0.023 0.0111  0.38
pre_a05       0.78      0.78    0.78      0.37 3.6    0.023 0.0122  0.38
pre_a06r      0.77      0.78    0.76      0.37 3.5    0.024 0.0104  0.38
pre_a07       0.80      0.81    0.79      0.41 4.1    0.021 0.0070  0.39
                             (出力略)
```

▶論文で報告される α 係数は，出力の raw_alpha もしくは std_alpha の数値（※ 1）。

その下に示されているのが，α 係数の 95%信頼区間（※ 2）。ここでは，信頼区間の下限が 0.77，上限が 0.85 と推定されている。

```
# 意欲ポストテスト
d_pos_a <- d[c("pos_a01", "pos_a02", "pos_a03", "pos_a04",
               "pos_a05", "pos_a06r", "pos_a07")]
alpha(d_pos_a)
```

```
                             (出力略)
```

```
# 自信プレテスト
d_pre_b <- d[c("pre_b01r", "pre_b02r", "pre_b03", "pre_b04",
               "pre_b05r", "pre_b06")]
alpha(d_pre_b)
```

```
> # 自信プレテスト
> d_pre_b <- d[c("pre_b01r", "pre_b02r", "pre_b03", "pre_b04",
                 "pre_b05r", "pre_b06")]
> alpha(d_pre_b)

Reliability analysis
Call: alpha(x = d_pre_b)

  raw_alpha std.alpha G6(smc) average_r S/N   ase mean  sd median_r
      0.7       0.7    0.67      0.28 2.4 0.032  3.3 0.6     0.26

 lower alpha upper     95% confidence boundaries
0.64 0.7 0.76

 Reliability if an item is dropped:
         raw_alpha std.alpha G6(smc) average_r S/N alpha se  var.r med.r
pre_b01r      0.66      0.66    0.62      0.28 2.0    0.037 0.0050  0.26
pre_b02r      0.67      0.68    0.64      0.30 2.1    0.035 0.0053  0.28
pre_b03       0.66      0.67    0.63      0.29 2.0    0.036 0.0052  0.26
pre_b04       0.64      0.64    0.59      0.27 1.8    0.039 0.0012  0.26
pre_b05r      0.64      0.64    0.59      0.26 1.8    0.039 0.0011  0.26
pre_b06       0.67      0.68    0.64      0.30 2.1    0.035 0.0051  0.26
                                （出力略）
```

▶「Reliablity if an item is dropped」は，もしその項目を削除すると α 係数等はどうなるかという出力。例えば，pre_b01r を除き他の 5 項目で α 係数を求めたら，0.66 になるということ。

4 つの尺度の中で最も α 係数が低かったのが，このプレテスト時の自信尺度です。α 係数は .70 で，95％信頼区間は .64 から .76 です。Reliablity if an item is dropped の部分に示された結果から，いずれの項目を削除しても，α 係数は現在の .70 より高くなることはないことがわかります。average_r の部分を確認すると，全 6 項目の因子間相関係数の平均が .28 であり，相互の相関が非常に低い項目が含まれている可能性も示唆されます。

信頼性が低い測定結果を使って研究を進めることはありません（進めてはいけません）。しかし，信頼性の高低を判断する明確な基準もありません。そのため，この尺度については後にさらに追加の分析を行います。

```
# 自信ポストテスト
d_pos_b <- d[c("pos_b01r", "pos_b02r", "pos_b03", "pos_b04",
               "pos_b05r", "pos_b06")]
alpha(d_pos_b)
```

```
> # 自信ポストテスト
> d_pos_b <- d[c("pos_b01r", "pos_b02r", "pos_b03", "pos_b04",
                "pos_b05r", "pos_b06")]
> alpha(d_pos_b)

Reliability analysis
Call: alpha(x = d_pos_b)

  raw_alpha std.alpha G6(smc) average_r S/N   ase mean   sd median_r
      0.74      0.75    0.73      0.33 2.9 0.028  3.3 0.57     0.31

 lower alpha upper     95% confidence boundaries
0.69 0.74 0.79

 Reliability if an item is dropped:
         raw_alpha std.alpha G6(smc) average_r S/N alpha se  var.r med.r
pos_b01r      0.71      0.72    0.69      0.34 2.6    0.031 0.0136  0.31
pos_b02r      0.74      0.75    0.72      0.37 3.0    0.028 0.0084  0.36
pos_b03       0.70      0.71    0.68      0.33 2.4    0.032 0.0084  0.31
pos_b04       0.68      0.68    0.65      0.30 2.1    0.035 0.0096  0.30
pos_b05r      0.68      0.68    0.64      0.30 2.1    0.035 0.0055  0.30
pos_b06       0.71      0.72    0.69      0.34 2.5    0.032 0.0160  0.33
                                （出力略）
```

▶ポストテストでは，自信尺度の α 係数は .74 と，プレテストよりもやや高い値になっている。項目間相関の平均も .33 とやや高いが，95%信頼区間は .69 から .79 であり，信頼性の判断は慎重に行うべき。

これらの分析から，働くことへの自信の尺度については，より慎重に信頼性の判断を行う必要があるといえます。論文では，項目間の相関係数を算出し，無相関検定を行っています。これを実行してみます。

尺度を構成する複数の項目間の相関係数は，α 係数を算出する際に作成したデータフレームを cor( ) 関数で指定すれば相関行列を算出できます。

また，相関係数の検定（無相関検定）を伴う相関係数の算出には，今回は cor.test( ) 関数を使っています。この関数に，相関係数を求める 2 つの変数を第 1，第 2 引数として指定することで算出できます。

```
# 項目間相関の確認
cor(d_pre_b)
cor(d_pos_b)
```

▶cor( ): p.55 参照

▶プレテスト時の自信尺度項目を集めたデータフレーム（d_pre_b）に含まれる項目間の相関係数。

```
> cor(d_pre_b)

        pre_b01r  pre_b02r   pre_b03   pre_b04  pre_b05r   pre_b06
pre_b01r 1.0000000 0.2581047 0.2704512 0.3426330 0.3043244 0.2154806
pre_b02r 0.2581047 1.0000000 0.2511791 0.2559033 0.2392812 0.2548406
pre_b03  0.2704512 0.2511791 1.0000000 0.2330031 0.3418891 0.2654060
pre_b04  0.3426330 0.2559033 0.2330031 1.0000000 0.4657913 0.2798700
pre_b05r 0.3043244 0.2392812 0.3418891 0.4657913 1.0000000 0.2492642
pre_b06  0.2154806 0.2548406 0.2654060 0.2798700 0.2492642 1.0000000
                              (出力略)
```

▶pre_b01r と pre_b06 の間の 0.2154806 が最も低く，pre_b04 と pre_b05r の間の 0.4657913 が最も高い値になっている。

```
cor.test(d$pre_b01r, d$pre_b06)
cor.test(d$pos_b02r, d$pos_b05r)
```

▶ここでは，プレテスト，ポストテスト時でもっとも相関係数が低かったペアについて無相関検定を行っている。

```
> cor.test(d$pre_b01r, d$pre_b06)

    Pearson's product-moment correlation

data:  d$pre_b01r and d$pre_b06
t = 3.2205, df = 213, p-value = 0.00148
alternative hypothesis: true correlation is not equal to 0
95 percent confidence interval:
 0.08410174 0.33949589
sample estimates:
      cor
0.2154806
                              (出力略)
```

▶「alternative hypothesis」は，無相関検定の対立仮説を意味し，「真の相関係数（母集団における相関係数）は 0 ではない」。

cor.test( ) 関数の出力は上記のようになります。一番下に相関係数（ピアソンの積率相関係数）が表示されます。

2 行目が無相関検定の結果です。無相関検定は t 分布を用いる検定ですが，t 値（t）が 3.2205，自由度（df）が 213，p 値（p-value）が 0.00148 という結果で，帰無仮説は棄却され，「この 2 変数の母集団における相関係数は 0」とはいえない，つまり有意な相関関係にあるということになります。

その下に 95% 信頼区間が示されています。下限が 0.08410174，上限が 0.33949589 です。

さて，繰り返しになりますが，信頼性の高低を判断する明確な基準はありません。こういった信頼性に関する情報を精査し，研究者自身で最終判断を行います。この論文の著者は，信頼性には留意が必要なものの，使用に問題はないと判断しています。

4. 尺度得点の算出

信頼性の確認ができたので，それぞれの尺度について得点化を行います。論文と同様，項目得点の平均を下位尺度得点としています。

```
d$pre_a_score <- (d$pre_a01 + d$pre_a02 + d$pre_a03 + d$pre_a04 +
                  d$pre_a05 + d$pre_a06r + d$pre_a07)/7
d$pos_a_score <- (d$pos_a01 + d$pos_a02 + d$pos_a03 + d$pos_a04 +
                  d$pos_a05 + d$pos_a06r + d$pos_a07)/7
d$pre_b_score <- (d$pre_b01r + d$pre_b02r + d$pre_b03 + d$pre_b04 +
                  d$pre_b05r + d$pre_b06)/6
d$pos_b_score <- (d$pos_b01r + d$pos_b02r + d$pos_b03 + d$pos_b04 +
                  d$pos_b05r + d$pos_b06)/6
```

出力は，実行したスクリプトが表示されるだけです。

5. 各尺度得点の分布，基礎統計量を確認

ここまでで新しい変数を生み出すことができました。最初にデータを読み込んだ際と同様，新しい変数を入手した時には，得点の分布の様相や平均値，標準偏差を確認し，どのような特徴をもつものなのかを確認しておきます。論文には平均値や標準偏差が記述される程度ですが，研究者は分布の様相などもしっかりと把握しておきます。

```
#ヒストグラムの確認
par(mfrow=c(2, 2))
hist(d$pre_a_score, breaks=seq(1, 5, 0.5))
hist(d$pos_a_score, breaks=seq(1, 5, 0.5))
hist(d$pre_b_score, breaks=seq(1, 5, 0.5))
hist(d$pos_b_score, breaks=seq(1, 5, 0.5))
```

> ▶1つの作図画面に4つのヒストグラムを表示させるため，par(mfrow=c(2, 2)) を適用。

> ▶ヒストグラムは breaks= オプションの値を変更しつつ，多面的に得点分布の様子を確認するとよい。

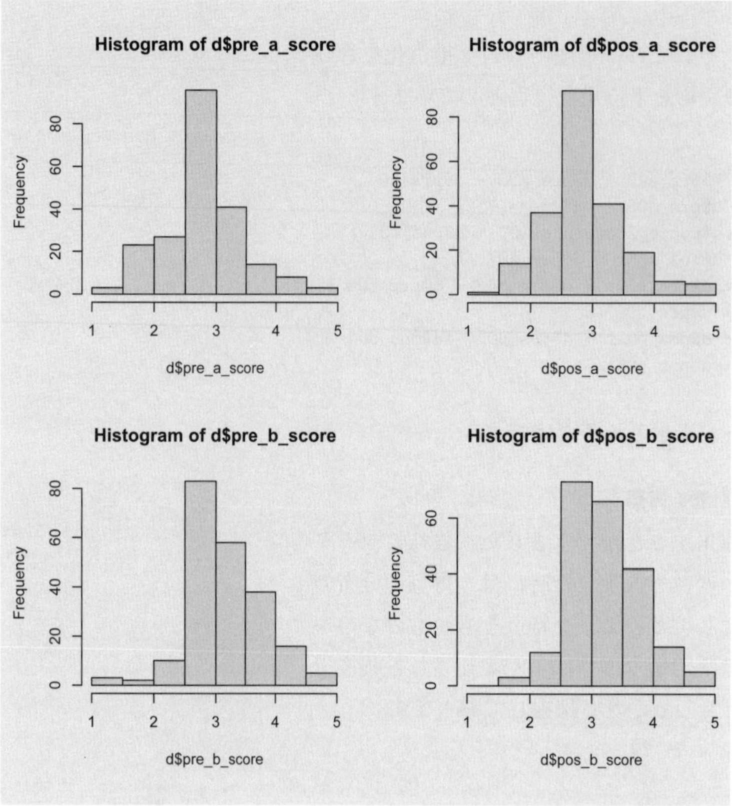


```
# 基礎統計量を算出
d_ab_score <- d[c("pre_a_score", "pos_a_score", "pre_b_score",
                  "pos_b_score", "m_group")]
describe(d_ab_score)
```

```
> d_ab_score <- d[c("pre_a_score", "pos_a_score", "pre_b_score",
                  "pos_b_score")]
> describe(d_ab_score)
            vars   n mean   sd median trimmed  mad  min max range skew kurtosis   se
pre_a_score    1 215 2.89 0.65   3.00    2.87 0.64 1.14   5  3.86 0.26     0.73 0.04
pos_a_score    2 215 2.92 0.62   3.00    2.89 0.64 1.43   5  3.57 0.54     0.95 0.04
pre_b_score    3 215 3.28 0.60   3.17    3.26 0.49 1.33   5  3.67 0.14     0.89 0.04
pos_b_score    4 215 3.31 0.57   3.17    3.29 0.49 1.67   5  3.33 0.29     0.53 0.04
```

▶ここでも，複数の変数を新しいデータフレームにまとめてから describe( ) を実行している。

▶ヒストグラムの情報と合わせて，尺度得点の様相を把握しておく。

```
## 6. 時期・動機別の基礎統計量の確認
```

この後，働くことへの意欲と自信について，調査時期と参加動機を要因とする2×2の分散分析を行いますが，それに先立って，調査時期，動機別の平均値などを確認しておきます。

ここでは，グループ別にdescribe( )を実行するdescribeBy( )関数を使います。平均値などを求めたい変数は，プレテストとポストテスト時の，働くことへの意欲得点と自信得点です。そこでdescribeBy( )関数の第1引数に各変数を指定し，第2引数にグループを分けるgroup=オプションを含めることで，必要とする変数の参加動機別の基礎統計量を得ることができます。

▶分散分析の前には，必ず各群の平均値などを確認しておく。その結果をみて，検定結果を推測してから分散分析を行う，という手順を踏むとよい。

```
describeBy(d$pre_a_score, group = d$m_group)
describeBy(d$pos_a_score, group = d$m_group)
describeBy(d$pre_b_score, group = d$m_group)
describeBy(d$pos_b_score, group = d$m_group)
```

```
> describeBy(d$pre_a_score, group = d$m_group)

 Descriptive statistics by group
group: 1
   vars   n mean   sd median trimmed  mad  min  max range  skew kurtosis   se
x1    1 118 2.96 0.72      3    2.93 0.64 1.14    5  3.86  0.31     0.18 0.07
--------------------------------------------------------------------------------------
group: 2
   vars   n mean   sd median trimmed  mad  min  max range  skew kurtosis   se
x1    1  97 2.81 0.54      3    2.82 0.42 1.29 4.57  3.29 -0.23     1.00 0.05
                              (出力略)
```

確認したい情報は，この表に示されていますが，グラフとして視覚的にも確認しておきましょう。2要因分散分析の各群の平均値をグラフにするには，interaction.plot( )関数が便利なのですが，今回のような混合計画の場合は，専用のデータフレームを作成し直す必要があります。そのため，実際には先の参加動機別の基礎統計量の出力をもとに，Excelなどを使ってグラフ化した方が早いかもしれません。

R で interaction.plot( ) 関数を使ってプロットを行うならば，以下のようにしてデータフレームを作成し，それを interaction.plot( ) 関数に渡します。ポイントは，調査時期（変数 time，プレテスト 1，ポストテスト 2）と，参加理由（変数 m_group，アクティブ群 1，パッシブ群 2）の 2 変数と，平均値を算出する意欲得点もしくは自信得点の 3 変数をもつデータフレームを作成するところです。

複雑なので，以下のスクリプトと右段の説明を対応させながら何をしているのか確認して下さい。

```
# 群ごとの平均値をプロット
# 意欲得点をプロットさせるためのデータフレーム作成
d_a_pre <- d[c("pre_a_score", "m_group")]
colnames(d_a_pre) <- c("iyoku", "m_group")
d_a_pre$time <- 1
d_a_pos <- d[c("pos_a_score", "m_group")]
colnames(d_a_pos) <- c("iyoku", "m_group")
d_a_pos$time <- 2
d_a <- rbind(d_a_pre, d_a_pos)

# 意欲得点のプロット
interaction.plot(d_a$time, d_a$m_group, d_a$iyoku)
```

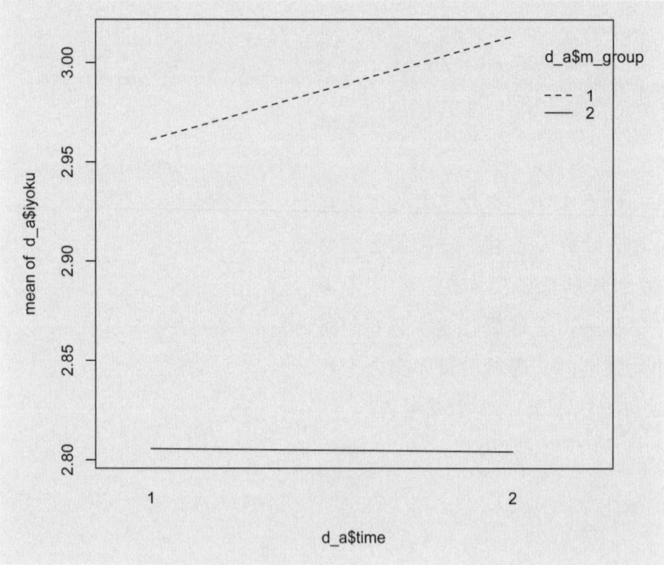

▶データフレームの作成手順

1 行目：データフレーム d から，プレテストの意欲得点（pre_a_score）と参加理由（m_group）を抽出して，データフレーム d_a_pre を作成。

2 行目：d_a_pre の意欲得点の変数名を，pre_a_score から iyoku に変更。m_group はそのまま。

3 行目：データフレーム d_a_pre に調査時期を示す変数 time を追加し，1 を入力。

4 行目：データフレーム d から，ポストテストの意欲得点（pos_a_score）と参加理由（m_group）を抽出して，データフレーム d_a_pos を作成。

5 行目：d_a_pos の意欲得点の変数名を，pos_a_score から iyoku に変更。m_group はそのまま。

6 行目：データフレーム d_a_pos に調査時期を示す変数 time を追加し，2 を入力。

7 行目：rbind( ) 関数を使って，データフレーム d_a_pre と d_a_pos を列を基準に結合し，データフレーム d_a をつくる（215 行 3 列の d_a_pre と 215 行 3 列の d_a_pos をつなげて，430 行 3 列の d_a に）。

interaction.plot( ) 関数は 3 つの引数を指定。第 1 引数が X 軸の変数，第 2 引数が線で描き分けられる変数，第 3 引数が Y 軸の変数となる。

Excelで作成しても，Rで作成しても，当然先のようなグラフになります。有意な交互作用があるかどうかは微妙ですが，参加理由（m_group）の主効果が認められそうな様相であることが把握できるでしょう。

```
# 自信得点をプロットさせるためのデータフレーム作成
d_b_pre <- d[c("pre_b_score", "m_group")]
colnames(d_b_pre) <- c("jishin", "m_group")
d_b_pre$time <- 1
d_b_pos <- d[c("pos_b_score", "m_group")]
colnames(d_b_pos) <- c("jishin ", "m_group")
d_b_pos$time <- 2
d_b <- rbind(d_b_pre, d_b_pos)

# 自信得点のプロット
interaction.plot(d_b$time, d_b$m_group, d_b$ jishin)
```

（出力略）

```
## 7. 分散分析（混合計画）
```

Rには，分散分析を行う関数がいくつかありますが，本書ではANOVA君を使用することを推奨します。ANOVA君では，各種の分散分析を似たような使用方法で実行することができます。

まず，anovakunを読み込みます。anovakunはパッケージではなく関数ですが，パッケージと同様に，利用するためにそれを読み込んでおく必要があります。source( )関数を用い，引数にanovakun_485.txtをダブルコーテーションで囲って入力します。

```
# anovakunの読み込み
source("anovakun_485.txt")
```

コンソールにエラーが表示されなければ問題ありません。これでANOVA君を使う準備ができました。そして以下のスクリプトを実行すれば，分散分析の結果が出力されます。

anovakun( )関数は，基本的には次の形になります。

▶作成したデータフレームのイメージ

time	iyoku
1	○
1	○
1	○
.	.
.	.
.	.
2	○
2	○
2	○
.	.
.	.
.	.

time1がpre，time2がposのデータを表す。

▶ANOVA君を利用した分散分析については，12章でより詳しく説明している。

▶必ずanovakun_485.txtを作業ディレクトリの中に入れておくこと。作業ディレクトリの中にない場合には，「ファイル'anovakun_485.txt'を開くことができません：No such file or directory」といったエラーメッセージが表示される。

【スクリプトのひな形】

anovakun(データフレーム , デザイン , 水準数 , オプション)

と記述し，4つの引数をとる構造になっています。デザインは，いわゆる要因計画です。今回は，1つ目の要因（A）が被験者間要因で参加理由(m_group)，2つ目の要因(B)が被験者内要因で調査時期（pre_a_score，pos_a_score）とした，2 × 2 の混合計画です。このような計画は AsB と表記します。そして，それぞれ 2 水準なので，水準数は 2, 2, と示します。今回は，効果量 η^2 値を算出するために，オプションに eta = TRUE を加えます。

▶デザインの詳細は p.207 参照。

次のスクリプトの 1 行目と 2 行目は，anovakun( ) 関数用のデータフレームを作成しています。

```
# 意欲得点についての分散分析
d_aov_a <- d[c("m_group", "pre_a_score", "pos_a_score")]
d_aov_a <- d_aov_a[order(d_aov_a$m_group),]
anovakun(d_aov_a, "AsB", 2, 2, eta=TRUE)
```

▶1行目：データフレーム d から分析に使う 3 つの変数だけを抽出して，d_aov_a というデータフレームを作成している。変数の並びは，被験者間要因（要因 A）を先にする。

▶2行目：order( ) は，データを昇順に並び替える関数。データフレーム d_aov_a を，変数 m_group で昇順に並び替え，改めて d_aov_a に格納している。

```
<< DESCRIPTIVE STATISTICS >>

------------------------------
  A   B   n    Mean    S.D.
------------------------------
 a1  b1 118  2.9613  0.7168
 a1  b2 118  3.0133  0.7013
 a2  b1  97  2.8056  0.5397
 a2  b2  97  2.8041  0.4903
------------------------------

<< ANOVA TABLE >>

== This data is UNBALANCED!! ==
== Type III SS is applied. ==

--------------------------------------------------------------
   Source       SS  df     MS  F-ratio  p-value      eta^2
--------------------------------------------------------------
        A   3.5435   1 3.5435   4.9574   0.0270 *   0.0206
    s x A 152.2479 213 0.7148
--------------------------------------------------------------
        B   0.0681   1 0.0681   0.8818   0.3488 ns  0.0004
    A x B   0.0763   1 0.0763   0.9875   0.3215 ns  0.0004
s x A x B  16.4522 213 0.0772
--------------------------------------------------------------
    Total 172.4036 429 0.4019
                 +p < .10, *p < .05, **p < .01, ***p < .001
```

▶《DESCRIPTIVE STATISTICS》には記述統計量が出力される。別途計算している人数，平均値，標準偏差と合っているか確認しておく。また A や B，a1，a2，b1，b2 がどの要因，水準を示しているかも確認する。

▶《ANOVA TABLE》部分には，いわゆる分散分析表と η^2 値（eta^2）が示される。この結果から，要因 A すなわち参加理由の，a1 と a2 の間に有意差があると判断できる。

▶F 値（F-ratio）が 3.9581，自由度(df)は 1 と 213，p 値(p-value) が 0.0270 であることが示される。

```
# 自信得点についての分散分析
d_aov_b <- d[c("m_group", "pre_b_score", "pos_b_score")]
d_aov_b <- d_aov_b[order(d_aov_b$m_group),]
anovakun(d_aov_b, "AsB", 2, 2, eta=TRUE)
```

```
<< DESCRIPTIVE STATISTICS >>

------------------------------
  A   B   n    Mean    S.D.
------------------------------
 a1  b1 118  3.2782  0.6353
 a1  b2 118  3.4054  0.5680
 a2  b1  97  3.2749  0.5454
 a2  b2  97  3.1924  0.5607
------------------------------

<< ANOVA TABLE >>

== This data is UNBALANCED!! ==
== Type III SS is applied. ==

-------------------------------------------------------------
   Source        SS  df      MS  F-ratio  p-value      eta^2
-------------------------------------------------------------
        A    1.2449   1 1.2449   2.1190   0.1470 ns  0.0085
    s x A  125.1397 213 0.5875
-------------------------------------------------------------
        B    0.0531   1 0.0531   0.6083   0.4363 ns  0.0004
    A x B    1.1693   1 1.1693  13.4067   0.0003 *** 0.0080
s x A x B   18.5778 213 0.0872
-------------------------------------------------------------
    Total  146.2457 429 0.3409
                +p < .10, *p < .05, **p < .01, ***p < .001

<< POST ANALYSES >>

< SIMPLE EFFECTS for "A x B" INTERACTION >

-------------------------------------------------------------------
 Effect  Lambda  approx.Chi  df   p        LB     GG     HF     CM
-------------------------------------------------------------------
 B at a1  1.0000    -0.0000   0        1.0000 1.0000 1.0000 1.0000
 B at a2  1.0000    -0.0000   0        1.0000 1.0000 1.0000 1.0000
-------------------------------------------------------------------
                      LB = lower.bound, GG = Greenhouse-Geisser
                     HF = Huynh-Feldt-Lecoutre, CM = Chi-Muller
```

▶自信得点については，《ANOVA TABLE》部分から，A と B の交互作用が有意であることがわかる。

▶*F* 値（F-ratio）が 13.4067，自由度（df）は 1 と 213，*p* 値（p-value）が 0.0003 で，1%水準で有意と判断できる。

▶《POST ANALYSIS》は，事後検定の出力。交互作用が有意だったので，単純主効果の検定結果が示されている。

```
---------------------------------------------------------------
     Source       SS  df      MS  F-ratio  p-value      eta^2
---------------------------------------------------------------
    A at b1  0.0006   1 0.0006   0.0017   0.9675 ns  0.0000
   Er at b1 75.7831 213 0.3558
---------------------------------------------------------------
    A at b2  2.4137   1 2.4137   7.5678   0.0065 **  0.0343
   Er at b2 67.9344 213 0.3189
---------------------------------------------------------------
    B at a1  0.9534   1 0.9534  10.9815   0.0012 **  0.0111
s x B at a1 10.1577 117 0.0868
---------------------------------------------------------------
    B at a2  0.3299   1 0.3299   3.7612   0.0554 +   0.0056
s x B at a2  8.4201  96 0.0877
---------------------------------------------------------------
                  +p < .10, *p < .05, **p < .01, ***p < .001
```

▶A at b2 と B at a1 の F 値が1%水準で有意。

▶A at b2 は，ポストテスト時（b2）における要因 A の影響，すなわち，ポストテスト時における参加理由間に有意な差があることを示している。

▶B at a1 は，アクティブ群（a1）における要因 B の影響，すなわち，プレテストとポストテスト間に有意な差があることを示している。

以上が ANOVA 君を利用した分散分析（混合計画）の結果です。他の方法と比較するとわかると思いますが，非常に使いやすい関数といえます。なお，ここでの説明は最小限に留めていますので，12 章で情報を補ってください。

第5章 動物に対する共感性尺度の作成

サンプル論文 2

動物に対する共感性尺度の作成

問題・目的部分の要約

人間と自然との関係は現代的テーマの一つである。特に動物との関係性は，アニマル・セラピーやペット・ロスなどとの関係で，その心理的利点や課題が浮かび上がっている。一方，人間同士の関係性については共感性という概念を用いることの有用性が指摘されている。そこで人間と動物の関係性についても，共感性という概念を用いることでさらに深く検討できるのではないかと考えられる。そこで本研究では，動物に対する共感性を測定する尺度を作成することを目的とする。さらに，妥当性を確認するために，動物の飼育経験，動物のための寄付行為との関連を検討する。

方法

調査対象および方法

調査対象は，愛知県にある普通科高校の 1，2 年生計 266 名（男子 132，女子 134）を対象として，2016 年 5 月に調査を実施した。調査用紙のフェイスシートには，調査への協力は任意であり，またそれによって個人が評価されるものではないことを明示し，加えて調査依頼時に調査実施者から口頭で説明を行い，同意者のみに回答を求めた。

調査内容

動物に対する共感性　既存の共感性尺度（Zeisberg，1979；堀川，1982；一宮・岡崎，1997 など）を参考にしながら，新たに作成した。まず既存の尺度から，人間と動物との関係にも適用できると判断される項目を選出した。さらに動物を飼っている大学生 34 名にインタビューを行い，そこに表現された内容で動物に対する共感性と考えられる内容を加え，52 項目を作成した。その後心理学を専攻する大学院生 3 名に，内容的妥当性の判断や項目の類似性，表現のわかりやすさなどの検討を依頼し，最終的に20項目を利用することとした。回答は「1. いいえ」「2. どちらかといえば，いいえ」「3. どちらともいえない」「4. どちらかといえば，はい」「5. はい」の5段階で求めた。

動物の飼育経験　動物の飼育経験について，「これまで飼ったことがない」「飼ったことはあるが，現在は飼っていない」「現在，飼っている」からひとつを選択するように求めた。

動物のための寄付経験　野生動物の保護活動など，動物に関する活動を行う団体等に寄付をした経験について「ある」「ない」のいずれかを選択するように求めた。

結果と考察

本調査は，266名からの回答を得ることができた。そのうち，欠測値を含んだ6名を除いた260名分（男子129名，女子131名）の回答を分析に用いた。

まず，動物に対する共感性尺度の各項目について項目分析を行った。「はい」を5，「どちらかといえば，はい」を4，「どちらともいえない」を3，「どちらかといえば，いいえ」を2，「いいえ」を1として得点化した。項目毎の平均値，標準偏差をTable 1に示した。また項目ごとに各選択肢の度数を確認し，ある選択肢に極端に多数の回答が集中しているような項目がないことも確認した。そこで20項目すべてを用いて，因子分析（ミンレス法・プロマックス回転）を行った。

その結果，固有値の減衰状況は6.72，2.27，1.92，1.30，0.93，…であり，最大の因子数は4，スクリー基準からは3因子を抽出することが妥当であると考えられた。平行分析の結果は3因子の抽出を示唆していた。そこで，3因子解と4因子解を求め比較したところ，3因子解の方がより適切と判断できた。以上のことから，抽出する因子数を3として分析を進めた。

3つの因子を抽出する因子分析（ミンレス法・プロマックス回転）の結果，項目5，8，18，20は複数因子に高く負荷していたため，これらを削除しつつ因子分析を繰り返した。Table 1に最終的な因子分析結果を示す。また因子間相関は.43～.49であり，中程度の相関関係にあるといえるだろう。

第1因子は，「動物と人間は友達になることができる」「私が悲しい時には，動物はそれを分かってくれる」「動物に触れていると癒される」などといった項目が高い因子負荷を示しており，感情，情緒に関連した内容の項目群といえよう。そこでこの因子を「感情的触れ合い」の因子と命名する。

続く第2因子には，「動物の気持ちが分かるようになりたい」「動物は人間に気持ちを分かって欲しいと思っているはずだ」「動物に私の気持ちを分かって欲しいと思う」といった項目が高く負荷した。動物の気持ちを分かりたい，動物に気持ちを分かってほしいといった内容を意味する項目群といえるだろう。第1因子の内容と類似している面もあるが，この因子には分かりあうことへの希求を示す項目が多い。そこでこの因子を，「相互理解希求」因子と命名する。

第3因子には，「動物にとっては，人間に飼われているよりも，自然の中で暮らしている方が良い」「飼っていた動物を捨てることは絶対にしてはならないことである」などの項目が高く負荷していた。人間に基本的人権があるように動物にもそれに類似したものを認め，それに対する配慮意識を表している項目群といえるのではないだろうか。そこでこの因子を，「権利への配慮」因子と命名する。

以上のような因子分析結果を踏まえ，動物に対する共感性尺度の下位尺度を構成した。それぞれの項目を，最も高い負荷量を示す因子を構成するものとみなすと，「感情的触れ合い」の下位尺度は6項目，「相互理解希求」および「権利への配慮」の下位尺度は5項目で構成された。それぞれの下位尺度について，信頼性係数の推定値としてCronbachのα係数を求めたところ，第1因子ではα=.87，第2因子ではα=.80，第3因子ではα=.78と十分な値が得られた。そこで，下位尺度ごとにすべての項目を用い，項目平均値を各下位尺度得点とした。「感情的触れ合い」の平均値は2.95，標準偏差は0.83，「相互理解希求」の平均値は2.81，標準偏差は0.90，「権利への配慮」の平均値は3.70，標準偏差は0.76であった。

Table 1

				因子負荷量			
	項目	*M*	*SD*	F1	F2	F3	h^2
a02	動物と人間は友達になることができる	2.91	1.07	.85	-.07	-.08	.62
a04	私が悲しい時には，動物はそれを分かってくれる	3.05	1.04	.82	-.08	.05	.66
a01	動物の顔を見ると，その動物が何を考えているのか分かる	3.00	1.14	.78	-.03	-.03	.56
a06	動物に触れていると癒される	2.99	1.01	.64	-.05	.21	.54
a03	人間と動物はお互いにわかり合える	2.69	1.07	.63	.24	-.12	.50
a07	動物と一緒にいるとさびしさがまぎれる	3.07	1.10	.48	.08	.25	.47
a09	動物の気持ちが分かるようになりたい	2.95	1.11	-.19	.76	.16	.58
a13	動物は人間に気持ちを分かって欲しいと思っているはずだ	2.65	1.11	.14	.69	-.17	.48
a12	動物に私の気持ちを分かって欲しいと思う	2.79	1.20	.12	.66	-.04	.49
a11	動物の言葉を話せるようになりたい	2.35	1.23	.03	.65	-.09	.40
a10	動物の鳴き声を，人間の言葉に翻訳できれば良いのにと思うことがある	3.30	1.37	-.12	.59	.17	.39
a17	動物にとっては，人間に飼われているよりも，自然の中で暮らしている方が良い	3.73	1.08	.02	-.17	.78	.54
a15	飼っていた動物を捨てることは絶対にしてはならないことである	3.54	1.08	.00	-.04	.77	.58
a14	鎖でつながれたり，檻の中に入れられた動物を見るとかわいそうになる	3.56	0.93	-.13	.10	.63	.39
a16	飼われている動物はその家族の一員である	3.53	1.02	.13	-.01	.60	.44
a19	いつも動物と一緒にいたい	4.17	1.06	.11	.13	.38	.27
		因子間相関	F1		.44	.49	
			F2			.43	
残余項目							
a05	動物は人間の気持ちを理解することはできない	2.83	1.04				
a08	動物も気持ちが表情に表れると思う	3.46	1.18				
a18	動物は人間よりレベルの低い生き物である	2.52	1.09				
a20	動物も人間と同じように仲間の気持ちが分かると思う	3.24	1.02				

続いて，これら3つの下位尺度から構成される動物に対する共感性尺度の妥当性を検討した。まず，動物の飼育経験との関連を検討した。先行研究から，飼育経験は動物に対する意識に影響すると考えられるため，共感性とも関連すると推測できる。次に，動物のための寄付経験を検討した。共感性は社会的な活動と関連することが指摘されているため，動物に対する共感性が高いほど，動物のためになる活動が活発になると考えられる。

動物の飼育経験は，「これまで飼ったことがない」の選択者が61名，「飼ったことはあるが，現在は飼っていない」が54名，「現在，飼っている」が145名であった。これらを要因として，「感情的触れ合い」，「相互理解希求」,「権利への配慮」についての1要因分散分析を行った。それぞれの平均値，1要因分散分析の結果，および η^2 値をTable 2に示す。

分散分析の結果,「相互理解希求」においてのみ有意差が認められ，多重比較（Bonferroni法，5%水準）を行ったところ,「これまで飼ったことがない」群よりも「現在，飼っている」群の方が，有意に得点が高いことが明らかになった。

次に動物のための寄付経験との関連を検討した。寄付経験のある者は32名，無い者は228名であった。各群の「感情的触れ合い」,「相互理解希求」,「権利への配慮」の平均等をTable 3に示す。さらにこれらについて t 検定を行ったところ，すべての下位尺度得点において有意な差が認められ，いずれの得点においても寄付経験がある場合の平均値が高かった。

Table 2
動物の飼育経験と動物に対する共感性との関連

	これまで飼ったことがない (1) $n=61$		飼ったことはあるが，現在は飼っていない (2) $n=54$		現在，飼っている (3) $n=145$				
	M	SD	M	SD	M	SD	F	多重比較	η^2
感情的触れ合い	2.89	0.82	2.88	0.82	3.00	0.84	0.63		0.00
相互理解希求	2.59	0.85	2.70	0.85	2.94	0.91	3.96 *	1<3	0.03
権利への配慮	3.70	0.84	3.65	0.74	3.72	0.73	0.20		0.00

$^*p<.05$

Table 3
寄付経験と動物に対する共感性との関連

	寄付経験あり $n=32$		寄付経験なし $n=228$			
	M	SD	M	SD	t	d
感情的触れ合い	3.38	0.78	2.89	0.82	3.13**	0.59
相互理解希求	3.17	1.07	2.76	0.86	2.50*	0.47
権利への配慮	3.96	0.64	3.67	0.76	2.08*	0.39

自由度はいずれも258
$^{**}p<.01$，$^*p<.05$

Step 1　論文から分析を想像する

この研究は，動物に対する共感性を測定する尺度（動物に対する共感性尺度）を作成することを目的としています。このような目的の研究では，動物に対する共感性の因子構造を探索し，それを得点化すること，尺度の信頼性や妥当性を確認することの大きく２つの内容が含まれることが一般的といえるでしょう。

この論文の「方法」には，尺度の作成過程や具体的な実施内容・方法が記されています。項目作成過程で妥当性（内容的妥当性）についての検討がなされていることも記されています。

「結果」に示されている尺度作成の手順には，大きく４段階のプロセスがあります。多くの場合，以下のプロセスを経て尺度が作成されます。

①項目単位でデータの様相をチェックする段階

②探索的因子分析を行って，因子の抽出と因子数の同定を試み信頼性を確認する段階

この研究では，３つの因子，「感情的触れ合い」「相互理解希求」「権利への配慮」が抽出されて，それぞれの因子を測定する下位尺度が確定されています。

次の③④は，因子分析の結果を反映した得点の算出なのですが，その前に下位尺度ごとに信頼性の検討が行われます。ここで十分な信頼性が確認できれば，各下位尺度に分けられたすべての項目を利用して算出した得点が，信頼に値する（十分な測定精度がある）と判断できます。

③測定された得点の様相を，分布や平均値，標準偏差で確認する段階

④妥当性の検討段階

妥当性は，他の変数との関連から確認する場合が多く，この論文でも２つの変数との関連が検討されています。妥当性の検討なので，動物に対する共感性は，動物の飼育経験と関連する，動物のための寄付経験と関連するという論理的に導かれる関連性がデータでも確認できるか（仮説が検証できるか）どうかについて統計的検定が行われます。

Step 2　分析の流れの確認

データ収集

↓

1. 調査対象者の性別等の属性を確認

↓

2. 欠測値を確認し欠測値のあるデータを削除

↓

3. 共感性項目の分析（度数分布の確認，平均値，標準偏差の確認）

↓

4. 因子分析：20 項目（固有値の減衰状況の確認，平行分析）

↓（何度も繰り返す）

5. 最終的な因子分析：16 項目

↓

6. 信頼性の検討

↓

7. 尺度得点の算出

↓

8. 尺度得点の分布，記述統計量を確認

↓

9. 飼育経験と尺度得点の関連を検討
（飼育経験別の尺度得点の分布，記述統計量を確認）

↓

10. 飼育経験を要因とする 1 要因分散分析

↓

11. 寄付経験と尺度得点の関連を検討
（寄付経験別の尺度得点の分布，記述統計量を確認）

↓

12. 寄付経験を要因とする対応のない t 検定

↓

13. 効果量の算出

Step 3　分析スクリプトの全体像

```
## 分析準備
# ディレクトリの設定

# パッケージの読み込み
library(psych)
library(GPArotation)

# データの読み込み
d0 <- read.csv("ch05.csv", header=TRUE)

# データの確認
head(d0)
tail(d0)
nrow(d0)

# 変数の型の確認
str(d0)
```

▶library( ): p.25 参照
因子分析に使う fa( ) 関数や describe ( ) 関数を使うために，psych と GPArotation のパッケージを読み込む。

▶read.scv( ): p.44 参照

▶head( ): p.45 参照
▶tail( ): p.45 参照
▶nrow( ): p.45 参照

▶str( ): p.48 参照

```
## 1. 調査対象者の性別等の属性を確認
table(d0$gender, exclude=NULL)
table(d0$keiken, exclude=NULL)
table(d0$kihu, exclude=NULL)
```

▶table( ): p.50 参照

```
## 2. 欠測値を確認し欠測値のあるデータを削除
d0[!complete.cases(d0),]
d <- na.omit(d0)
```

▶[!complete.cases( ),]: p.46 参照
▶na.omit( ): p.47 参照
▶以後，利用するデータフレームは d になることに注意。

```
## 3. 項目分析
# 度数分布の確認
# 20 項目をまとめて一度に確認する
d_fa <- d[c("a01", "a02", "a03", "a04", "a05", "a06", "a07",
            "a08", "a09", "a10", "a11", "a12", "a13", "a14",
            "a15", "a16", "a17", "a18", "a19", "a20")]

sapply(d_fa, table, exclude=NULL)

# 平均値・標準偏差の確認
describe(d_fa)
```

▶尺度の 20 項目で構成されるデータフレームを d_fa として作成。

▶sapply( ): p.78 参照

▶describe ( ): p.53 参照
▶「3. 項目分析」で作成したデータフレーム d_fa を利用。

```
## 4. 因子分析：20 項目
# 適切な因子数を推測する
# 固有値の減衰状況
tmp_c <- cor(d_fa)
eigen(tmp_c)
```

▶eigen( ) に用いる相関行列を，tmp_c として保存。
▶eigen( ): p.185 参照

```
# スクリープロット
VSS.scree(d_fa)

# 平行分析
fa.parallel(d_fa)
```

▶VSS.scree( ): p.185 参照

▶fa.pararell( ): p.186 参照

```
# 因子分析
# 3 因子の場合
result_3fa <- fa(d_fa, nfactors=3, fm="minres", rotate="promax")
print(result_3fa, sort=TRUE)

# 4 因子の場合
result_4fa <- fa(d_fa, nfactors=4, fm="minres", rotate="promax")
print(result_4fa, sort=TRUE)
```

▶因子分析については，第 9 章で詳しく紹介する。

▶因子分析を行う関数が fa( )。1 つ目の引数が，因子分析を実行するデータ(データフレーム)，2 つ目の nfactors=は抽出する因子数，3 つ目の fm=が抽出方法，rotate=が回転方法の指定。

▶結果は任意の名前で保存しておき，print( ) 関数で表示させると便利。

以上のような因子分析を繰り返し最良の結果を探求する

```
## 5. 最終的な因子分析：16 項目
# データフレーム作成
d_fa2<- d[c("a01", "a02", "a03", "a04", "a06", "a07", "a09", "a10",
            "a11", "a12", "a13", "a14", "a15", "a16", "a17", "a19")]

# 固有値等の確認
eigen(cor(d_fa2))
VSS.scree(d_fa2)
fa.parallel(d_fa2)
# 因子分析
result <- fa(d_fa2, nfactors=3, fm="minres", rotate="promax")
print(result, sort=TRUE)
```

▶最終的に残った 16 項目で構成されるデータフレームを格納する d_fa2 を用意。

▶因子分析に利用する項目が変わっているので，再度抽出する因子数に関する情報を得ておく。

```
## 6. 信頼性の検討（Cronbach's α）
# 感情的触れ合い
d_kanjo <- d[c("a02", "a04", "a01", "a06", "a03", "a07")]
alpha(d_kanjo)
# 相互理解希求
d_rikai <- d[c("a09", "a13", "a11", "a12", "a10")]
alpha(d_rikai)
# 権利への配慮
d_kenri <- d[c("a17", "a15", "a14", "a16", "a19")]
alpha(d_kenri)
```

▶下位尺度ごとにデータフレームを作成。

▶alpha( ) : p.191 参照

```
## 7. 尺度得点の算出
d$kanjo_score <- (d$a02 + d$a04 + d$a01 + d$a06 + d$a03 + d$a07)/6
d$rikai_score <- (d$a09 + d$a13 + d$a11 + d$a12 + d$a10)/5
d$kenri_score <- (d$a17 + d$a15 + d$a14 + d$a16 + d$a19)/5
```

▶p.60 参照
項目数で割ることで，尺度得点を項目平均値として算出する。

```
## 8. 尺度得点の分布，記述統計量を確認
# ヒストグラムの確認
hist(d$kanjo_score, breaks=seq(1, 5, 0.5))
hist(d$rikai_score, breaks=seq(1, 5, 0.5))
hist(d$kenri_score, breaks=seq(1, 5, 0.5))

# 記述統計量を算出
d_sco <- d[c("kanjo_score", "rikai_score", "kenri_score")]
describe(d_sco)
```

▶hist( ) : p.52 参照

▶3 つの変数をまとめたデータフレーム d_sco を作成。後で何度かこのデータフレームを利用する。

```
## 9. 飼育経験と尺度得点の関連を検討
# 飼育経験別の尺度得点の分布，記述統計量を確認
# 飼育経験それぞれの人数を確認
table(d$keiken, exclude=NULL)
# 各群の平均値等の様相を確認
# 平均値等
describeBy(d$kanjo_score, group=d$keiken)
describeBy(d$rikai_score, group=d$keiken)
describeBy(d$kenri_score, group=d$keiken)
# 箱ひげ図
boxplot(d$kanjo_score ~ d$keiken, data=d)
boxplot(d$rikai_score ~ d$keiken, data=d)
boxplot(d$kenri_score ~ d$keiken, data=d)
```

▶describeBy( ): p.91 参照

▶得点分布の様子を視覚化する方法はいくつもある。ここでは箱ひげ図を用いて確認する。第 1 引数に，図示したい変数を入れ，「~(チルダ)」の後に群を表す変数を追加することで，群別に箱ひげ図を作成できる。

```
## 10. 飼育経験を要因とする 1 要因分散分析
# anovakun の読み込み
source("anovakun_485.txt")

# anovakun で分析できるようにデータフレームを作成し，分析
# 感情的触れ合い
aov_kanjo <- d[c("keiken", "kanjo_score")]
aov_kanjo <- aov_kanjo[order(aov_kanjo$keiken),]
anovakun(aov_kanjo, "As", 3, eta=TRUE)

# 相互理解希求
aov_rikai <- d[c("keiken", "rikai_score")]
aov_rikai <- aov_rikai[order(aov_rikai$keiken),]
anovakun(aov_rikai, "As", 3, eta=TRUE)

# 権利への配慮
aov_kenri <- d[c("keiken", "kenri_score")]
aov_kenri <- aov_kenri[order(aov_kenri$keiken),]
anovakun(aov_kenri, "As", 3, eta=TRUE)
```

▶4 章でも利用した ANOVA 君を使用する。

▶データフレームや anovakun ( ) の引数の指定が，4 章（2 要因分散分析（混合計画））の場合と異なっているので注意。

```
## 11. 寄付経験と尺度得点の関連を検討
# 寄付経験別の尺度得点の分布，記述統計量を確認
# 寄付経験別の人数を確認
table(d$kihu, exclude=NULL)

# 各群の平均値等の様相を確認
# 平均値等
describeBy(d$kanjo_score, group=d$kihu)
describeBy(d$rikai_score, group=d$kihu)
describeBy(d$kenri_score, group=d$kihu)

# ヒストグラムを作成するために寄付経験別にデータフレームを作成
d_kihu_1 <- subset(d, d$kihu==1)
d_kihu_2 <- subset(d, d$kihu==2)

# 感情的触れ合い
par(mfrow=c(1,2))
hist(d_kihu_1$kanjo_score, breaks=seq(1, 5, 0.5))
hist(d_kihu_2$kanjo_score, breaks=seq(1, 5, 0.5))

# 相互理解希求
hist(d_kihu_1$rikai_score, breaks=seq(1, 5, 0.5))
hist(d_kihu_2$rikai_score, breaks=seq(1, 5, 0.5))

# 権利への配慮
hist(d_kihu_1$kenri_score, breaks=seq(1, 5, 0.5))
hist(d_kihu_2$kenri_score, breaks=seq(1, 5, 0.5))
```

▶subset( ): p.57 参照

▶par( ): p.59 参照
par( ) 関数を使って，1つのウインドに，2つの図を横並びに表示させる。

▶また，breaks=オプションで階級の区切り方を1から5まで，0.5 刻みになるように設定する。

```
## 12. 寄付経験を要因とする対応のない t 検定
# 等分散性の検定，t 検定実行
# 感情的触れ合い
var.test(d$kanjo_score ~ d$kihu)
t.test(d$kanjo_score ~ d$kihu, var.equal=TRUE)

# 相互理解希求
var.test(d$rikai_score ~ d$kihu)
t.test(d$rikai_score ~ d$kihu, var.equal=TRUE)

# 権利への配慮
var.test(d$kenri_score ~ d$kihu)
t.test(d$kenri_score ~ d$kihu, var.equal=TRUE)
```

▶t 検定については，第 8 章で詳しく紹介する。

▶var.test( ) は等分散性の検定を行う関数。

▶t.test( ) は t 検定を行う関数。ここではスチューデントの t 検定を行うため，引数として，var.equal=TRUEというオプションを付けている。

```
## 13. 効果量の算出
# [方法 1] 各群の人数，平均値，標準偏差を公式に代入して計算
# 感情的触れ合い
(3.38-2.89)/sqrt(((32-1)*0.78^2+(228-1)*0.82^2)/(32+228))
# 相互理解希求
(3.17-2.76)/sqrt(((32-1)*1.07^2+(228-1)*0.86^2)/(32+228))
```

▶効果量の算出式は公式に変数を代入して計算できる。

$$d=\frac{|\bar{x}_1-\bar{x}_2|}{\sqrt{(n_1-1)\times s_1^2+(n_2-1)\times s_2^2}}$$

▶論文中 Table 3 に記された値を使って計算しているが，有効桁数の関係で，Table 3 の d の値と差が生じる。

```
# 権利への配慮
(3.96-3.67)/sqrt(((32-1)*0.64^2+(228-1)*0.76^2)/(32+228))

# [方法 2] 効果量を算出する関数 cohen_d( ) を作成して利用
# cohen_d( ) 関数の定義
cohen_d <- function(x1, x2) {
  m1 <- mean(x1)
  m2 <- mean(x2)
  n1 <- length(x1)
  n2 <- length(x2)
  s1 <- sd(x1)
  s2 <- sd(x2)
  Sp <- sqrt(((n1-1)*s1^2+(n2-1)*s2^2)/(n1+n2))
  d <- (m1-m2)/Sp
  d
}

# 作成した cohen_d の実行
# 感情的触れ合い
cohen_d(d_kihu_1$kanjo_score, d_kihu_2$kanjo_score)
# 相互理解希求
cohen_d(d_kihu_1$rikai_score, d_kihu_2$rikai_score)
# 権利への配慮
cohen_d(d_kihu_1$kenri_score, d_kihu_2$kenri_score)
```

▶関数を作るには function( ) 関数を用いる。{ } の間に一連の計算過程を記述。サポート Web ページ参照。

▶cohen_d( ) 関数は，2 つの群の当該変数 x1 と x2 を引数に指定する。

▶寄付経験あり群の「感情的触れ合い」変数と，経験なし群の「感情的触れ合い」変数は，先に寄付経験の有無別に作成したデータフレーム(d_kihu_1 と d_kihu_2)を用いる。

▶効果量の求め方の［方法 2］のように関数を自作すれば，分析を効率良く行うことができるというメリットがある。しかし，初学者には少々ハードルが高いかもしれない。関数の作り方の考え方については，サポート Web ページを参照。

Step 4　分析スクリプトと出力例

```
## 分析準備
# ディレクトリの設定

# パッケージの読み込み
library(psych)
library(GPArotation)

# データの読み込み
d0 <- read.csv("ch05.csv", header=TRUE)

# データの確認
head(d0)
tail(d0)
nrow(d0)

# 変数の型の確認
str(d0)
```

▶出力例は省略

▶エラーがないか，データファイル（ch05.csv）が，正しく読み込まれているかどうかを確認。このデータは 266 名分，24 個の変数を含んでいる。

```
## 1. 調査対象者の性別等属性の確認
```

この論文では，欠測値を含むデータを除く前の男女の人数が記されています。まずは，これら対象者の属性を確認してみます。なお，変数に欠測値が含まれる場合も想定されるので，欠測のケースも表示されるように exclude = NULL というオプションを設定しておきます。

```
table(d0$gender, exclude=NULL)
table(d0$keiken, exclude=NULL)
table(d0$kihu, exclude=NULL)
```

```
> table(d0$gender, exclude=NULL)

  1   2
132 134
> table(d0$keiken, exclude=NULL)

   1    2    3 <NA>
  62   55  148    1
> table(d0$kihu, exclude=NULL)

  1   2
 33 233
```

```
## 2. 欠測値を確認し欠測値のあるデータを削除
d0[!complete.cases(d0),]
```

```
> d0[!complete.cases(d0),]
     ID gender a01 a02 a03 a04 a05 a06 a07 a08 a09 a10 a11 a12
4     4      1   5   3   2   5   5   1   3   4   3  NA   1   1
49   49      2   3   1   3   4   1   1   5   1   2   2   4  NA
105 105      1   3   4   2   1   4   5   4   5   5   2   5   5
163 163      1   4   5   1   2   1   1   3   2  NA   4   5   5
194 194      2   4   5   2   2   5   3   2   1   2  NA   3   4
243 243      2   5   1   3   2   4  NA   4   2   3   2   3   3
                              (出力略)
```

▶6 名のデータに欠測値が含まれている。

ここでは論文での操作に従い，欠測値を含むデータをすべて削除します。

```
d <- na.omit(d0)
```

▶以後，利用するデータフレームは d となる。

```
                              (出力略)
```

```
## 3. 項目分析
# 度数分布の確認
# 20 項目をまとめて一度に確認する
d_fa <- d[c("a01", "a02", "a03", "a04", "a05",
            "a06", "a07", "a08", "a09", "a10",
            "a11", "a12", "a13", "a14", "a15",
            "a16", "a17", "a18", "a19", "a20")]

sapply(d_fa, table, exclude=NULL)
```

▶スクリプト，d_fa で，データフレーム d_fa の中身を確認しておくとよい。

▶この 20 項目は，この後で，因子分析に利用する項目群。

```
> d_fa <- d[c("a01", "a02", "a03", "a04", "a05",
+             "a06", "a07", "a08", "a09", "a10",
+             "a11", "a12", "a13", "a14", "a15",
+             "a16", "a17", "a18", "a19", "a20")]
>
> sapply(d_fa, table, exclude=NULL)
  a01 a02 a03 a04 a05 a06 a07 a08 a09 a10 a11 a12 a13 a14 a15 a16 a17 a18 a19 a20
1  30  32  44  26  27  23  27  19  34  35  82  54  53   8  14  14  13  45   9  20
2  51  48  61  42  69  49  44  32  48  33  78  42  52  16  23  20  19  94  14  32
3  94 108  94 100 100 109  98  79  94  87  39  86  95  98  86  81  62  78  31  93
4  59  56  53  78  49  65  67  70  66  28  49  61  52  99  83 104  98  26  77  95
5  26  16   8  14  15  14  24  60  18  77  12  17   8  39  54  41  68  17 129  20
```

▶度数分布表や平均値，標準偏差などから，回答の分布の様子，大きな偏りなどについてチェックしておく。

```
# 平均値・標準偏差の確認
describe(d_fa)
```

```
> describe(d_fa)
    vars   n mean   sd median trimmed  mad min max range  skew kurtosis   se
a01    1 260 3.00 1.14    3.0    3.00 1.48   1   5     4 -0.06    -0.67 0.07
a02    2 260 2.91 1.07    3.0    2.93 1.48   1   5     4 -0.12    -0.48 0.07
a03    3 260 2.69 1.07    3.0    2.70 1.48   1   5     4 -0.04    -0.79 0.07
a04    4 260 3.05 1.04    3.0    3.12 1.48   1   5     4 -0.34    -0.44 0.06
a05    5 260 2.83 1.04    3.0    2.84 1.48   1   5     4  0.09    -0.47 0.06
a06    6 260 2.99 1.01    3.0    3.03 1.48   1   5     4 -0.19    -0.35 0.06
a07    7 260 3.07 1.10    3.0    3.09 1.48   1   5     4 -0.18    -0.55 0.07
a08    8 260 3.46 1.18    3.5    3.54 0.74   1   5     4 -0.38    -0.67 0.07
                              (出力略)
```

ここまでの分析から，準備した20項目の中に，因子分析を適用するのに不適当な項目がないかどうかを確認します。今回はそのような項目はないと判断し，次の因子分析に進みます。

```
## 4. 因子分析：20項目
```

通常，因子分析に先立ち，因子分析に利用する項目のみで構成されるデータフレームを作成します。因子分析は数多くの試行錯誤を伴いますので，これを作成しておくと少し作業が楽になります。今回は，先に作成したデータフレーム d_fa がそのまま利用できます。

```
# 適切な因子数を推測する
```

まずはじめに，因子分析を行う際に指定する必要がある因子数を決定するための情報を得ます。ここでは論文の記載にもある，固有値の減衰状況，スクリー基準の観点からチェックするためのスクリープロット，平行分析の結果を得るためのスクリプトを実行します。なお，固有値の推移の様子をグラフにしたものがスクリープロットです。

固有値を求めるには eigen( ) 関数，スクリープロットを描画するためには VSS.scree( ) 関数，平行分析には fa.parallel( ) 関数を用います。

▶eigen( ) 関数は，引数に項目間相関係数のマトリクスを指定。cor( ) 関数で，データフレーム d_fa から相関マトリクスを作成し，それを eigen( ) 関数の引数に指定する。

```
# 固有値の減衰状況
tmp_c <- cor(d_fa)
eigen(tmp_c)
```

```
> # 固有値の減衰状況
> tmp_c <- cor(d_fa)
> eigen(tmp_c)
eigen() decomposition
```

▶固有値は，eigen( ) の出力にある $values 部分に示されている。

```
$values
 [1] 6.7184853 2.2713096 1.9244710 1.2974021 0.9250212 0.8332817 0.6750533 0.6263675 0.6163428
[10] 0.5768984 0.4557795 0.4459844 0.4284028 0.4103043 0.3712073 0.3344647 0.2978284 0.2794701
[19] 0.2638788 0.2480467

$vectors
            [,1]          [,2]         [,3]        [,4]        [,5]         [,6]         [,7]
 [1,] -0.2493042  0.1808066209 -0.259228929  0.11615563  0.189513172  0.226520576  0.023211949
 [2,] -0.2409226  0.2130248002 -0.311991706  0.10840609  0.018818251 -0.120233454  0.081015188
 [3,] -0.2318048 -0.0158247982 -0.322911951  0.23520690  0.035510821 -0.254965607 -0.056732674
                              (以下，出力略)
```

▶実際には，20行20列の結果が出力される。

```
# スクリープロット
VSS.scree(d_fa)
```

▶VSS.scree( ) 関数は，引数に利用する項目のみで構成されるデータフレームを指定する。

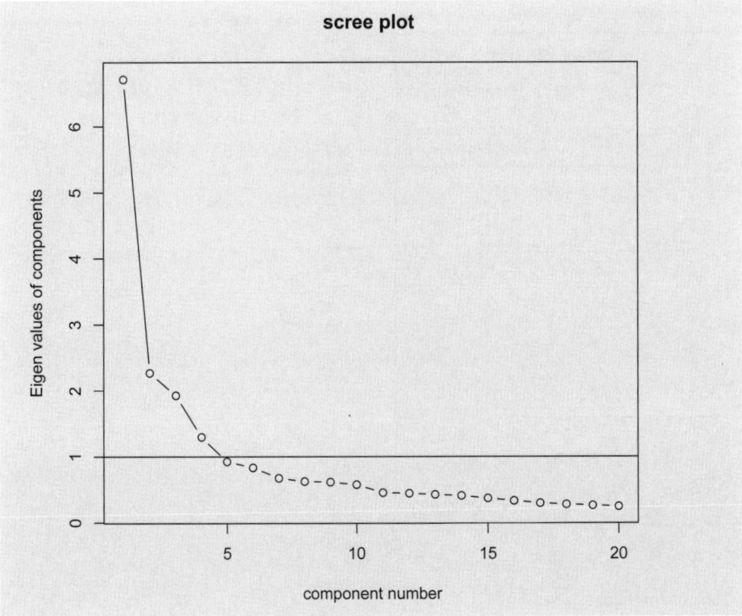

論文では，固有値の推移を数値で示すことは多くありますが，スクリープロットが示されることはほとんどありません。しかしスクリー基準の観点から判断するには，このプロットが重要な情報源になるため，論文には掲載しないものの，因子数を判断する材料になります。

平行分析では，p.112の図のようにコンソールのコメントと図の両方が出力されます。コメントでは，因子分析（FA）としては4つ，主成分分析（PC）としては3つが適当と示唆されています。なお，VSS.scree(d_fa)で図示された数値，つまり固有値は主成分分析（PC）の値です。

```
# 平行分析
fa.parallel(d_fa)
```

```
> # 平行分析
> fa.parallel(d_fa)
Parallel analysis suggests that the number of factors = 4 and the
number of components = 3
```

▶エラーがないか確認。

▶エラーはなくても，caution や warning が表示される場合もあるので十分に注意。

▶**FA:** Factor Analysis

▶**PC:** Principal Component analysis

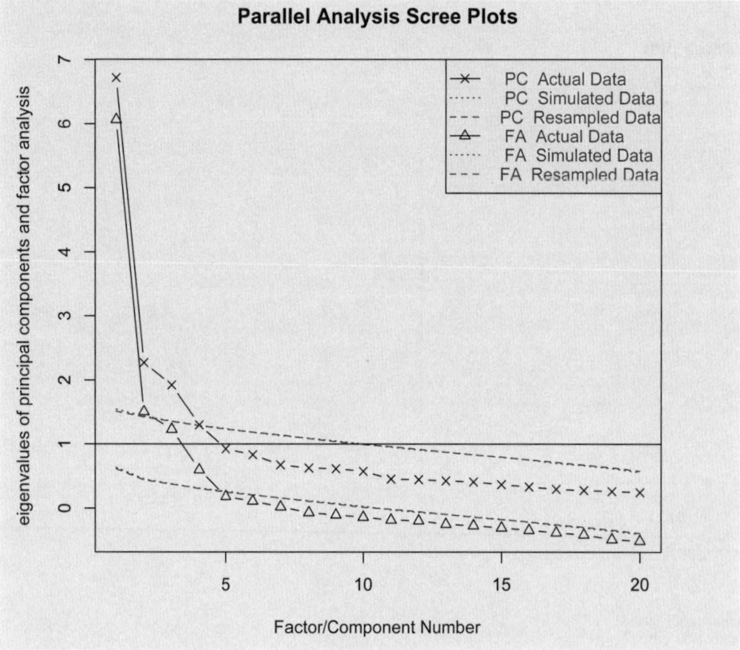

赤い線よりも上にあるマーカーの数が平行分析が示唆する因子数になります。FAでは4つ，PCでは3つであることが確認できます。固有値やスクリー基準との整合性を考えるならば，主成分分析（PC）の値に注目します。今回の論文のように，特に方法の記述がない場合は，主成分分析（PC）の値が利用されています。

以上の結果から，抽出すべき因子数は３もしくは４あたりと推測できます。論文では，３因子を抽出する場合と，４因子を抽出する場合の両方の因子分析結果を比較した上で判断を下しています。ここでも以下に３因子を抽出する場合と，４因子を抽出する場合のスクリプトを示します。論文と同様に，因子抽出方法はミンレス法，回転はプロマックス回転を指定します。

```
# 因子分析
# ３因子の場合
result_3fa <- fa(d_fa, nfactors=3, fm="minres", rotate="promax")
print(result_3fa, sort=TRUE)
```

```
> # ３因子の場合
> result_3fa <- fa(d_fa, nfactors=3, fm="minres", rotate="promax")
> print(result_3fa, sort=TRUE)
Factor Analysis using method =  minres
Call: fa(r = d_fa, nfactors = 3, rotate = "promax", fm = "minres")
Standardized loadings (pattern matrix) based upon correlation matrix ※1
    item   MR1   MR3   MR2   h2   u2 com
a02    2  0.86 -0.12 -0.03 0.63 0.37 1.0
a04    4  0.81  0.03 -0.03 0.66 0.34 1.0
a01    1  0.76 -0.04  0.01 0.55 0.45 1.0
a03    3  0.63 -0.18  0.29 0.48 0.52 1.6
a06    6  0.59  0.18  0.03 0.50 0.50 1.2
a07    7  0.46  0.22  0.14 0.45 0.55 1.7
a05    5 -0.37 -0.27  0.14 0.26 0.74 2.2
a17   17 -0.04  0.72 -0.06 0.47 0.53 1.0
a15   15 -0.02  0.70  0.04 0.50 0.50 1.0
a16   16  0.16  0.67 -0.08 0.54 0.46 1.1
a14   14 -0.13  0.67  0.09 0.42 0.58 1.1
a18   18 -0.33 -0.58  0.22 0.53 0.47 1.9
a19   19  0.13  0.40  0.11 0.28 0.72 1.4
a20   20  0.37  0.38  0.13 0.51 0.49 2.2
a08    8 -0.23  0.36  0.34 0.26 0.74 2.7
a09    9 -0.15  0.10  0.77 0.60 0.40 1.1
a11   11  0.06 -0.08  0.66 0.42 0.58 1.0
a13   13  0.21 -0.20  0.65 0.46 0.54 1.4
a12   12  0.21 -0.04  0.60 0.47 0.53 1.2
a10   10 -0.06  0.16  0.57 0.39 0.61 1.2

                       MR1  MR3  MR2
SS loadings           3.74 3.10 2.54
Proportion Var        0.19 0.16 0.13
Cumulative Var        0.19 0.34 0.47
Proportion Explained  0.40 0.33 0.27
```

▶出力の内容

1列目：変数名

item：項目番号（データフレームの何列目のデータか）

MR1，MR3，MR2：因了パタン
MRはミンレス法によることを示しています。その後の数字は識別番号で数字自体に意味はない。

h^2：共通性

u^2：独自性

com：複雑性

論文に記載される因子分析の結果がこの部分であり，適切な因子分析の結果を得るために試行錯誤する際に注目する。
この部分を検討する場合は，Excelに出力結果を移してから行うべき。手順はp.190を参照。

```
Cumulative Proportion 0.40 0.73 1.00

 With factor correlations of   ※2
     MR1  MR3  MR2
MR1 1.00 0.51 0.34
MR3 0.51 1.00 0.40
MR2 0.34 0.40 1.00
```
（出力略）

「Standardized loadings（pattern matrix）based upon correlation matrix」（※ 1）に示されているのが，因子パタン行列（因子負荷量行列）です。通常，論文に掲載されている因子分析結果の表は，これをもとに作成されています。また「With factor correlation of」（※ 2）に示されている結果が因子間相関です。

因子間相関以降も出力は続きますが，適合度に関する情報が主です。論文などでも，（現在のところ）探索的因子分析の適合度に関する情報が掲載されていることはほとんどありません。

因子分析は，適切な解を求めて投入する項目や指定する因子数も含めて試行錯誤を繰り返します。そして数値的にも意味内容的にもまとまりの良い因子を探索します。数値的な面では因子パタンが単純構造に近い方が望ましいといえます。これを出力からチェックしますが，特に a08 や a20 は複数因子にある程度の負荷を示し，因子ごとの負荷量にメリハリがないようです。こういう項目は単純構造を乱してしまい，因子の解釈を困難にさせますので要注目です。

▶単純構造とは，それぞれの項目が，特定の１つの因子だけに負荷している状態（逆にいえば，ある項目は，１つの因子からだけ影響を受けている状態）を意味する。

なお，このようなチェックは因子パタンの数値を見ますが，複雑性（com: complexity）の指標も役立ちます。その変数が単純構造に近いほど 1 に近い値，因子ごとのパタンにメリハリがないようであれば 1 から離れるという特徴を持っていますので，この数字が大きい項目には注意をはらうべきでしょう。

```
# 4 因子の場合
result_4fa <- fa(d_fa, nfactors=4, fm="minres", rotate="promax")
print(result_4fa, sort=TRUE)
```

（出力略）

4 因子の場合も同様に確認し，論文では 3 因子解とすることを決めています。さらに，複数の因子に負荷している項目，負荷量が小さい項目を削除して単純構造をめざしています。その結果，項目 a05, a08, a18, a20 を削除することを決定しています。実際の分析では 1 つひとつ削除して結果を確認します。ここではそのプロセスを略して，最終的なこれら 4 項目を削除した 16 項目を用いた因子分析を示します。

5. 最終的な因子分析：16 項目

項目 a05, a08, a18, a20 を削除した 16 項目から構成されるデータフレーム d_fa2 を作成し，因子分析を行います。

▶新しいデータフレームを作成した際には，スクリプト，d_fa2 で，d_fa2 の中身を確認しておく習慣をつけるとよい。

```
# データフレーム作成
d_fa2<- d[c("a01", "a02", "a03", "a04", "a06", "a07", "a09",
            "a10", "a11", "a12", "a13", "a14", "a15", "a16",
            "a17", "a19")]
```

```
# 固有値等の確認
eigen(cor(d_fa2))
VSS.scree(d_fa2)
fa.parallel(d_fa2)
```

▶利用する項目が変わっているので，再度固有値などの情報を得ておく。

▶eigen( ) 関数は，左のように書くこともできる。先ほどは，eigen( ) の引数に cor( ) 関数の結果を入れていた（p.110 など参照）。

（出力略）

```
# 因子分析
result <- fa(d_fa2, nfactors=3, fm="minres", rotate=“promax")
print(result, sort=TRUE)
```

```
> result <- fa(d_fa2, nfactors=3, fm="minres", rotate="promax")
> print(result, sort=TRUE)
Factor Analysis using method =  minres
Call: fa(r = d_fa2, nfactors = 3, rotate = "promax", fm = "minres")
Standardized loadings (pattern matrix) based upon correlation matrix
    item  MR1   MR2   MR3   h2   u2 com
a02    2  0.85 -0.07 -0.08 0.62 0.38 1.0
a04    4  0.82 -0.08  0.05 0.66 0.34 1.0
```

▶ここに表示された因子パタン行列が論文内の Table 1 に記載されている。

（出力続き）

```
a01     1  0.78 -0.03 -0.03 0.56 0.44 1.0
a06     5  0.64 -0.05  0.21 0.54 0.46 1.2
a03     3  0.63  0.24 -0.12 0.50 0.50 1.4
a07     6  0.48  0.08  0.25 0.47 0.53 1.6
a09     7 -0.19  0.76  0.16 0.58 0.42 1.2
a13    11  0.14  0.69 -0.17 0.48 0.52 1.2
a12    10  0.12  0.66 -0.04 0.49 0.51 1.1
a11     9  0.03  0.65 -0.09 0.40 0.60 1.0
a10     8 -0.12  0.59  0.17 0.39 0.61 1.3
a17    15  0.02 -0.17  0.78 0.54 0.46 1.1
a15    13  0.00 -0.04  0.77 0.58 0.42 1.0
a14    12 -0.13  0.10  0.63 0.39 0.61 1.1
a16    14  0.13 -0.01  0.60 0.44 0.56 1.1
a19    16  0.11  0.13  0.38 0.27 0.73 1.4

                       MR1  MR2  MR3
SS loadings           3.19 2.36 2.35
Proportion Var        0.20 0.15 0.15
Cumulative Var        0.20 0.35 0.49
Proportion Explained  0.40 0.30 0.30
Cumulative Proportion 0.40 0.70 1.00

 With factor correlations of
     MR1  MR2  MR3
MR1 1.00 0.44 0.49
MR2 0.44 1.00 0.43
MR3 0.49 0.43 1.00
```

▶「Cumulative Var」が累積寄与率を示す。

▶論文では，因子間相関が Table 1 に記されている。

6. 信頼性の検討（Cronbach's α）

▶信頼性の検討は 10 章。

因子分析の結果を踏まえて，それぞれの因子に得点を与えます。そのために，因子分析の結果から 1 つの因子に高い負荷量を持つ項目だけを集めますが，それがすなわち信頼性が高いということとは一致しません。この論文では，因子分析の結果を踏まえて，3 つの因子に対応する下位尺度を作成し，その信頼性を検討しています。そこで，各下位尺度について α 係数を算出します。

いずれも，まずは各下位尺度に含まれる項目を抽出し，新たなデータフレームを作成しておきます。

```
# 感情的触れ合い
d_kanjo <- d[c("a02", "a04", "a01", "a06", "a03", "a07")]
alpha(d_kanjo)
```

```
> # 感情的触れ合い
> d_kanjo <- d[c("a02","a04","a01","a06","a03","a07")]
> alpha(d_kanjo)

Reliability analysis
Call: alpha(x = d_kanjo)

  raw_alpha std.alpha G6(smc) average_r S/N   ase mean   sd median_r
       0.87      0.87    0.86      0.53 6.7 0.013    3 0.83     0.51
           ※1

 lower alpha upper     95% confidence boundaries
0.84 0.87 0.89

 Reliability if an item is dropped:
    raw_alpha std.alpha G6(smc) average_r S/N alpha se  var.r med.r
a02      0.84      0.84    0.81      0.52 5.4    0.015 0.0017  0.51
a04      0.83      0.83    0.81      0.50 5.0    0.016 0.0031  0.50
a01      0.84      0.84    0.82      0.52 5.4    0.016 0.0058  0.51
a06      0.85      0.85    0.83      0.53 5.6    0.015 0.0051  0.52
a03      0.85      0.86    0.84      0.54 5.9    0.014 0.0056  0.56
a07      0.86      0.86    0.83      0.55 6.1    0.014 0.0035  0.54
                                (出力略)
```

▶論文で報告している α 係数は，出力の3行目，call: alpha (x=d_kanjo) の次に示されている raw_alpha の数値（※1）。

▶出力の詳細は p.147 参照。

「感情的触れ合い」と同様に，他の2下位尺度に関しても α 係数を算出します。

```
# 相互理解希求
d_rikai <- d[c("a09", "a13", "a11", "a12", "a10")]
alpha(d_rikai)
# 権利への配慮
d_kenri <- d[c("a17", "a15", "a14", "a16", "a19")]
alpha(d_kenri)
```

```
                                (出力略)
```

信頼性が確認できたら，下位尺度得点を算出し，その様相を検討する段階に移ります。もちろん，α 係数が低いなどの問題が確認されたら抜本的な再検討が必要です。

```
## 7. 尺度得点の算出
```

信頼性の確認ができた3つの下位尺度について得点化を行います。論文と同様に，項目得点の平均を下位尺度得点としています。

```
d$kanjo_score <- (d$a02 + d$a04 + d$a01 + d$a06 + d$a03 + d$a07)/6
d$rikai_score <- (d$a09 + d$a13 + d$a12 + d$a11 + d$a10)/5
d$kenri_score <- (d$a17 + d$a15 + d$a14 + d$a16 + d$a19)/5
```

▶「感情的触れ合い」の下位尺度得点を kanjo_score，「相互理解希求」の下位尺度得点を rikai_score，「権利への配慮」の下位尺度得点を kenri_score としている。

```
## 8. 尺度得点の分布，記述統計量を確認
```

以上で新しい変数を生み出すことができました。最初にデータを読み込んだ際と同様，新しい変数を入手した時には得点の分布の様相や平均値，標準偏差を確認し，どのような特徴をもつかを確認しておきます。論文には平均値や標準偏差が記述される程度ですが，研究者は分析の途中で分布の様相などもしっかりと把握しています。

```
# ヒストグラムの確認
hist(d$kanjo_score, breaks=seq(1, 5, 0.5))
hist(d$rikai_score, breaks=seq(1, 5, 0.5))
hist(d$kenri_score, breaks=seq(1, 5, 0.5))
```

▶階級の幅を示すオプション breaks＝の値は適宜変更して，得点分布の様相を把握する。

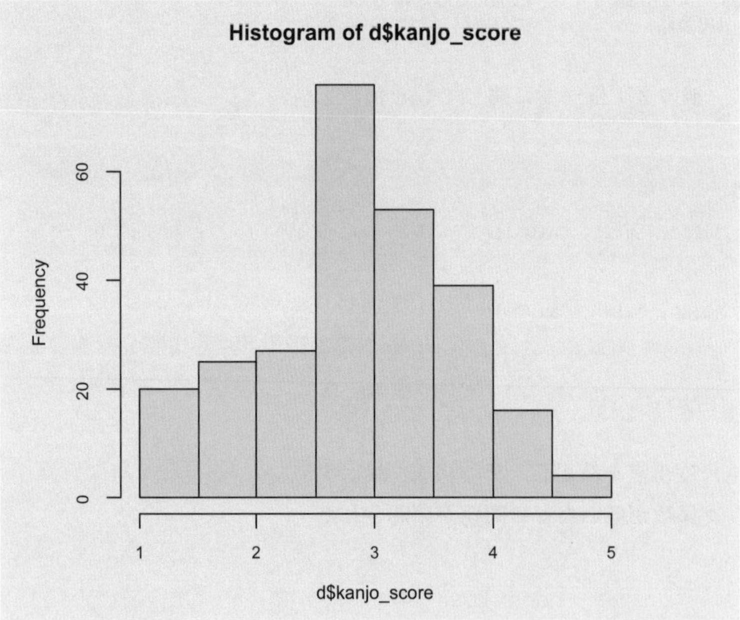


```
# 記述統計量を算出
d_sco <- d[c("kanjo_score", "rikai_score", "kenri_score")]
describe(d_sco)
```

```
> d_sco <- d[c("kanjo_score", "rikai_score", "kenri_score")]
> describe(d_sco)
            vars   n mean   sd median trimmed  mad min  max range  skew kurtosis   se
kanjo_score    1 260 2.95 0.83    3.0    2.98 0.74   1 4.67  3.67 -0.31    -0.39 0.05
rikai_score    2 260 2.81 0.90    2.8    2.82 0.89   1 5.00  4.00 -0.11    -0.49 0.06
kenri_score    3 260 3.70 0.76    3.8    3.75 0.59   1 5.00  4.00 -0.84     1.68 0.05
```

▶平均値等の基礎統計量を確認する。論文などには記載が不可欠な情報。

```
## 9. 飼育経験と尺度得点の関連の検討
# 飼育経験別の尺度得点の分布，記述統計量を確認
```

これ以後は，新しい尺度の妥当性を確認するための分析になります。まず飼育経験の点から，対象者を「これまで飼ったことがない」，「飼ったことはあるが，現在は飼っていない」，「現在，飼っている」の3群に分け，これらを要因として，3つの下位尺度得点について1要因分散分析を行います。論文にあるように，飼育経験は動物に対する意識に影響すると考えられるため，共感性とも関連が認められるだろうという推測がデータ上でも認められるかどうかを検討しています。

平均値の検定を行うにあたっては，それに先んじて各群の人数，得点分布の様相や平均値，標準偏差を必ず確認します。

```
# 飼育経験それぞれの人数を確認
table(d$keiken, exclude=NULL)
```

```
> table(d$keiken, exclude=NULL)
  1   2   3
 61  54 145
```

▶以前にも確認しているが，平均値の検定に関する一連の流れの1つとして再度算出しておく。

```
# 各群の平均値等の様相を確認
# 平均値等
describeBy(d_sco, group=d$keiken)
```

```
> describeBy(d_sco, group=d$keiken)

 Descriptive statistics by group
group: 1 ※1
            vars  n mean   sd median trimmed  mad  min  max range  skew kurtosis   se
kanjo_score    1 61 2.89 0.82    3.0    2.90 0.74 1.17 4.67   3.5 -0.15    -0.58 0.11
rikai_score    2 61 2.59 0.85    2.8    2.59 0.59 1.00 4.40   3.4 -0.14    -0.49 0.11
kenri_score    3 61 3.70 0.84    3.6    3.74 0.59 1.00 5.00   4.0 -0.69     1.54 0.11

------------------------------------------------------------------------------------------
```

▶出力の，group: の後ろの数字が，変数 keiken での入力値を示す。つまり group: 1（※1）が「これまで飼ったことがない」，group: 2（※2）が「飼ったことはあるが，現在は飼っていない」，group: 3（※3）が「現在，飼っている」群。

```
group: 2 ※2
            vars  n mean   sd median trimmed  mad  min max range  skew kurtosis   se
kanjo_score    1 54 2.88 0.82    3.0    2.91 0.74 1.17 4.5  3.33 -0.31    -0.67 0.11
rikai_score    2 54 2.70 0.85    2.8    2.70 0.89 1.00 4.4  3.40 -0.09    -0.66 0.12
kenri_score    3 54 3.65 0.74    3.8    3.73 0.59 1.00 4.8  3.80 -1.29     2.32 0.10

------------------------------------------------------------------------------------
group: 3 ※3
            vars   n mean   sd median trimmed  mad min  max range  skew kurtosis   se
kanjo_score    1 145 3.00 0.84    3.0    3.04 0.74   1 4.67  3.67 -0.37    -0.25  0.07
rikai_score    2 145 2.94 0.91    3.0    2.97 0.89   1 5.00  4.00 -0.16    -0.53  0.08
kenri_score    3 145 3.72 0.73    3.8    3.76 0.59   1 5.00  4.00 -0.73     1.17  0.06
```

```
# 箱ひげ図
boxplot(d$kanjo_score~d$keiken, data=d)
boxplot(d$rikai_score~d$keiken, data=d)
boxplot(d$kenri_score~d$keiken, data=d)
```

以下は「相互理解希求」得点についての箱ひげ図です。X 軸のラベル（d$kciken），Y 軸のラベル（d$rikai_score）をみればどの変数かが確認できます。

▶「相互理解希求」得点は，全体での平均値が 2.81 だったことや，箱ひげ図のような分布の様子を視覚化したものなどを参考に，3 群それぞれの得点の様子をつかむ。そして，これから検定を行う，母集団における平均値についてのイメージを描いておくとよい。

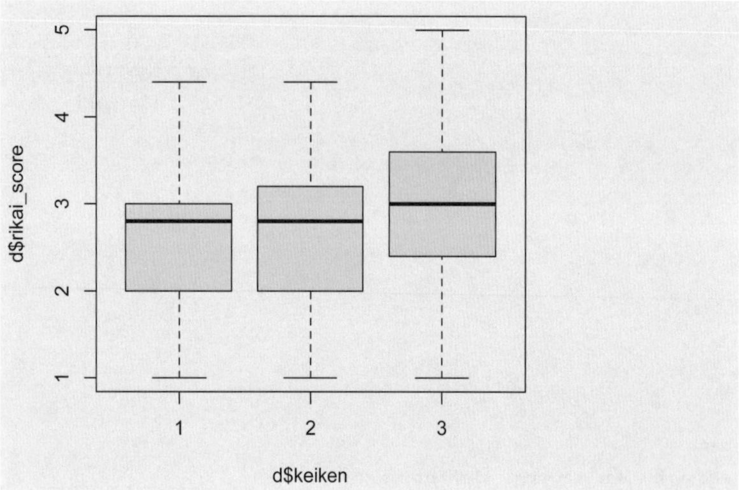

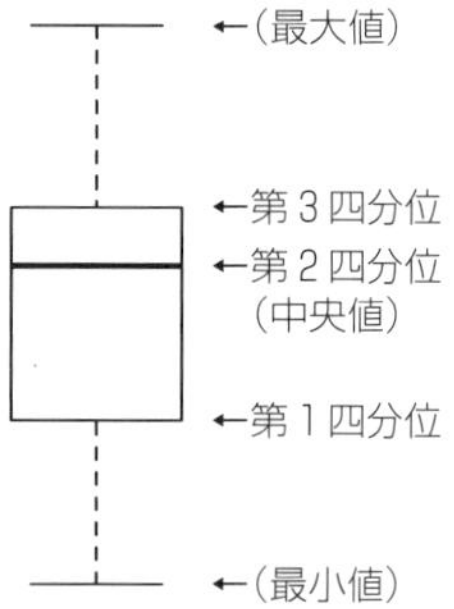

箱ひげ図の読み方を説明しておきます。箱の中の太い横線が中央値（平均値ではない），箱の上辺が第 3 四分位数，下辺が第 1 四分位数の位置を表します。箱から伸びた「ひげ」の先は，たいていは，最大値と最小値を表します。ただし，この「ひげ」の先は，たとえば上側なら，

第3四分位数から四分位範囲の1.5倍以内にあるデータのうちの最大値を示します。この図にはありませんが，その外側に●がプロットされることもあります。これは，「ひげ」の端よりもさらに外れるようなデータを示します。

```
## 10. 飼育経験を要因とする1要因分散分析
```

1要因分散分析には，第4章と同様に，anovakunを使います。今回は，1要因3水準の被験者間計画です。分析に用いるデータフレームは，比較される得点の変数と，群（水準）を分ける変数だけを含んだもので，群（水準）を分ける変数で並べ替えておきます。

```
# anovakun の読み込み
source("anovakun_485.txt")

# 感情的触れ合い
aov_kanjo <- d[c("keiken", "kanjo_score")]
aov_kanjo <- aov_kanjo[order(aov_kanjo$keiken),]
anovakun(aov_kanjo, "As", 3, eta=TRUE)

# 相互理解希求
aov_rikai <- d[c("keiken", "rikai_score")]
aov_rikai <- aov_rikai[order(aov_rikai$keiken),]
anovakun(aov_rikai, "As", 3, eta=TRUE)

# 権利への配慮
aov_kenri <- d[c("keiken", "kenri_score")]
aov_kenri <- aov_kenri[order(aov_kenri$keiken),]
anovakun(aov_kenri, "As", 3, eta=TRUE)
```

▶被験者間計画なので，anovakun( )の第2引数は"As"，3水準なので第3引数は3になる。また eta=TRUE として効果量も出力する。詳細 p.207。

以下は「相互理解希求」得点についての出力です。出力の最初の部分は省略しています。

```
<< DESCRIPTIVE STATISTICS >>

--------------------------
  A   n    Mean    S.D.
--------------------------
 a1  61  2.5869  0.8531
 a2  54  2.7000  0.8483
 a3 145  2.9421  0.9131
--------------------------
```

▶《DESCRIPTIVE STATISTICS》には記述統計量が出力される。別途計算している人数，平均値，標準偏差と合っているか確認しておく。

```
<< ANOVA TABLE >>

== This data is UNBALANCED!! ==
== Type III SS is applied. ==

                ※2              ※1        ※3          ※4
-----------------------------------------------------------
 Source        SS  df      MS  F-ratio  p-value      eta^2
-----------------------------------------------------------
       A   6.2185   2  3.1092   3.9581   0.0203 *   0.0299
   Error 201.8829 257  0.7855
-----------------------------------------------------------
   Total 208.1014 259  0.8035
               +p < .10, *p < .05, **p < .01, ***p < .001


<< POST ANALYSES >> ※5

< MULTIPLE COMPARISON for "A" >

== Shatter's Modified Sequentially Rejective Bonferroni Procedure ==
== The factor < A > is analysed as independent means. ==
== Alpha level is 0.05. ==

-------------------------
  A   n    Mean    S.D.
-------------------------
 a1  61  2.5869  0.8531
 a2  54  2.7000  0.8483
 a3 145  2.9421  0.9131
-------------------------


-----------------------------------------------------------
  Pair     Diff  t-value  df       p   adj.p
-----------------------------------------------------------
 a1-a3  -0.3552   2.6259 257  0.0092  0.0275  a1 < a3 * ※6
 a2-a3  -0.2421   1.7132 257  0.0879  0.0879  a2 = a3
 a1-a2  -0.1131   0.6830 257  0.4952  0.4952  a1 = a2
-----------------------------------------------------------
```

▶出力の見方
F 値（F-ratio）（※ 1）
自由度（df）（※ 2）
p 値（p-value）（※ 3）
この結果から，5%水準で有意と判断できる。
効果量 η^2（※ 4）

▶《POST ANALYSIS》（ ※ 5）は，事後検定（多重比較）の出力。出力から，多重比較にはシェッフェ（Shaffer）の方法で，有意水準（Alpha）は 5%であることがわかる。これが anovakun ( ) のデフォルト。

▶a1 と a3 の間に，有意な差が認められ，a3 の方が高い値であることが示されている（※ 6）。

以上は，飼育経験は動物に対する共感性と関連するという，論理的に導かれる仮定をデータ上で確認するための分散分析でした。3 つの下位尺度得点について飼育経験を要因とする 1 要因分散分析を行いましたが，仮定通りの有意差が認められたのは一部の関連に留まりました。

```
## 11. 寄付経験と尺度得点の関連の検討
# 寄付経験別の尺度得点の分布，記述統計量を確認
```

妥当性に関する2点目の検討です。動物のための寄付経験の有無で対象者を分け，動物への共感性尺度の3つの下位尺度得点についての t 検定を行います。共感性は社会的な活動と関連することが指摘されているため，動物のための寄付経験がある者の方が動物に対する共感性が高いと考えられます。

先の1要因分散分析の際と同様に，検定に先んじて各群の人数，得点分布の様相や平均値，標準偏差を確認し，その後に検定を行います。

```
# 寄付経験別の人数を確認
table(d$kihu, exclude=NULL)
```

```
> # 寄付経験別の人数を確認
> table(d$kihu, exclude=NULL)

  1   2
 32 228
```

次に，p.57 で紹介したように，subset( ) 関数を使って寄付経験有り群と無し群の，それぞれのデータフレームを作成し，ヒストグラムで可視化しています。

```
# 各群の平均値等の様相を確認
# 寄付経験別にデータフレームを作成
d_kihu_1 <- subset(d, d$kihu==1)
d_kihu_2 <- subset(d, d$kihu==2)

# 感情的触れ合い
par(mfrow=c(1, 2))
hist(d_kihu_1$kanjo_score, breaks=seq(1, 5, 0.5))
hist(d_kihu_2$kanjo_score, breaks=seq(1, 5, 0.5))
```

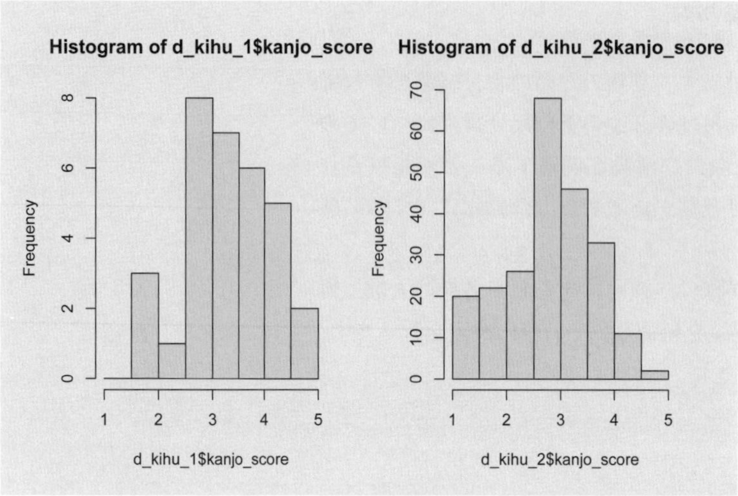

hist( ) 関数のデフォルトでは，Y 軸の最大値はそれぞれの作図時に自動的に設定されます。そのため，出力のように，左右で目盛が一致することはほとんどありません。しかし，ylim = オプションを設定することで Y 軸の最小値と最大値を指定することができます。たとえば Y 軸の目盛を 0 から 80 に設定したい場合は，ylim = c(0, 80) と指定します。

複数のヒストグラムを見比べやすくするために，縦軸を度数ではなく確率密度に指定することもできます。以下のスクリプトのように freq = オプションで FALSE を指定すると確率密度が出力されます。なお，この場合も Y 軸の目盛は自動的に設定されるので，出力結果をみながら，ylim = で Y 軸の目盛を調整，統一する必要があります。

```
# 感情的触れ合い（確率密度）
hist(d_kihu_1$kanjo_score, breaks=seq(1, 5, 0.5), freq=FALSE,
     ylim=c(0, 0.6))
hist(d_kihu_2$kanjo_score, breaks=seq(1, 5, 0.5), freq=FALSE,
     ylim=c(0, 0.6))
```

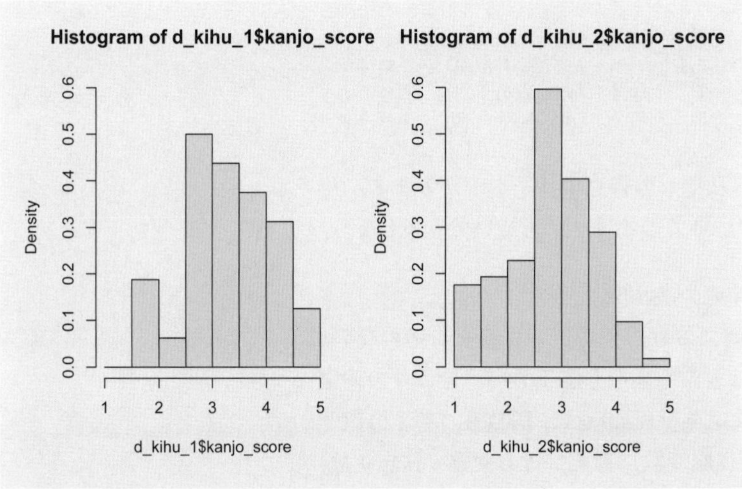

▶Y 軸の表示は，度数の場合は Frequency，確率密度の場合は Density となる。

```
# 相互理解希求
hist(d_kihu_1$rikai_score, breaks=seq(1, 5, 0.5))
hist(d_kihu_2$rikai_score, breaks=seq(1, 5, 0.5))
```

▶このスクリプトは freq＝オプションが設定されていないので，Y 軸を度数としたもの。デフォルトは freq＝TRUE。

（出力略）

```
# 権利への配慮
hist(d_kihu_1$kenri_score, breaks=seq(1, 5, 0.5))
hist(d_kihu_2$kenri_score, breaks=seq(1, 5, 0.5))
```

（出力略）

```
# 飼育経験別の共感性得点の平均値，標準偏差を算出
describeBy(d_sco, group=d$kihu)
```

```
> # 飼育経験別の共感性得点の平均値，標準偏差を算出
> describeBy(d_sco, group = d$kihu)

 Descriptive statistics by group
group: 1
            vars  n mean   sd median trimmed  mad  min  max range  skew kurtosis   se
kanjo_score    1 32 3.38 0.78   3.33    3.42 0.74 1.67 4.67     3 -0.33    -0.62 0.14
rikai_score    2 32 3.17 1.07   3.00    3.25 1.33 1.00 5.00     4 -0.46    -0.63 0.19
kenri_score    3 32 3.96 0.64   4.00    3.99 0.44 2.00 5.00     3 -0.70     0.99 0.11
-------------------------------------------------------------------------------------
```

▶出力の，group: の後ろの数字が，変数 kihu での入力値を表す。つまり group: 1 が「寄付経験有り」，group: 2 が「寄付経験無し」群。

```
group: 2
            vars   n mean   sd median trimmed  mad min  max range  skew kurtosis   se
kanjo_score    1 228 2.89 0.82    3.0    2.92 0.74   1 4.67  3.67 -0.31    -0.41 0.05
rikai_score    2 228 2.76 0.86    2.8    2.77 0.89   1 4.60  3.60 -0.11    -0.49 0.06
kenri_score    3 228 3.67 0.76    3.6    3.71 0.59   1 5.00  4.00 -0.83     1.65 0.05
```

ここまでの結果から，2群それぞれの得点の様子をつかみます。そして，母集団における平均値についてのイメージを描いてみましょう。

12. 寄付経験を要因とする対応のない t 検定

続いて，これら2群の母集団における平均値の比較を対応のない t 検定を用いて行います。詳細は8章を参照して下さい。分散性の検定を行う var.test( ) 関数も，t 検定を行う t.test( ) 関数も，第1引数として，平均が比較される変数（従属変数），群を分ける変数（独立変数）の順で記述し，これを「~」で結びます。これだけで検定を実行できます。t.test( ) 関数で，等分散性を仮定する場合は，var.equal＝のオプションで TRUE を指定します。

▶「~」はチルダと読む。

```
# 等分散性の検定， t 検定実行
# 感情的触れ合い
var.test(d$kanjo_score ~ d$kihu)
```

```
> # 等分散性の検定，t 検定実行
> # 感情的触れ合い
> var.test(d$kanjo_score ~ d$kihu)

        F test to compare two variances

data:  d$kanjo_score by d$kihu                 ※2                ※3
※1 F = 0.90281, num df = 31, denom df = 227, p-value = 0.762
alternative hypothesis: true ratio of variances is not equal to 1
95 percent confidence interval:
 0.5566941 1.6349803
sample estimates:
ratio of variances
         0.9028085
```

▶等分散性の検定は F 値を用いた検定。

▶F 値（F)(※1)，2つの自由度(df)(※2)，p 値（p)(※3）が示されている。

等分散性の検定における帰無仮説は，「母集団の分散は等しい」です。この結果は，$p=.762$ という結果ですので，帰無仮説を棄却できません。そのため等分散の仮定のもと t 検定を行うことができます。

```
t.test(d$kanjo_score~d$kihu, var.equal=TRUE)
```

```
> t.test(d$kanjo_score ~ d$kihu, var.equal=TRUE)

        Two Sample t-test

                   ※2
data:  d$kanjo_score by d$kihu          ※3
※1 t = 3.1341, df = 258, p-value = 0.001923
alternative hypothesis: true difference in means is not equal to 0
95 percent confidence interval:
 0.1798675 0.7879687
sample estimates:
mean in group 1 mean in group 2
       3.375000        2.891082  ※4
```

t 検定の結果，t 値（※ 1）は 3.1341，t 分布の自由度（※ 2）は 258，p 値（※ 3）は 0.001923 であることがわかります。したがって，1％水準で有意差が認められます。各群の平均値（※ 4）は寄付経験がある人（group 1）が 3.375，寄付経験がない人（group 2）が 2.891 であることがわかります。

これと同様の手順で，相互理解希求，権利への配慮に関しても t 検定を行います。

```
# 相互理解希求
var.test(d$rikai_score~d$kihu)
t.test(d$rikai_score~d$kihu, var.equal=TRUE)

# 権利への配慮
var.test(d$kenri_score~d$kihu)
t.test(d$kenri_score~d$kihu, var.equal=TRUE)
```

（出力略）

13. 効果量の算出

▶Step 3（p.106）も参照

効果量 d の算出式はそれほど難しくありませんので，公式に変数を代入して計算できます。さらに，d を算出する関数を作成し，利用してみます。

```
# [方法 1] 各群の人数，平均値，標準偏差を公式に代入して計算
# 感情的触れ合い
(3.38-2.89)/sqrt(((32-1)*0.78^2+(228-1)*0.82^2)/(32+228))
# 相互理解希求
(3.17-2.76)/sqrt(((32-1)*1.07^2+(228-1)*0.86^2)/(32+228))
# 権利への配慮
(3.96-3.67)/sqrt(((32-1)*0.64^2+(228-1)*0.76^2)/(32+228))
```

【注意】

▶左は，論文中 Table 3 に記された値を使って計算しているが，有効桁数の関係で，Table 3 の d の値と差が生じている。

$$d=\frac{3.38-2.89}{\sqrt{\frac{(32-1)\times 0.78^2+(228-1)\times 0.82^2}{32+228}}}$$

```
> # 各群の人数，平均値，標準偏差を公式に代入して計算
> # 感情的触れ合い
> (3.38-2.89)/sqrt(((32-1)*0.78^2+(228-1)*0.82^2)/(32+228))
[1] 0.6033326
> # 相互理解希求
> (3.17-2.76)/sqrt(((32-1)*1.07^2+(228-1)*0.86^2)/(32+228))
[1] 0.4635699
> # 権利への配慮
> (3.96-3.67)/sqrt(((32-1)*0.64^2+(228-1)*0.76^2)/(32+228))
[1] 0.3899293
```

効果量 d に関しては上記のように計算することができます。しかし，この計算を何度も行う場合，各群の平均値，標準偏差，人数を入力するのは大変です（ミスも生じやすいでしょう）。このような場合，次のように関数を自作することで分析をスムーズに実行できます。

```
# [方法 2] 効果量を算出する関数 cohen_d（ ）を作成して利用
# cohen_d( ) 関数の定義
cohen_d <- function(x1, x2) {
  m1 <- mean(x1)
  m2 <- mean(x2)
  n1 <- length(x1)
  n2 <- length(x2)
  s1 <- sd(x1)
  s2 <- sd(x2)
  Sp <- sqrt(((n1-1)*s1^2+(n2-1)*s2^2)/(n1+n2))
  d <- (m1-m2)/Sp
  d
}
```

以上の部分を実行しても R コンソールに特段の変化はありません。

```
# 作成した cohen_d の実行
# 感情的触れ合い
cohen_d(d_kihu_1$kanjo_score, d_kihu_2$kanjo_score)
# 相互理解希求
cohen_d(d_kihu_1$rikai_score, d_kihu_2$rikai_score)
# 権利への配慮
cohen_d(d_kihu_1$kenri_score, d_kihu_2$kenri_score)
```

▶cohen_d( ) 関数は，2つの群の当該変数 x1 と x2 を引数に指定。寄付経験あり群の「感情的触れ合い」変数と，経験なし群の「感情的触れ合い」変数は，先に寄付経験の有無別に作成したデータフレーム（d_kihu_1 と d_kihu_2）を使用する。

```
> # 感情的触れ合い
> cohen_d(d_kihu_1$kanjo_score, d_kihu_2$kanjo_score)
[1] 0.5939327
> # 相互理解希求
> cohen_d(d_kihu_1$rikai_score, d_kihu_2$rikai_score)
[1] 0.4728073
> # 権利への配慮
> cohen_d(d_kihu_1$kenri_score, d_kihu_2$kenri_score)
[1] 0.3945926
```

この研究における t 検定は，動物に対する共感性は，動物のための寄付経験と関連するという論理的に導かれる関連性の仮説がデータでも確認できるかどうかの判断を行うために実行したものです。先の飼育経験との関連を検討した分析では，あまり仮説を支持する結果は得られませんでしたが，寄付経験との関連はほぼ仮説を支持するものといえるでしょう。

論文は途中までしか書かれていませんが，実際の研究論文では，こういった妥当性に関する分析結果を踏まえて，新しく作成された尺度は何を測定しているのかという，妥当性に関する議論が行われます。

第6章 ペットを飼うことは精神的健康につながるか —ペットを飼う理由と動物への共感性の観点から—

サンプル論文3

ペットを飼うことは精神的健康につながるか —ペットを飼う理由と動物への共感性の観点から—

問題・目的部分の要約

近年，人生の幸福感や充実感と，ペットとの関連が注目されている。たとえば奥平（2010）は，ペットを飼う理由として精神的な安定をあげる者は多く，また実際にペットを飼っている対象者において，その理由を肯定する程度が高いほどストレス反応が低いという負の関係を確認している。しかしながら，この研究は調査時点でのペット飼育理由とストレス反応を対象としているため，精神的な安定のためにペットを飼い始めることがストレス反応を低減するかどうかについては，別途検討が必要と指摘されている（奥平，2010）。

他方，人間と動物との関係について理解を深めるために，平（2017）は動物への共感性という概念を提唱した。そして平・山田（2018）は，動物への共感性がペットを飼育する理由や関わり方などと広く関連することを見出している。そこで本研究では，単身世帯の社会人を対象として，奥平（2010）の指摘する精神的な安定のためというペットを飼う理由とストレス反応の関連について，動物への共感性概念を含めて探索的に検討することを目的とする。

方　法

調査時期および対象

インターネット上に調査フォームを作成し，ペット情報を交換するコミュニティの参加者に対して協力の依頼を行うことを起点としたスノーボールサンプリングによって協力者を募った。調査フォームは，2019年5月中旬から7月末まで設置した。

調査フォームには，まず調査への協力は任意であること，回答によって個人が評価されるようなものではないことなどを示し，同意者のみに回答を求めた。また，本調査は単身世帯の社会人を対象としていること，飼育期間が１年以上であること，本調査でいうペットとは，犬や猫，うさぎ，小鳥などの小動物をさし，トカゲなどの爬虫類や虫は含まないことなどを教示した。

調査内容

飼育状況　飼育している動物の種類と，飼育期間について記入を求めた。

飼育理由　動物を飼育している理由について，「気持ちがやわらぐから」，「自分が動物好きだから」「なりゆきで」など５つの理由を提示し，それぞれに対して自分にあてはまる程度の回答を求めた。また飼育理由は，「現在飼っている動物を飼い始めた理由」と「現在，飼い続けている理由」の２つの時点での回答を求めている。なお回答は，web 画面上のスライダーを，「まったくあてはまらない」から「ぴったりあてはまる」までの間の適当な位置に動かすことで求めた。

動物に対する共感性　平（2017）による動物に対する共感性尺度 16 項目を用いた。感情面，情緒面での触れ合いを肯定する「感情的触れ合い」，相互に分かりあいたいと希求する「相互理解希求」，動物にも基本的人権のようなものを認め，それに対する配慮意識を表す「権利への配慮」の３つの下位尺度で構成される。回答は平（2017）にしたがい，「はい」「どちらかといえば，はい」「どちらともいえない」「どちらかといえば，いいえ」「いいえ」の５段階で求めた。

ストレス反応尺度　長野・李（2007）の作成している成人用ストレス反応尺度から，「抑うつ感」，「不機嫌感」の２つの感情反応下位尺度を用いた。いずれも５項目からなり，普段の生活の中で「感じることはない」から「いつも感じる」までの４段階で回答を求めた。

結果と考察

本調査は，236 名からの回答を得た。そのうち，データに不備のあった９名を除いた 227 名を有効回答者として分析に用いた。

はじめに，動物に対する共感性尺度について検討した。まず，回答の様相を度数分布，平均値，標準偏差などから確認した。平均値および標準偏差は Table 1 に示す。特に大きな回答の偏りは見られなかった。

次に平（2017）の見出した因子構造との異同を確認するため，確認的因子分析を行った。因子と項目の配置的対応は平（2017）に従い，因子間に相関関係を仮定した。

確認的因子分析の結果を Table 1 に示す。適合度指標は，$\chi^2(101) = 155.69$, $p < .001$, GFI = .92, AGFI = .89, CFI = .96，SRMR = .05，RMSEA = .05，90% CI［.03, .06］であった。因子から項目へのパス係数は，最も低いもので .52 であり，すべての係数が 1%水準で有意なものであった。さらに因子間相関は，「感情的触れ合い」と「相互理解希求」で .45，「感情的触れ合い」と「権利への配慮」で .65，「相互理解希求」と「権利への配慮」で .47 であった。これらの結果を踏まえると，χ^2 値は有意であったものの，本研究のデータにおいても，平（2017）の見出している因子構造とほぼ同様な構造を抽出できたといえるだろう。なお，本研究における各下位尺度の信頼性係数を α 係数および ω 係数で求めたところ，「感情的触れ合い」では α

Table 1　動物への共感性尺度の確認的因子分析結果

	項目	M	SD	感情的触れ合い	相互理解希求	権利への配慮
a01	動物と人間は友達になることができる	3.66	1.20	.79		
a13	私が悲しい時には，動物はそれを分かってくれる	3.21	1.25	.80		
a07	動物の顔を見ると，その動物が何を考えているのか分かる	3.31	1.25	.72		
a16	動物に触れていると癒される	3.96	1.04	.75		
a10	人間と動物はお互いにわかり合える	3.95	0.99	.65		
a04	動物と一緒にいるとさびしさがまぎれる	3.85	0.99	.64		
a02	動物の気持ちが分かるようになりたい	3.60	1.24		.71	
a08	動物は人間に気持ちを分かって欲しいと思っているはずだ	3.85	1.13		.69	
a14	動物に私の気持ちを分かって欲しいと思う	3.84	1.09		.67	
a11	動物の言葉を話せるようになりたい	3.34	1.22		.61	
a05	動物の鳴き声を，人間の言葉に翻訳できれば良いのにと思うことがある	4.11	1.02		.59	
a03	動物にとっては，人間に飼われているよりも，自然の中で暮らしている方が良い	3.21	1.42			.65
a09	飼っていた動物を捨てることは絶対にしてはならないことである	4.32	0.81			.64
a15	鎖でつながれたり，檻の中に入れられた動物を見るとかわいそうになる	3.52	1.13			.66
a12	飼われている動物はその家族の一員である	4.00	0.98			.64
a06	いつも動物と一緒にいたい	3.38	1.09			.52
	因子間相関		F1		.45	.65
			F2			.47

=.87, ω=.92,「相互理解希求」で α=.79, ω=.84,「権利への配慮」で α=.75, ω=.81 であった。以上の結果より，対象者の属性は大きく異なるものの，平（2017）の抽出している因子構造は本調査対象にもあてはまると判断し，平と同様の手順で得点化を行った。各下位尺度得点の平均値，標準偏差は Table 2 に示す。

次に，動物の飼育に関する指標について検討した。飼育している動物は，イヌとネコが非常に多く，ハムスター，インコなどの鳥類がそれに続いていた。なお，すべての対象者が本研究でいう動物を飼育しており，爬虫類や虫だけを飼育している回答者はいないことが確認された。

飼育理由に関しては，準備した５つの理由の中で「気持ちがやわらぐから」のみを今回の分析対象とする。web 画面上のスライダーの位置は，「まったくあてはまらない」の０から「ぴったりあてはまる」の１までの間の数値に変換された（小数点以下９桁までで数値化）。その平均値は，飼育開始時で 0.72，現在で 0.65 であった。

ストレス反応尺度については，長野・李（2007）の示す手順に沿って得点化を行った。なお，得点が高いほどストレス反応が高くなる。「抑うつ感」の平均値は 9.46，「不機嫌感」の平均値は 9.11 であり，中央値は順に 8.00, 7.00 であった。長野・李（2007）は，概ね８点以下の場合はほぼ問題のないレベル，14 点以上の場合を注意が必要なレベルとしている。本調査対象では，「抑うつ感」において８点以下が 119 人（約 52%），８～14 点未満が 71 人（約 32%），14 点以上は 37 人（約 16%）であり，「不機嫌感」において８点以下が 127 人（約 56%），８～14 点未満が 64 人（約 28%），14 点以上は 36 人（約 16%）であった。このような比率は，長野・李（2007）における調査対象とほぼ同程度といえるだろう。

Table 2　各指標の基礎統計量と相関，偏相関係数

		M	*SD*	感情的触れ合い	相互理解希求	権利への配慮	飼育開始理由	飼育継続理由	抑うつ感	不機嫌感
動物に	感情的触れ合い	3.66	0.87	−	-.29 **	.48 **	.54 **	-.03	-.21 **	-.12
対する	相互理解希求	3.75	0.84	.37 **	−	.28 **	.63 **	-.09	-.11	-.14 *
共感性	権利への配慮	3.69	0.78	.53 **	.37 **	−	-.12	.04	.14 *	.14 *
飼育理由	飼育開始理由	0.72	0.19	.66 **	.69 **	.39 **	−	.35 **	.13	.07
	飼育継続理由	0.65	0.18	.43 **	.36 **	.18 **	.54 **	−	-.29 **	-.18 **
ストレス	抑うつ	9.46	3.46	-.37 **	-.27 **	-.03	-.31 **	-.51 **	−	.46 **
反応	不機嫌	9.11	3.74	-.32 **	-.29 **	-.01	-.30 **	-.47 **	.63 **	−

表中の左下側が相関係数，右上側が変相関係数

* $p<.05$，** $p<.01$

Table 2には，これらの指標の平均値と標準偏差を示す。

次に，これらの変数の相関係数を求めた。さらに，係数を求める2つの変数以外の5つの変数をコントロールした偏相関係数を算出し，Table 2に示した。

相関係数においては，多くの変数間で有意な相関係数が認められた。奥平（2010）の結果と同様，飼育継続理由はふたつのストレス反応尺度と中程度の負の関係にあることが確認できる（$r=-.51$, $r=-.47$）。また飼育開始理由もストレス反応との間に負の相関（$r=-.31$, $r=-.30$）が認められているが，上記の飼育継続理由との相関よりもやや低い係数となった。次に，動物に対する共感性のうち「感情的触れ合い」と「相互理解希求」は，飼育理由およびストレス反応の両者との有意な関連が認められている。「権利への配慮」では，飼育理由とは有意な関連が認められたが（$r=.39$, $r=.18$），ストレス反応との間の係数は有意ではなかった（$r=-.03$, $r=-.01$）。

他方，偏相関係数が示唆する変数間の関連性は，相関係数が示すものとはやや異なっているといえるだろう。まず飼育理由とストレス反応の関連は，相関係数よりもかなり低めの値であった。そして現在の飼育継続理由とストレス反応とは有意な負の値であったが，飼育開始理由との間の偏相関係数は有意なものではなかった。動物への共感性については，「感情的触れ合い」と「相互理解希求」が飼育開始理由と中程度の有意な正の関係にあることが認められたが，現在の継続理由との関係は有意なものではなかった。またストレス反応との関係は「感情的触れ合い」と「抑うつ感」，「相互理解希求」と「不機嫌感」の間のみに弱い負の関連が認められている。また「権利への配慮」は，飼育理由との間には有意な関連が認められず，ふたつのストレス反応との間に弱いながらも有意な正の偏相関係数が認められた。

（以下，略）

Step 1　論文から分析を想像する

この研究は，「気持ちがやわらぐから」といったペットを飼う理由とストレス反応との関連について，動物への共感性を含めたうえで探索的に検討しようとするものです。先行研究から，これらの変数が相互に関連しているであろうことが示唆されるので，関連の様相を，相関係数と偏相関係数を基に，より詳細に探究しよう（変数間の関連に説明を与えよう）としているところにポイントがあるといえるでしょう。

「方法」から，「気持ちがやわらぐから」などというペットを飼う理由を，飼い始めた時と現在の2時点で回答を求めていることがわかります。また，動物に対する共感性尺度，ストレス反応として抑うつ感，不機嫌感の測定する尺度が実施されています。全ての変数が間隔尺度で得られています。

▶この研究では2時点で回答を求めているが，4章の混合計画のように，データを得たタイミングが2時点ではなく，回答時に，飼い始めた過去を思い返して回答を求めている点が異なることに注意。このあたりはどのような分析手法を用いるのか，結果をどのように解釈するかにも影響する。

「結果と考察」部分では，まずは分析対象者の選出が行われています。次に項目や尺度に関する分析が行われますが，本研究の特徴は，動物に対する共感性尺度に関して確認的因子分析を実行しているところでしょう。オリジナルは第5章で作成されたものですが，その際と同様な因子構造が認められるかどうかを確認しています。

その結果，同様な因子構造が認められると判断し，先行研究と同様の方法で下位尺度得点を算出しています。なお，信頼性の確認にはα係数とω係数が用いられています。

これらの過程を経て，測定指標を確定し，最後に相関係数，偏相関係数を，無相関検定の結果とともに算出しています。

Step 2　分析の流れの確認

データ収集

↓

1. 欠測値を確認し欠測値のあるデータを削除

↓

2. 動物への共感性尺度の項目分析

↓

3. 動物に対する共感性尺度の確認的因子分析

↓

4. 信頼性の検討

↓

5. 下位尺度得点の算出

↓

6. 各尺度得点の分布，記述統計量を確認

↓

7. 相関係数と偏相関係数を算出

Step 3　分析スクリプトの全体像

```
## 分析準備
# ディレクトリの設定

# パッケージの読み込み
library(psych)
library(ppcor)
library(lavaan)
detach("package:lavaan")

# データの読み込み
d0 <- read.csv("ch05.csv", header=TRUE)

# データの確認
head(d0)
tail(d0)
nrow(d0)

# 変数の型の確認
str(d0)
```

```
## 1. 欠測値を確認し欠測値のあるデータを削除
d0[!complete.cases(d0),]
d <- na.omit(d0)
```

```
## 2. 動物への共感性尺度項目分析
# 複数変数に対して一度に度数分布の作成を指示する
lis_a <- c("a01", "a02", "a03", "a04", "a05", "a06", "a07",
           "a08", "a09", "a10", "a11", "a12", "a13", "a14",
           "a15", "a16")
sapply(d[lis_a], table, exclude=NULL)
# 記述統計
describe(d[lis_a])
```

```
## 3. 確認的因子分析

# パッケージの操作
detach("package:psych")
library(lavaan)

# 確認的因子分析の実行
model_cfa <- '
F_kanjo =~ a01 + a13 + a07 + a16 + a10 + a04
F_rikai =~ a02 + a08 + a14 + a11 + a05
F_kenri =~ a03 + a09 + a15 + a12 + a06
'
```

▶library( ): p.25 参照

▶利用するパッケージは，psych と，偏相関係数を算出するための ppcor，確認的因子分析を行うための lavaan パッケージ。

▶psych パッケージと lavaan パッケージを同時に読み込むと，関数が不具合をおこす可能性があるため，念のため一旦 lavaan パッケージの読み込みを消去。detach( ) とすることで，一旦読み込んだパッケージを消去することができる。

▶read.csv( ): p.44 参照
▶head( ): p.45 参照
▶tail( ): p.45 参照
▶nrow( ): p.45 参照
▶str( ): p.48 参照

▶na.omit( ): p.47 参照
以後，利用するデータフレームは d になることに注意。

▶複数の変数のまとめ方について，これまでと少し違う方法を用いている。この部分の詳細は p.78 参照。

▶describe( ): p.53 参照

【注意】
▶先ほどと逆に，psych パッケージを消去して，改めて lavaan パッケージを読み込む。

▶最初に当てはめるモデルを定義し，名前をつけて保存する。ここでは model_cfa という名前でモデルを保存。

```
fit <- cfa(model_cfa, data=d, std.lv=TRUE)
summary(fit, standardized=TRUE, fit.measures=TRUE)
fitMeasures(fit)

detach("package:lavaan")
library(psych)
```

▶cfa( ) 関数が，確認的因子分析を行う関数。その結果をfit(任意の名前で可) に代入して，summary( ) 関数で出力の仕方を指定。fitMeasures( ) 関数は，適合度指標を出力させる。

▶確認的因子分析については，第11章で詳しく紹介する。

```
## 4. 信頼性の検討
# 感情的触れ合い
lis_kanjo <- c("a01", "a13", "a07", "a16", "a10", "a04")
alpha(d[lis_kanjo])
omega(d[lis_kanjo], plot=FALSE)

# 相互理解希求
lis_rikai <- c("a02", "a08", "a14", "a11", "a05")
alpha(d[lis_rikai])
omega(d[lis_rikai], plot=FALSE)

# 権利への配慮
lis_kenri <- c("a03", "a09", "a15", "a12", "a06")
alpha(d[lis_kenri])
omega(d[lis_kenri], plot=FALSE)
```

▶ここでは，各尺度ごとにリストを作成し，d [lis_kanjo] で当該項目だけで構成されるデータフレームとして指定している。

▶alpha( ): p.191 参照
▶omega( ): p.191 参照

```
##5. 下位尺度得点の算出（項目平均値として）
d$kanjo_score <-(d$a01 + d$a13 + d$a07 + d$a16 + d$a10 + d$a04)/6
d$rikai_score <-(d$a02 + d$a08 + d$a14 + d$a11 + d$a05)/5
d$kenri_score <-(d$a03 + d$a09 + d$a15 + d$a12 + d$a06)/5
```

▶p.60 参照

```
## 6. 各尺度得点の分布，記述統計量を確認
# ヒストグラムの確認
par(mfrow=c(3, 3))
hist(d$kanjo_score, breaks=seq(1, 5, 0.5))
hist(d$rikai_score, breaks=seq(1, 5, 0.5))
hist(d$kenri_score, breaks=seq(1, 5, 0.5))
hist(d$riyu1, breaks=seq(0, 1, 0.05))
hist(d$riyu2, breaks=seq(0, 1, 0.05))
hist(d$utsu, breaks=seq(4, 20, 2))
hist(d$hukai, breaks=seq(4, 20, 2))

# 記述統計量を算出
lis_1 <- c("kanjo_score", "rikai_score", "kenri_score", "riyu1",
           "riyu2", "utsu", "hukai")
describe(d[lis_1])
```

▶hist( ): p.52 参照

▶3行×3列の形でグラフを描く

▶下位尺度得点を示すリストを作成

▶describe( ): p.53 参照

```
# ストレス反応得点で 3 群に分けて人数を確認
d$utsu_cate <- 2
d$utsu_cate[d$utsu <= 8] <- 1
d$utsu_cate[d$utsu >= 14] <- 3
table(d$utsu_cate)
d$hukai_cate <- 2
d$hukai_cate[d$hukai <= 8] <- 1
d$hukai_cate[d$hukai >= 14] <- 3
table(d$hukai_cate)
```

```
## 7. 相関係数と偏相関係数を算出
# 散布図を作成
pairs(d[lis_1])

# 相関係数を算出
corr.test(d[lis_1])

# 偏相関係数を算出
pcor(d[lis_1])
```

▶ストレス反応得点で，8 点以下と 14 点以上，およびそれ以外の 3 群に分けて人数を確認している。群を分ける新しい変数 utsu_cate を作成し，まずすべての人に 2 を入れている。その上で，8 点以下の人には 1，14 点以上の人には 3 を上書きしている。

▶cut( ) 関数を用いるなど別の方法も考えられる。p.61 参照。

▶散布図については p.54 で plot( ) 関数を紹介した。しかし，今回は扱う変数が多いので，散布図も相関係数も，一度に出力が得られる関数，pairs( )，corr.test( )（p.153 参照）を利用している。

▶偏相関係数の計算には ppcor パッケージにある pcor( ) 関数を使用。

Step 4　分析スクリプトと出力例

```
## 分析準備
# ディレクトリの設定

# パッケージの読み込み
library(psych)
library(ppcor)
library(lavaan)
```

```
> # パッケージの読み込み
> library(psych)
> library(ppcor)
 要求されたパッケージ MASS をロード中です
> library(lavaan)
This is lavaan 0.6-5
lavaan is BETA software! Please report any bugs.

 次のパッケージを付け加えます：'lavaan'

以下のオブジェクトは 'package:psych' からマスクされています：

     cor2cov
```

▶これまでに，ppcor パッケージ，lavaan パッケージを使用したことがなければパッケージのインストールを行う（p.24 参照）。

▶R のパッケージは，それとは別のパッケージを利用している場合がある。ここで用いる library(ppcor) は MASS パッケージを必要としている。「要求されたパッケージ MASS をロード中です」という表示は，自動的に MASS パッケージを読み込んでいるということで，エラー表示ではない。

psych パッケージと lavaan パッケージを読み込むと，上のようなメッセージが出力されます。これは psych パッケージも lavaan パッケージも cor2cov という関数を持っていて，同じ名前の関数が 2 つ存在してしまうことに起因しています。そのため，先に読み込んだ psych パッケージの cor2cov はマスクされたと表示されています。

この状態では psych パッケージの関数が不具合をおこす可能性があるため，一旦，lavaan のパッケージの読み込みを消去しておきます。以下のスクリプトで，読み込んだ lavaan パッケージを消去できます。

```
detach("package:lavaan")
```

```
# データの読み込み
d0 <- read.csv("ch06.csv", header=TRUE)
# データの確認
head(d0)
tail(d0)
nrow(d0)
```

▶出力例は省略。

▶エラーがないか，データファイル（ch06.csv）が，正しく読み込まれているかどうかを確認。このデータは 236 名分，21 個の変数を含んでいる。

```
# 変数の型の確認
str(d0)
```

（出力略）

```
## 1. 欠測値を確認し欠測値のあるデータを削除
```

いつものとおり，はじめにデータの様相，特に欠測値の確認をします。ここでは論文での操作に従い，欠測値を含むデータをすべて削除します。

```
d0[!complete.cases(d0),]
```

▶欠測値のあるデータの確認。

```
> d0[!complete.cases(d0),]
     ID     riyu1     riyu2 a01 a02 a03 a04 a05 a06 a07 a08 a09
1     1 0.8282193 0.6967433   4   3   5   4   3   2   2   5   3
42   42        NA 0.6982491   5   5   4   3   5   4   2   5   4
43   43 0.5702233 0.5596900   2   2   2   2   4   3   3   3   3
94   94 0.2465515 0.5712150   3   1   2   4   1   2   3   2   3
95   95 0.8252494 0.4997648  NA  NA  NA  NA  NA  NA  NA  NA  NA
100 100 0.8678538 0.8090599   4   3   3   4   4   3   2   2   5
175 175 0.3973515 0.4606333   3   3   3   3   2   3   1  NA   3
199 199 1.0000000 1.0000000   4   5   5   5   5  NA  NA  NA  NA
221 221 0.7841532 0.7173970   3   3   2   5   5   3   5   4   4
    a10 a11 a12 a13 a14 a15 a16 utsu hukai
1     4   3   5  NA   3   3   4    8     7
42    5   5   5   2   5   5   3    5     6
43    3   3   4   3   4   3   4   NA    NA
94    2   1   2   3   2   2   4   NA    NA
95   NA  NA  NA  NA  NA  NA  NA   NA    NA
100   4   3   5   2   3   4   5   13    NA
175   2   2   2   3   1   1   3   10    14
199  NA  NA  NA  NA  NA  NA  NA   NA    NA
221  NA   3   5   5   5   5   5    6     6
```

```
d <- na.omit(d0)
```

▶欠測値を除いたデータフレームをdとする。

```
## 2. 動物への共感性尺度項目分析
```

項目分析として，度数分布や平均値，標準偏差などの基礎統計量を確認します。今回もsapply( )関数を使って一度に実行します。

```
# 複数変数に対して一度に度数分布の作成を指示する
lis_a <- c("a01", "a02", "a03", "a04", "a05", "a06", "a07",
           "a08", "a09", "a10", "a11", "a12", "a13", "a14",
           "a15", "a16")
sapply(d[lis_a], table, exclude=NULL)
```

▶この部分の詳細は，p.156 参照。

▶d[lis_a] は，動物への共感性尺度 16 項目で構成されたデータフレーム。

▶sapply( ) 関数：p.78 参照。

```
> # 複数変数に対して一度に度数分布の作成を指示する
> lis_a <- c("a01", "a02", "a03", "a04", "a05", "a06", "a07",
+ "a08", "a09", "a10", "a11", "a12", "a13", "a14",
+ "a15", "a16")
> sapply(d[lis_a], table, exclude=NULL)
$a01

 1  2  3  4  5
15 22 59 60 71

$a02

 1  2  3  4  5
14 30 62 47 74

$a03

 1  2  3  4  5
37 39 50 41 60
```

（出力略）

▶出力の形式が，4 章や 5 章の場合と異なっている。これは，table( ) 関数を 1 項目ずつに適用した場合の出力に似ている。このような出力形式になるのは，a09 のような項目が含まれる場合。

```
# 記述統計
describe(d[lis_a])
```

```
> describe(d[lis_a])
    vars   n mean   sd median trimmed  mad min max range  skew kurtosis   se
a01    1 227 3.66 1.20      4    3.78 1.48   1   5     4 -0.58    -0.56 0.08
a02    2 227 3.60 1.24      4    3.70 1.48   1   5     4 -0.42    -0.88 0.08
a03    3 227 3.21 1.42      3    3.26 1.48   1   5     4 -0.16    -1.28 0.09
a04    4 227 3.85 0.99      4    3.92 1.48   1   5     4 -0.44    -0.52 0.07
a05    5 227 4.11 1.02      4    4.25 1.48   1   5     4 -0.87    -0.19 0.07
a06    6 227 3.38 1.09      3    3.42 1.48   1   5     4 -0.24    -0.62 0.07
a07    7 227 3.31 1.25      3    3.38 1.48   1   5     4 -0.19    -0.92 0.08
a08    8 227 3.85 1.13      4    3.98 1.48   1   5     4 -0.74    -0.41 0.07
a09    9 227 4.32 0.81      5    4.41 0.00   2   5     3 -0.74    -0.80 0.05
a10   10 227 3.95 0.99      4    4.05 1.48   1   5     4 -0.55    -0.58 0.07
a11   11 227 3.34 1.22      3    3.39 1.48   1   5     4 -0.07    -0.97 0.08
a12   12 227 4.00 0.98      4    4.13 1.48   1   5     4 -0.90     0.37 0.06
a13   13 227 3.21 1.25      3    3.26 1.48   1   5     4 -0.12    -0.97 0.08
a14   14 227 3.84 1.09      4    3.96 1.48   1   5     4 -0.73    -0.25 0.07
a15   15 227 3.52 1.13      4    3.57 1.48   1   5     4 -0.33    -0.87 0.08
a16   16 227 3.96 1.04      4    4.09 1.48   1   5     4 -0.73    -0.29 0.07
```

3. 確認的因子分析

以上の項目分析から，特に懸念されるような項目は見当たらないので，次に全項目を使って確認的因子分析を行います。そのためにlavaanパッケージを利用したいのですが，最初のパッケージ読み込み時に生じたように，psychパッケージとlavaanパッケージでは関数の干渉が起きます。そこで，一次的にpsychパッケージを外し，lavaanパッケージを読み込むという方法で進めます。

確認的因子分析は，

①当てはめるモデルを定義し，

②計算をさせ，

③結果をsummary( )関数で表示させる

という3ステップを踏みます。これまで用いてきたような「1つの分析が，1つの関数で完結」していないため，違和感があるかもしれません。モデル定義と計算部分の出力は，実行したスクリプトが表示されるだけです。

```
# パッケージの操作
detach("package:psych")
library(lavaan)

# 確認的因子分析の実行
model_cfa <- '
F_kanjo =~ a01 + a13 + a07 + a16 + a10 + a04
F_rikai =~ a02 + a08 + a14 + a11 + a05
F_kenri =~ a03 + a09 + a15 + a12 + a06
'

fit <- cfa(model_cfa, data=d, std.lv=TRUE)
```

▶はじめに，データを当てはめるモデルを定義する。

▶「=~」の左側に因子名，右側に項目を「+」でつないで表現。

▶モデルを表現した式は，シングルコーテーション「'」で囲む。

▶次にcfa( )関数で計算を実行する。第1引数にモデルを，第2引数にデータフレームを指定。そして結果をfitに格納する。

```
> # 確認的因子分析の実行
> model_cfa <- '
+ F_kanjo =~ a01 + a13 + a07 + a16 + a10 + a04
+ F_rikai =~ a02 + a08 + a14 + a11 + a05
+ F_kenri =~ a03 + a09 + a15 + a12 + a06
+ '
>
> fit <- cfa(model_cfa, data=d, std.lv=TRUE)
```

```
summary(fit, standardized=TRUE, fit.measures=TRUE)
```

▶summary( ) 関数で，計算結果を表示させる。第2, 3引数は，結果の表示をコントロールするもの。

```
> model_cfa <- '
+ F_kanjo =~ a01 + a13 + a07 + a16 + a10 + a04
+ F_rikai =~ a02 + a08 + a14 + a11 + a05
+ F_kenri =~ a03 + a09 + a15 + a12 + a06
+ '
> |
> fit <- cfa(model_cfa, data=d, std.lv=TRUE)
> summary(fit, standardized=TRUE, fit.measures=TRUE)
lavaan 0.6-5 ended normally after 18 iterations

  Estimator                                         ML
  Optimization method                           NLMINB
  Number of free parameters                         35   ※1

  Number of observations                           227

Model Test User Model:

  Test statistic                               155.686   ※2
  Degrees of freedom                               101
  P-value (Chi-square)                           0.000

Model Test Baseline Model:

  Test statistic                              1369.929
  Degrees of freedom                               120
  P-value                                        0.000

User Model versus Baseline Model:

  Comparative Fit Index (CFI)                    0.956
  Tucker-Lewis Index (TLI)                       0.948

Loglikelihood and Information Criteria:

  Loglikelihood user model (H0)              -4905.287
  Loglikelihood unrestricted model (H1)      -4827.444

  Akaike (AIC)                                9880.575
  Bayesian (BIC)                             10000.448
  Sample-size adjusted Bayesian (BIC)         9889.523

Root Mean Square Error of Approximation:

  RMSEA                                          0.049
  90 Percent confidence interval - lower         0.033
  90 Percent confidence interval - upper         0.064
  P-value RMSEA <= 0.05                          0.534
```

▶最初に出力されるのは，Estimator(推定方法)，Optimization method(最適化の方法)，Number of free parameters(推定するパラメータの数)，Number of observations(データ数)（※1)。

▶「Model Test User Model」の部分（※2）が，論文などでも記載の多いχ^2検定の結果（χ^2値，自由度，p値)。

▶「Model Test Baseline Model」は独立モデルのχ^2値など。

▶「User Model versus Baseline Model」には，CFIとTLIの値が出力される。
「Loglikelihood and Information Criteria」には，AICとBICの情報量基準が示される。

▶「Root Mean Square Error of Approximation」にはRMSEAと，90%信頼区間などが示されている。

```
Standardized Root Mean Square Residual:

  SRMR                                           0.052

Parameter Estimates:

  Information                                 Expected
  Information saturated (h1) model          Structured
  Standard errors                             Standard
```

▶「Standardized Root Mean Square Residual」はSRMR。

```
Latent Variables:                                                 ※3
                   Estimate  Std.Err  z-value  P(>|z|)   Std.lv  Std.all
  F_kanjo =~
    a01               0.952    0.069   13.743    0.000    0.952    0.793
    a13               0.997    0.072   13.940    0.000    0.997    0.801
    a07               0.898    0.075   12.036    0.000    0.898    0.722
    a16               0.783    0.061   12.748    0.000    0.783    0.753
    a10               0.642    0.062   10.434    0.000    0.642    0.648
    a04               0.624    0.061   10.152    0.000    0.624    0.635
  F_rikai =~
    a02               0.875    0.079   11.012    0.000    0.875    0.709
    a08               0.780    0.073   10.690    0.000    0.780    0.692
    a14               0.728    0.071   10.299    0.000    0.728    0.672
    a11               0.738    0.081    9.094    0.000    0.738    0.607
    a05               0.603    0.069    8.795    0.000    0.603    0.590
  F_kenri =~
    a03               0.922    0.094    9.798    0.000    0.922    0.649
    a09               0.519    0.054    9.626    0.000    0.519    0.640
    a15               0.747    0.075   10.008    0.000    0.747    0.660
    a12               0.618    0.065    9.543    0.000    0.618    0.635
    a06               0.561    0.075    7.473    0.000    0.561    0.517
```

▶「Latent Variables」の欄（※3）が「=~」で指定した因子と項目の関係の部分。指定された部分の推定値が示される。Estimateが推定値，Std.allが論文などに記載されることが多い標準化されたパス係数。

▶因子間相関は※4の部分。

▶P（>｜z｜）の部分が，推定値の有意性の検定結果（p 値）。

```
Covariances:                                                      ※4
                   Estimate  Std.Err  z-value  P(>|z|)   Std.lv  Std.all
  F_kanjo ~~
    F_rikai           0.450    0.066    6.787    0.000    0.450    0.450
    F_kenri           0.646    0.054   11.867    0.000    0.646    0.646
  F_rikai ~~
    F_kenri           0.468    0.071    6.561    0.000    0.468    0.468
```

▶「Covariances」の欄は，因子間の関連（指定する必要のなかった，「~~」で指定される部分）。Std.allが因子間の相関係数になる（※4）。

```
Variances:
                   Estimate  Std.Err  z-value  P(>|z|)   Std.lv  Std.all
   .a10               0.252    0.031    8.112    0.000    0.252    0.519
   .a04               0.190    0.028    6.763    0.000    0.190    0.372
   .a01               0.372    0.042    8.767    0.000    0.372    0.641
   .a13               0.286    0.036    7.948    0.000    0.286    0.495
   .a16               0.454    0.050    9.086    0.000    0.454    0.724
   .a07               0.280    0.032    8.682    0.000    0.280    0.622
   .a02               0.329    0.045    7.234    0.000    0.329    0.553
```

▶「Variances」は（残差）分散。p.197のモデル図のe。

```
 .a11          0.402    0.046    8.750    0.000    0.402    0.754
 .a05          0.255    0.035    7.187    0.000    0.255    0.549
 .a14          0.395    0.046    8.642    0.000    0.395    0.735
 .a08          0.365    0.046    7.877    0.000    0.365    0.624
 .a06          0.196    0.030    6.535    0.000    0.196    0.463
 .a15          0.234    0.040    5.831    0.000    0.234    0.410
 .a03          0.320    0.036    8.812    0.000    0.320    0.736
 .a12          0.333    0.037    8.952    0.000    0.333    0.766
 .a09          0.307    0.033    9.196    0.000    0.307    0.824
  kanjo        0.234    0.046    5.086    0.000    1.000    1.000
  rikai        0.266    0.059    4.484    0.000    1.000    1.000
  kenri        0.228    0.044    5.117    0.000    1.000    1.000
```

```
fitMeasures(fit)
```

```
> fitMeasures(fit)
               npar                fmin               chisq                  df
             35.000               0.343             155.686             101.000
             pvalue      baseline.chisq         baseline.df     baseline.pvalue
              0.000            1369.929             120.000               0.000
                cfi                 tli                nnfi                 rfi
              0.956               0.948               0.948               0.865
                nfi                pnfi                 ifi                 rni
              0.886               0.746               0.957               0.956
               logl   unrestricted.logl                 aic                 bic
          -4905.287           -4827.444            9880.575           10000.448
             ntotal                bic2               rmsea      rmsea.ci.lower
            227.000            9889.523               0.049               0.033
     rmsea.ci.upper        rmsea.pvalue                 rmr          rmr_nomean
              0.064               0.534               0.065               0.065
               srmr        srmr_bentler srmr_bentler_nomean                crmr
              0.052               0.052               0.052               0.055
        crmr_nomean          srmr_mplus   srmr_mplus_nomean               cn_05
              0.055               0.052               0.052             183.926
              cn_01                 gfi                agfi                pgfi
            200.712               0.917               0.889               0.681
                mfi                ecvi
              0.887               0.994
```

▶各種の適合度指標が出力されている。論文に記載されている指標は，この中のχ^2検定の結果chisq(χ^2値)，df(自由度)，pvalue(p値）と，agfi(AGFI)，gfi(GFI)，cfi(CFI)，srmr(SRMR)，rmsea(RMSEA)。

▶fitMeasures( )関数を使って必要な指標だけを表示させることもできる。

第6章の論文に記載された指標だけを表示させるなら，以下のようなスクリプトになる。

```
fitMeasures(fit,
c("chisq", "df",
"pvalue", "agfi", "gfi",
"cfi", "srmr", "rmsea"))
```

以上が，確認的因子分析を行う際の一般的な出力です。結果はStd.allに示された係数の大きさ，有意性の検定結果，各種適合度指標などをもとに総合的に判断します。論文にもあるように，χ^2検定の結果は有意でしたが，全体的に判断すると，本研究のデータにおいても，先行研究で見出された因子構造とほぼ同様な構造を確認できたといえるでしょう。

以上で確認的因子分析は終わりなので，lavaan パッケージを外し，あらためて psych パッケージを読み込んでおきます。

```
detach("package:lavaan")
library(psych)
```

4. 信頼性の検討

論文の記載に従い，下位尺度ごとに信頼性を α 係数と ω 係数で求めます。

```
# 感情的触れ合い
lis_kanjo <- c("a01", "a13", "a07", "a16", "a10", "a04")
alpha(d[lis_kanjo])
```

```
> lis_kanjo <- c("a01", "a13", "a07", "a16", "a10", "a04")
> alpha(d[lis_kanjo])

Reliability analysis
Call: alpha(x = d[lis_kanjo])
    ※5
  raw_alpha std.alpha G6(smc) average_r S/N   ase mean   sd median_r
       0.87      0.87    0.85      0.52 6.6 0.013  3.7 0.87     0.52
      ※6
 lower alpha upper     95% confidence boundaries
0.84 0.87 0.89
                                                         ※7
 Reliability if an item is dropped:
    raw_alpha std.alpha G6(smc) average_r S/N alpha se  var.r med.r
a01      0.84      0.84    0.81      0.51 5.2    0.017 0.0036  0.51
a13      0.83      0.83    0.81      0.50 5.0    0.017 0.0043  0.50
a07      0.85      0.85    0.82      0.52 5.5    0.016 0.0064  0.52
a16      0.84      0.84    0.81      0.51 5.3    0.016 0.0051  0.51
a10      0.86      0.86    0.84      0.55 6.1    0.014 0.0043  0.55
a04      0.86      0.86    0.83      0.55 6.1    0.014 0.0045  0.55

 Item statistics
      n raw.r std.r r.cor r.drop mean   sd
a01 227  0.82  0.81  0.77   0.72  3.7 1.20
a13 227  0.84  0.83  0.79   0.74  3.2 1.25
a07 227  0.79  0.78  0.72   0.67  3.3 1.25
a16 227  0.80  0.80  0.75   0.70  4.0 1.04
a10 227  0.71  0.72  0.63   0.59  4.0 0.99
a04 227  0.71  0.72  0.64   0.59  3.8 0.99
```

▶G6(smc) はガットマンのラムダ6という信頼性係数。

▶α 係数の 95%の信頼区間（※ 6）。

▶「Reliability if an item is dropped:」は，もしその項目を削除すると α 係数等はどうなるかという出力。

▶「Item statistics」の r.drop は，その項目を除いた場合の合計と，その項目の相関係数（いわゆる IT 相関）を示す。

```
Non missing response frequency for each item
        1    2    3    4    5 miss
a01 0.07 0.10 0.26 0.26 0.31    0
a13 0.10 0.19 0.29 0.22 0.19    0
a07 0.09 0.16 0.31 0.21 0.22    0
a16 0.02 0.08 0.21 0.31 0.38    0
a10 0.01 0.07 0.25 0.30 0.37    0
a04 0.01 0.07 0.30 0.31 0.31    0
```

▶回答の分布の様子（割合）

この α 係数の出力結果には，単に α 係数を確認するに留まらず，信頼性の観点から尺度と項目を検討できる情報が含まれています。

論文でも報告している α 係数は，出力の3行目 raw_alpha の数値（0.87）です（※5）。「Reliability if an item is dropped」（※7）は，当該項目を除くと各信頼性指標がどのように変化するのかを示しています。これらの raw_alpha を比較することで，項目の取捨選択を検討できます。今回の場合，いずれの項目を除いても α 係数は下がるので，数値的には削除すべき項目は見当たらないと判断できます。

▶

```
print(alpha(d[lis_
kanjo]), digits=3)
```

とすれば，小数第3位まで表示される。

ω 係数を算出する omega( ) 関数も，alpha( ) 関数と同様，引数に尺度を構成するすべての項目を指定します。なお，デフォルトの omega( ) 関数はテキストでの出力と重複する因子分析の図も表示するので，ここでは plot = FALSE というオプションを加えています。

▶詳細は10章参照

```
omega(d[lis_kanjo], plot=FALSE)
```

```
> omega(d[lis_kanjo], plot=FALSE)
Loading required namespace: GPArotation
Omega
Call: omegah(m = m, nfactors = nfactors, fm = fm, key = key, flip = flip,
    digits = digits, title = title, sl = sl, labels = labels,
    plot = plot, n.obs = n.obs, rotate = rotate, Phi = Phi, option = option,
    covar = covar)
Alpha:                 0.87
G.6:                   0.85
Omega Hierarchical:    0.83
Omega H asymptotic:    0.9
Omega Total            0.92 ※8

Schmid Leiman Factor loadings greater than  0.2
       g   F1*   F2*   F3*   h2   u2   p2
a01 0.78  0.23              0.68 0.32 0.91
a13 0.77  0.20              0.63 0.37 0.93
```

```
a07 0.69              0.51 0.49 0.93
a16 0.73              0.59 0.41 0.92
a10 0.64      0.76    1.00 0.00 0.42
a04 0.63         0.73 0.93 0.07 0.42
```

Alphaはα係数です。alpha( ) 関数で求めたstd_alphaと一致します。

ω係数としては，Omega Total（※8）を報告します。ここでは，0.92がωの値となります。

```
# 相互理解希求
lis_rikai <- c("a02", "a08", "a14", "a11", "a05")
alpha(d[lis_rikai])
omega(d[lis_rikai], plot=FALSE)

# 権利への配慮
lis_kenri <- c("a03", "a09", "a15", "a12", "a06")
alpha(d[lis_kenri])
omega(d[lis_kenri], plot=FALSE)
```

```
(出力略)
```

```
## 5. 下位尺度得点の算出（項目平均値として）
```

信頼性が確認できたので，下位尺度得点を算出し，その他の尺度とともに得点の様相を検討する段階に進みます。

```
d$kanjo_score <-(d$a01 + d$a13 + d$a07 + d$a16 + d$a10 + d$a04)/6
d$rikai_score <-(d$a02 + d$a08 + d$a14 + d$a11 + d$a05)/5
d$kenri_score <-(d$a03 + d$a09 + d$a15 + d$a12 + d$a06)/5
```

▶得点化は，論文と同様に，項目得点の平均を下位尺度得点としている。

```
## 6. 各尺度得点の分布，記述統計量を確認
```

ヒストグラムや基礎統計量から，各変数の様相を把握しておきます。今回は，これらの変数を使って相関係数などを算出します。

変数utsuやhukaiは分布に偏りがあるようなので，注意をしておくべきでしょう。

```
#ヒストグラムの確認
par(mfrow=c(3, 3))
hist(d$kanjo_score, breaks=seq(1, 5, 0.5))
hist(d$rikai_score, breaks=seq(1, 5, 0.5))
hist(d$kenri_score, breaks=seq(1, 5, 0.5))
```

```
hist(d$riyu1, breaks=seq(0, 1, 0.05))
hist(d$riyu2, breaks=seq(0, 1, 0.05))
hist(d$utsu, breaks=seq(4, 20, 2))
hist(d$hukai, breaks=seq(4, 20, 2))
```

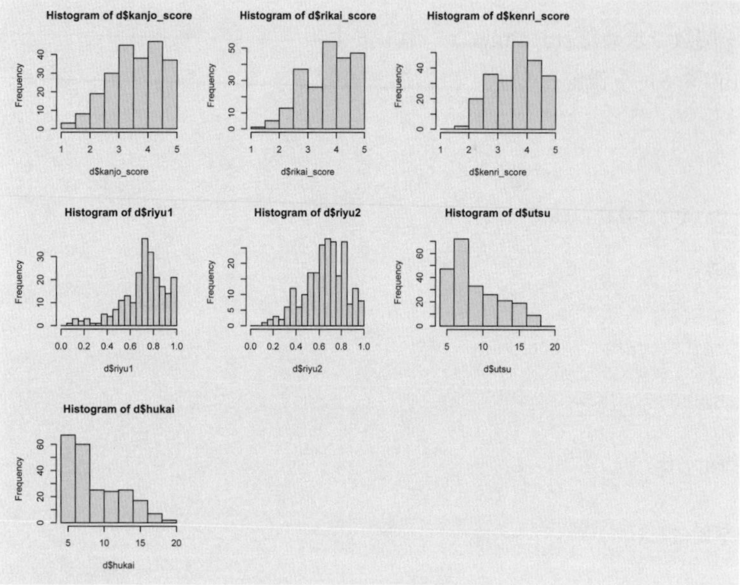


```
# 記述統計量を算出
lis_1 <- c("kanjo_score", "rikai_score", "kenri_score", "riyu1",
           "riyu2", "utsu", "hukai")
describe(d[lis_1])
```

```
> # 記述統計量を算出
> lis_1 <- c("kanjo_score", "rikai_score", "kenri_score",
"riyu1", "riyu2", "utsu", "hukai"
> describe(d[lis_1])
            vars   n mean   sd median trimmed  mad  min max range  skew kurtosis   se
kanjo_score    1 227 3.66 0.87   3.67    3.70 0.99 1.33   5  3.67 -0.40    -0.60 0.06
rikai_score    2 227 3.75 0.84   3.80    3.79 0.89 1.20   5  3.80 -0.45    -0.43 0.06
kenri_score    3 227 3.69 0.78   3.80    3.71 0.89 1.80   5  3.20 -0.27    -0.85 0.05
riyu1          4 227 0.72 0.19   0.74    0.73 0.14 0.09   1  0.91 -0.96     1.12 0.01
riyu2          5 227 0.65 0.18   0.68    0.66 0.18 0.11   1  0.89 -0.44    -0.11 0.01
utsu           6 227 9.46 3.46   8.00    9.15 2.97 4.00  18 14.00  0.69    -0.57 0.23
hukai          7 227 9.11 3.74   7.00    8.73 2.97 4.00  20 16.00  0.77    -0.50 0.25
```

論文では「長野・李（2007）は，概ね 8 点以下の場合はほぼ問題のないレベル，14 点以上の場合を注意が必要なレベルとしている」という知見に沿って，今回の対象者の様相を確認しています。これに対応した群分けには第3章⑭の方法（p.61）を援用できます。

```
# ストレス反応得点で3群に分けて人数を確認
d$utsu_cate <- 2
d$utsu_cate[d$utsu <= 8] <- 1
d$utsu_cate[d$utsu >= 14] <- 3
table(d$utsu_cate)

d$hukai_cate <- 2
d$hukai_cate[d$hukai <= 8] <- 1
d$hukai_cate[d$hukai >= 14] <- 3
table(d$hukai_cate)
```

▶群を分ける新しい変数utsu_cate，hukai_cateは，いずれ8点以下が1，14点以上が3，それ以外が2。

```
> # ストレス反応得点で3群に分けて人数を確認
> d$utsu_cate <- 2
> d$utsu_cate[d$utsu <= 8] <- 1
> d$utsu_cate[d$utsu >= 14] <- 3
> table(d$utsu_cate)

  1   2   3
119  71  37
>
> d$hukai_cate <- 2
> d$hukai_cate[d$hukai <= 8] <- 1
> d$hukai_cate[d$hukai >= 14] <- 3
> table(d$hukai_cate)

  1   2   3
127  64  36
```

以上が，本研究の目的に対応した相関係数と偏相関係数を算出するための準備ともいえる部分です。これを踏まえて，相関係数と偏相関係数を算出します。

```
## 7. 相関係数と偏相関係数を算出
```

相関係数を算出する場合は，必ず散布図を確認しておきます。以下では，まず散布図を確認し，次に相関係数，最後に偏相関係数の算出に進みます。

散布図の作成や，相関係数の算出，無相関検定などは，一度に扱う変数が増えると，一つひとつスクリプトに表現すると大変な量になりかねません。これを簡潔に記述する方法，関数はいくつもあります。

ここでは，そのひとつを紹介します。

散布図の作成には，psych パッケージに含まれている pairs( ) 関数を用います。引数に，データフレーム d の中から，必要な変数をまとめた lis_1 に含まれる変数を指定することで，すべての組み合わせの散布図を作成できます。

```
# 散布図を作成
pairs(d[lis_1])
```

▶lis_1 は記述統計の部分で作成済み（p.150）。

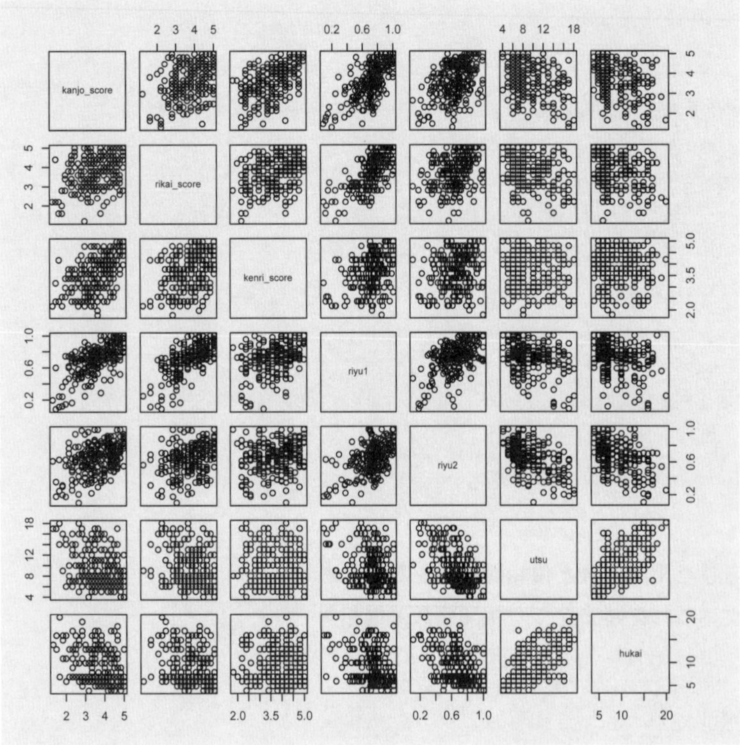

変数名は対角線上のセルに表示されます。変数 utsu や hukai は分布に偏りがあるようですが，この散布図を確認する限り，相関係数を算出することに無理はないようです。

```
# 相関係数を算出
```

複数の変数間の相関係数を算出する方法としては，3章で紹介したcor( )関数が便利ですが，cor( )関数は無相関検定など関連する情報は計算してくれません。また，4章で使ったcor.test( )関数は無相関検定も実行できますが，同時に複数の変数間の変数に対して実行するのは困難です。

そこで，psychパッケージに含まれているcorr.test( )関数を使います。cor( )関数と同様に，引数にデータフレームを指定すれば，含まれるすべての変数間の相関係数等を算出できます。なお，corr.test( )関数の出力は，デフォルトでは小数点以下2桁の表示となっており，読みにくい（誤解を招きやすい）場合があるので注意が必要です。

```
corr.test(d[lis_1])
```

```
> # 相関係数を算出
> corr.test(d[lis_1])
Call:corr.test(x = d[lis_1])
Correlation matrix
            kanjo_score rikai_score kenri_score riyu1 riyu2  utsu hukai
kanjo_score        1.00        0.37        0.53  0.66  0.43 -0.37 -0.32
rikai_score        0.37        1.00        0.37  0.69  0.36 -0.27 -0.29
kenri_score        0.53        0.37        1.00  0.39  0.18 -0.03 -0.01
riyu1              0.66        0.69        0.39  1.00  0.54 -0.31 -0.30  ※9
riyu2              0.43        0.36        0.18  0.54  1.00 -0.51 -0.46
utsu              -0.37       -0.27       -0.03 -0.31 -0.51  1.00  0.63
hukai             -0.32       -0.29       -0.01 -0.30 -0.46  0.63  1.00
Sample Size
[1] 227
Probability values (Entries above the diagonal are adjusted for multiple tests.)
            kanjo_score rikai_score kenri_score riyu1 riyu2 utsu hukai
kanjo_score           0           0        0.00     0  0.00    0     0
rikai_score           0           0        0.00     0  0.00    0     0
kenri_score           0           0        0.00     0  0.02    1     1
riyu1                 0           0        0.00     0  0.00    0     0
riyu2                 0           0        0.01     0  0.00    0     0
utsu                  0           0        0.61     0  0.00    0     0
hukai                 0           0        0.84     0  0.00    0     0  ※10
```

▶corr.test( )関数は，相関係数と無相関の検定結果を両方出力するため，ここではcor( )関数を用いていない。

Correlation matrix（※9）が，相関係数行列です。Probability valuesの，左下側が無相関検定の結果のp値です（※10）（右上側は別の指標です）。この値が0.05より小さければ，5%水準で有意な相関係数が認められたペアとなります。

また，Probability values の部分は，誤解しやすいので注意してください。たとえば kanjyo_score と rikai_score の相関係数は .37 ですが，p 値を 0 と読み取る（$p=0$）と誤読になります。p 値は 0 にはならず，必ず 0 以上になります。R が計算した値は 5.673972e-09（$5.673972/10^9$）ですが，端数の処理方法との関係で 0 と表示されているだけなのです。そのため，ここは $p<.01$ もしくは $p<.001$ と読む必要があります。

▶この値は，以下の詳細を知るためのスプリクトを実行して得た値。

なお，算出された詳しい値を知るためには，以下のスクリプトを実行してください。corr.test( ) 関数の結果を tmp_r に保存しておきます。tmp_r はひとつのベクトルですが，names(tmp_r) を実行すれば，その中にはいくつかの変数が含まれていることがわかります。r や n，t などといった名前で tmp_r の中に保存されているのです。わかりにくいので，右側の図をみてください。Probability values の値は，p という名前で保存されているので，tmp_r$p を実行することでそれを表示できます。

```
tmp_r <- corr.test(d[lis_1])
names(tmp_r)
tmp_r$p
```

▶

`tmp_r<-corr.test(d[lis_1])`
で作成した tmp_r のイメージ。

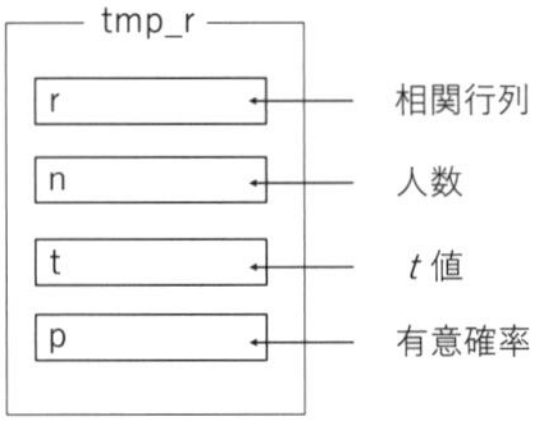


```
> tmp_r <- corr.test(d[lis_1])
names(tmp_r)
 [1] "r"   "n"   "t"   "p"   "se"   "sef"   "adjust" "sym"   "ci"   "ci.adj" "Call"
> tmp_r$p
            kanjo_score  rikai_score  kenri_score        riyu1        riyu2         utsu        hukai
kanjo_score 0.000000e+00 6.808766e-08 2.652870e-16 5.375922e-29 1.241177e-10 1.284808e-07 7.503514e-06
rikai_score 5.673972e-09 0.000000e+00 1.284808e-07 1.210965e-32 1.697480e-07 1.761228e-04 6.107948e-05
kenri_score 1.560512e-17 1.229223e-08 0.000000e+00 2.046862e-08 1.644600e-02 1.000000e+00 1.000000e+00
riyu1       2.687961e-30 5.766502e-34 1.574509e-09 0.000000e+00 1.062477e-17 1.871438e-05 2.681350e-05
riyu2       8.865547e-12 1.886089e-08 5.482001e-03 5.902649e-19 0.000000e+00 1.817782e-15 2.189559e-12
utsu        1.168007e-08 4.403071e-05 6.054569e-01 2.673483e-06 1.136114e-16 0.000000e+00 6.668954e-25
hukai       9.379393e-07 1.221590e-05 8.431641e-01 4.468916e-06 1.459706e-13 3.509976e-26 0.000000e+00
```

```
# 偏相関係数を算出
```

偏相関係数の算出には，ppcor パッケージにある pcor( ) 関数を使います。偏相関係数の行列を求める場合に便利な関数で，引数にデータフレームを指定すると，自動的に偏相関係数を求める 2 変数以外のすべての変数との関係を統制した値が算出されます。

```
pcor(d[lis_1])
```

▶pcor( ) 関数は偏相関係数の行列を求める場合には便利だが，特定の変数との関連のみを統制したい場合などは，別のパッケージ，別の関数を利用することをすすめる。

```
> # 偏相関係数を算出
> pcor(d[lis_1])
$estimate
            kanjo_score rikai_score kenri_score       riyu1       riyu2       utsu       hukai
kanjo_score  1.00000000 -0.29318177   0.4763799  0.54176027 -0.02807633 -0.2115779 -0.11585401  ※11
rikai_score -0.29318177  1.00000000   0.2794009  0.62766284 -0.09230083 -0.1061449 -0.13733441
kenri_score  0.47637992  0.27940092   1.0000000 -0.11932327  0.04345050  0.1394786  0.13712678
riyu1        0.54176027  0.62766284  -0.1193233  1.00000000  0.34518042  0.1250669  0.06550276
riyu2       -0.02807633 -0.09230083   0.0434505  0.34518042  1.00000000 -0.2862743 -0.17730917
utsu        -0.21157785 -0.10614490   0.1394786  0.12506693 -0.28627431  1.0000000  0.45741871
hukai       -0.11585401 -0.13733441   0.1371268  0.06550276 -0.17730917  0.4574187  1.00000000

$p.value
             kanjo_score  rikai_score  kenri_score        riyu1        riyu2         utsu        hukai
kanjo_score 0.000000e+00 8.927487e-06 5.616168e-14 2.476819e-18 6.773746e-01 1.521170e-03 8.502514e-02  ※12
rikai_score 8.927487e-06 0.000000e+00 2.401053e-05 1.010743e-25 1.705574e-01 1.147832e-01 4.091583e-02
kenri_score 5.616168e-14 2.401053e-05 0.000000e+00 7.603270e-02 5.195447e-01 3.783718e-02 4.122484e-02
riyu1       2.476819e-18 1.010743e-25 7.603270e-02 0.000000e+00 1.312206e-07 6.285070e-02 3.312977e-01
riyu2       6.773746e-01 1.705574e-01 5.195447e-01 1.312206e-07 0.000000e+00 1.475408e-05 8.098217e-03
utsu        1.521170e-03 1.147832e-01 3.783718e-02 6.285070e-02 1.475408e-05 0.000000e+00 7.050553e-13
hukai       8.502514e-02 4.091583e-02 4.122484e-02 3.312977e-01 8.098217e-03 7.050553e-13 0.000000e+00
                                        （出力略）
```

「$estimate」（※ 11）が，偏相関係数行列です。「$p.value」（※ 12）が無相関検定の結果の p 値です。この値が 0.05 より小さければ，5% 水準で有意な偏相関係数が認められたペアとなります。

R の出力は，上のようにあまり読みやすいものではないので，結果を読み取りやすくするため，また論文掲載するために，Excel などで加工する必要があります。

さて，これで相関係数と偏相関係数を，無相関検定の結果とともに入手することができました。しかしこの研究の目的は，変数間の関連を探索的に検討することでした。関連の探索的検討はここから始まります。得られた結果をもとに，新たな，またより妥当な解釈が可能な関連の説明を検討，考察していきます。

Column データフレームの扱い方

この章では，p.56 で説明している元のデータフレームから変数を抽出して新しいデータフレームを作成する方法に関して，前章までとは異なる方法を用いています。

本章のデータを使って，前章までの方法を用いると a01 から a16 までの変数で構成されるデータフレーム d_a を作成する場合

```
d_a <- d[c("a01", "a02", "a03", "a04", "a05", "a06", "a07","a08", "a09",
           "a10", "a11", "a12", "a13", "a14", "a15", "a16")]
```

として，d_a という新たなデータフレームを作成し，describe(d_a) や cor(d_a) を実行していました。

一方で，本章では，変数の名前だけをリストとしてまとめておき，それらの変数を使う分析の時に，元のデータフレーム d から一時的に変数群を取り出して分析を行っています。これも，R には複数のやり方がある一例といえるでしょう。

```
lis_a <- c("a01", "a02", "a03", "a04", "a05", "a06", "a07","a08", "a09",
           "a10", "a11", "a12", "a13", "a14", "a15", "a16")
```

で，変数のリストだけを作成しておき，d[lis_a] でこの 16 変数で構成されたデータフレームを表しています。

スクリプト lis_a で，lis_a の中身を確認してください。また，スクリプト d[lis_a] で，d[lis_a] の中身を確認してみてください。

d[lis_a] と上のスクリプトで作成した d_a は，実質的には同じデータフレームになります。違うものと誤解しないでください。異なる点は，前者では新しいデータフレームは作成していない，後者では一時的にデータフレームを指定しているという点です。

必要な変数だけをまとめるという操作を行う際には，どちらを使っても構わないでしょう。厳密にいえば，消費するメモリ量などに違いはあるでしょうが，数百，数千といったデータ数であれば無視できる違いでしょう。好みで選択すればよいと思います。

▶d[lis_a] は，
d[c("a01", "a02", "a03", "a04", "a05", "a06", "a07", "a08", "a09", "a10", "a11", "a12", "a13", "a14", "a15", "a16")]
と同じ。

▶c("a01", "a02", "a03", "a04", "a05", "a06", "a07", "a08", "a09", "a10", "a11", "a12", "a13", "a14", "a15", "a16") が，長いので，一旦 lis_a として，このリストを作成していることに相当する。

▶わかりにくければ，次の図と対応させるとよい。

最終目的
dから、変数を指定して抽出し、
新しいデータフレームを作成する

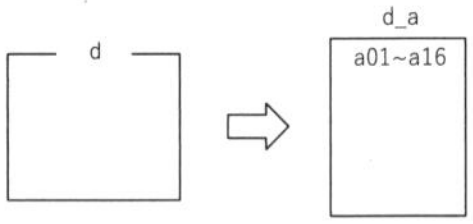

方法1
元のデータフレームdから変数を指定して抽出している
d [c("a01", "a02",…, "a16")]

方法2
あらかじめlis_aとして変数を指定しておいて
lis_a <- c("a01", "a02", …, "a16")
次のスクリプトで元のデータフレーム d から、抽出している
d[lis_a]

第7章 動機づけと学習成果の関連における学年差の検討—中学1年生と3年生の比較から—

サンプル論文４

動機づけと学習成果の関連における学年差の検討
— 中学１年生と３年生の比較から —

問題・目的部分の要約

動機づけと学習成果の関連については，試験に対する動機づけが学習成果に影響を与え，学習成果は次の試験に対する動機づけに影響を与えるという関係にあると考えられる。ところが，個人の試験に対する動機づけの程度，また学習の結果にはある程度の一貫性があることも，経験的に，また従来の研究（今庄，1993；荘川，1997 他）からも明らかである。そのため，これらの要因の関連を，Figure 1のように表現できよう。

宮城（2005）は，中学生を対象としたこれまでの動機づけ研究をレビューし，動機づけ要因と学習行動や学習成果の関連は，学年によって変化することを示唆している。すなわち，Figure 1に示される関連性は，学年によって異なる可能性が考えられる。そこで本研究では中学1年生と3年生を対象に，共分散構造分析を用いてFigure 1の関連性に異同が認められるか否かを検討する。

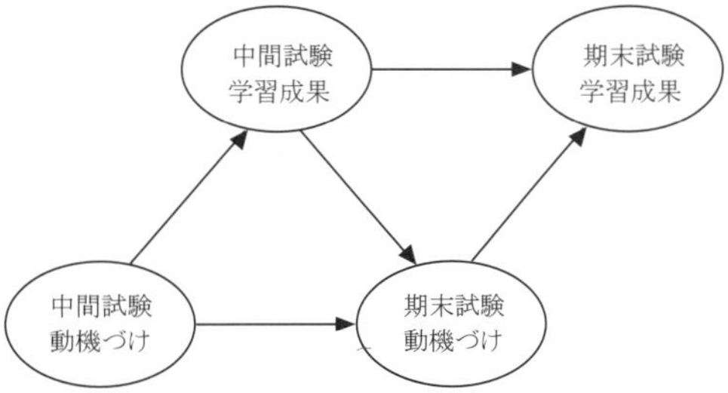

Figure 1. 本研究で仮定されるモデル

方　法

2009年の10月と12月に，関西にあるK中学校の1年生と3年生と対象に調査を実施した。K中学校の学力レベルは全国調査では平均レベルであり，成績上位から下位まで幅広い層の生徒が通っている。調査内容は以下の通りである。

調査1

中間試験の前々週に，学習への動機づけを測定する3項目（「次の試験に向けて，一生懸命勉強をするつもりだ」，「次の試験に向けて，もう一度復習をしようと思う」，「試験があると思うと，いつもより勉強したくなくなる（逆転項目）」）を含む調査を実施した。なお，動機づけの項目は7つのダミー項目とともに実施している。

調査2

中間試験結果が返却された後に，中間試験の国語，数学，英語の点数について，「0点～10点」「11点～20点」…「91点～100点」の10段階で自己申告を求めた。得点化は「0点～10点」を1として1～10を与えた。

調査3

期末試験の前々週に，調査1で用いた動機づけを測定する項目をダミー項目とともに実施した。

調査4

期末試験結果が返却された後に，調査2と同様の調査を行った。

なお，調査に先立ち，対象となる生徒の保護者には書面をもって説明を行い，理解と協力を求めた。また生徒に対しては，記入したくなければ記入しなくてもよいこと，評価はしないので思っているままに回答してほしいことを調査実施者から口頭で説明した。

本調査は398名に実施したが，すべてのデータがそろい分析対象となったのは383名（1年179名，3年204名）である。1年生と3年生の定期試験の内容の違いについては本研究では考慮しないこととした。

結果と考察

動機づけを測定する各項目，および試験の得点の平均値，標準偏差を学年別に Table 1 に示す。これらの数値から，本調査対象は特に偏った特徴を持つものではないと考えられる。

Table 1　1年生と3年生の各観測指標の平均および標準偏差

	1年生		3年生	
	M	*SD*	*M*	*SD*
中間動機　次のテストに向けて，一生懸命勉強するつもりだ	3.68	1.03	3.49	1.12
中間動機　次の試験に向けて，もう一度復習をしようと思う	3.40	1.06	3.29	1.09
中間動機　試験があると思うと，いつもより勉強したくなくなる	3.71	1.02	3.51	1.13
中間成果　数学	7.13	2.04	7.04	2.14
中間成果　国語	7.74	1.39	7.46	1.49
中間成果　英語	7.17	1.84	7.28	1.79
期末動機　次のテストに向けて，一生懸命勉強するつもりだ	3.72	1.10	3.63	1.10
期末動機　次の試験に向けて，もう一度復習をしようと思う	3.24	1.21	3.37	1.12
期末動機　試験があると思うと，いつもより勉強したくなくなる	3.85	1.18	3.61	1.10
期末成果　数学	6.85	1.97	6.93	2.20
期末成果　国語	7.22	1.62	7.23	1.58
期末成果　英語	7.06	1.88	7.00	1.97

次に，データと Figure 1 に示した仮説モデルの適合性を検討するために，全対象者のデータを用いて，共分散構造分析を行った。なお動機づけの潜在変数については3つの動機づけ項目を，学習成果の潜在変数については3つの科目の成績を観測変数として位置づけている。分析の結果，データとモデルの適合度は満足できるレベルにあることが示された（$\chi^2(49)=104.02$, $p<.001$; GFI = .96; AGFI = .93; CFI = .98; SRMR = .04; RMSEA = .05, 90% CI[.04, .07]）。観測変数と潜在変数の対応は，最も低い係数で .76 であり，十分に高いと考えられる。また仮定される潜在変数間の関連はすべて有意なものであった。これらの結果から，χ^2 検定の結果は有意であったものの，Figure 1 は中学1年生にも3年生にもあてはまるモデルといえるだろう。

次に，多母集団同時分析を用いて，学年間の異同に関する分析を行った。その結果，適合度指標は χ^2 (98) $=187.76$, $p<.001$; GFI = .99; AGFI = .98; CFI = .97; SRMR = .05; RMSEA = .07, 90% CI[.05, .08] であり，学年ごとの異同を認めるモデルもおおむね満足できる適合度であった。観測変数と潜在変数の対応は，最も低い係数で .68 であり，十分に高いと考えられる。1年生と3年生ともに，仮定されるパス係数はすべて有意であった。潜在変数間の学年別のパス係数を書き加えたパス・ダイアグラムを Figure2 に示す。

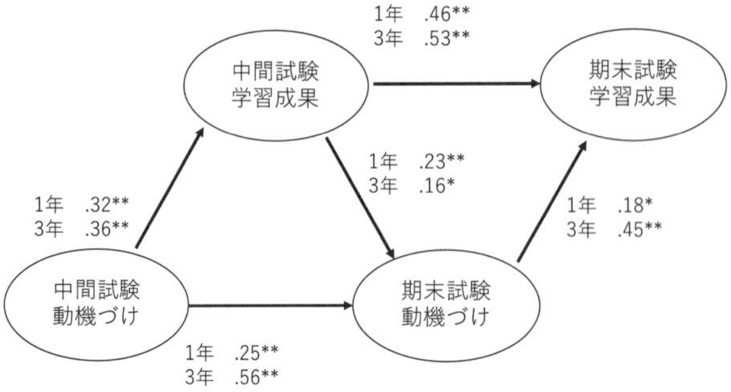

Figure 2. 学年別のパス係数

Figure 2に示されたように，両学年ともにすべてのパス係数は有意であったが，たとえば期末試験動機づけから期末試験学習成果へのパスのように，係数の大きさにやや大きな差が認められる部分もある。そこで，要因間の5つのパスについて，学年間で差があるかを検討するために，潜在変数間のパス係数の差の検定を行った。その結果，中間試験の動機づけから期末試験の動機づけのパスに1%水準，中間試験の学習成果から期末試験の学習成果へのパスに5%水準，期末試験の動機づけから期末試験の学習成果へのパスに1%水準の有意差が認められ，これら3つのパスにおいては，係数が学年間で有意に異なるという結果が得られた。

以上の結果から，今回仮定した要因間の関連において，Figure 1の一部のパスの強さが学年ごとに異なることが明らかとなった。試験の動機づけから学習成果へのパスに着目すると，中間試験時では3年生と1年生との間に差は認められなかったものの，期末試験時では3年生は1年生よりも動機づけの影響を強く受けていることが確認できる。また，中間試験時から期末試験時への時間経過に着目すると，3年生は動機づけと学習成果ともに中間試験時の影響を強く受けているのに対し，1年生は学習成果は中間試験時の影響を強く受けているものの，動機づけに関しては中間試験時の影響が小さい。これらは，受験日が近い3年生は時間経過によらず学習への動機づけが働いているのに対し，1年生は受験を意識しない分，学習への動機づけが一貫していないためであると考えられる。

（以下，略）

Step 1　論文から分析を想像する

この研究は，中学生の中間試験および期末試験に対する動機づけと学習成果の関連性について検討しようとしています。本研究では，下図のように，先行研究などを踏まえて想定される動機づけと学習成果の関係を共分散構造分析を用いて確認しています。

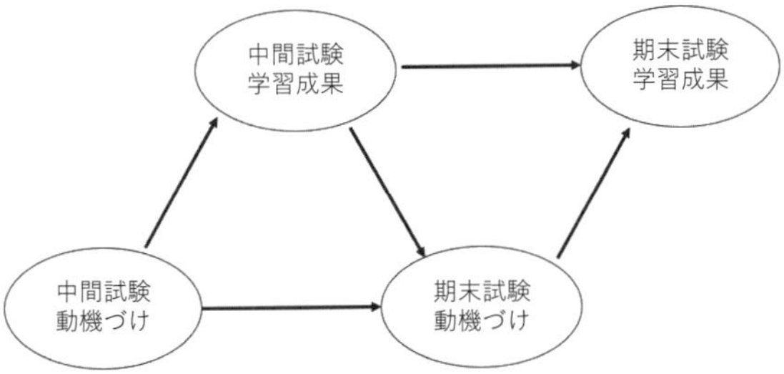

動機づけと定期試験の関連性についてのモデル

さらに本研究では，中学生の動機づけ要因と学習行動や学習成果の関連が学年によって異なることを示唆した先行研究も踏まえています。そこで，この示唆を踏まえ，上記のモデルにおけるパスの強さに学年間で違いがあるかどうかを多母集団同時分析によって検討しています。

「方法」からは，中学1年生と3年生を対象に，中間試験時（調査1，2）と期末試験時（調査3，4）の2時点で計4回の調査をしており，縦断調査が行われていることが分かります。尺度には，動機づけを測定する3項目と定期試験の結果（国語，英語，数学）が用いられています。

「結果と考察」では，まず，欠測値がある回答者の回答を除いた後に記述統計量を確認しています。次に，動機づけと学習成果の関連性について1年生と3年生の両方のデータを用いて共分散構造分析を実行した後，学年間に違いがないかを多母集団同時分析を用いて検討しています。分析の結果，学年ごとの異同を認めるモデルの適合度が満足できるものであること，学年間でいくつかのパス係数に有意な差があることが確認されました。

Step 2　分析の流れの確認

調査1から調査4までのデータを統合したデータセットを作成

↓

1. 欠測値を確認し欠測値のあるデータを削除

↓

2. 各項目に対する回答の状況を確認（度数分布，平均，標準偏差等）

↓

3. 全対象者のデータを用いて Figure 1 のモデルとの適合性を検討

↓

4. 多母集団同時分析

↓

5. パス係数の差の検定

Step 3　分析スクリプトの全体像

```
## 分析準備
# ディレクトリの設定

# パッケージの読み込み
library(psych)

# データの読み込み
d0 <- read.csv("ch07.csv", header=TRUE)

# データの確認
head(d0)
tail(d0)
nrow(d0)

# 変数の型の確認
str(d0)
```

▶library( ): p.25 参照

▶read.scv( ): p.44 参照

▶各変数の内容

中間試験動機づけ：

c_d1，c_d2，c_d3

中間試験学習成果：

c_rm，c_rj，c_re

期末試験動機づけ：

k_d1，k_d2，k_d3

期末試験学習成果：

k_rm，k_rj，k_re

学年：grade

```
## 1. 欠測値を確認し欠測値のあるデータを削除
d0[!complete.cases(d0),]
d <- na.omit(d0)
```

▶以後，利用するデータフレームは d になることに注意。

```
## 2. 各項目に対する回答の状況を確認（度数分布，平均，標準偏差等）
# 逆転処理
d$c_d3r <- 6 - d$c_d3
d$k_d3r <- 6 - d$k_d3

# 学年の度数分布
table(d$grade)

# 複数変数に対して一度に項目得点の度数分布の作成を指示する
lis_tmp <- c("c_d1", "c_d2", "c_d3r", "c_rm", "c_rj", "c_re",
             "k_d1", "k_d2", "k_d3r", "k_rm", "k_rj", "k_re")

# 全体を対象に
sapply(d[lis_tmp], table, exclude=NULL)

# 学年別に
d_1 <- subset(d, d$grade == 1)
sapply(d_1[lis_tmp], table, exclude=NULL)
d_2 <- subset(d, d$grade == 2)
sapply(d_2[lis_tmp], table, exclude=NULL)
```

▶逆転処理は項目番号の後ろに "r" をつけた変数を新たに作成し，元のデータセットに加える。

▶5 件法なので 6－項目得点となる。

```
# 基礎統計量
# 全体を対象に
describe(d)

# 学年別に
describeBy(d, group=d$grade)
```

▶describe( ): p.53 参照
▶describeBy( ): p.91 参照

```
##3. 全対象者のデータを用いた Figure 1 のモデルとの適合性の検討
detach("package：psych")
library(lavaan)

# 当てはめるモデルの定義
model_sem <- '

# 測定方程式
c_douki =~ c_d1 + c_d2 + c_d3r  # 中間試験動機づけ
c_seika =~ c_rm + c_rj + c_re  # 中間試験学習成果
k_douki =~ k_d1 + k_d2 + k_d3r  # 期末試験動機づけ
k_seika =~ k_rm + k_rj + k_re  # 期末試験学習成果

# 構造方程式
c_seika ~ c_douki
k_douki ~ c_seika + c_douki
k_seika ~ c_seika + k_douki
'

# 実行
fit <- sem(model=model_sem, data=d, std.lv=TRUE)
summary(fit, standardized=TRUE, fit.measures=TRUE)
fitMeasures(fit)
```

▶共分散構造分析を行うために lavaan パッケージを用いるが，第5章でみたように，psych パッケージと lavaan パッケージを同時に読み込むと，関数が不具合をおこす可能性がある。そのため，psych パッケージを外してから lavaan パッケージを読み込む。

▶最初に当てはめるモデルを定義し，名前をつけて保存する。ここでは model_sem という名前でモデルを保存。

▶=~ で測定方程式部分を定義

▶~ で構造方程式を定義

▶モデル式をシングルコーテーションで囲む点に注意。

▶sem( ) 関数が，共分散構造分析を行う関数。その結果を fit(任意の名前で可) に代入して，summary( ) 関数で出力の仕方を指定。fitMeasures( ) 関数で，適合度指標を出力させる。

```
##4. 多母集団同時分析
fit_ci <- sem(model=model_sem, data=d, group="type")
summary(fit_ci, standardized=TRUE, fit.measures=TRUE)
fitMeasures(fit_ci)
```

▶sem( ) の引数に gruop=オプションを追加することで多母集団同時分析を実行できる。

▶オプションを含め，共分散構造分析については，第 13 章で詳しく紹介する。

```
##5. パス係数の差の検定
# 中間試験動機づけから中間試験学習成果
(0.391-0.338)/sqrt(0.085^2+0.090^2)
# 中間試験学習成果から期末試験動機づけ
(0.198-0.231)/sqrt(0.090^2+0.087^2)
# 中間試験動機づけから期末試験動機づけ
(0.731-0.271)/sqrt(0.121^2+0.098^2)
# 中間試験学習成果から期末試験学習成果
(0.853-0.524)/sqrt(0.112^2+0.091^2)
# 期末試験動機づけから期末試験学習成果
(0.602-0.192)/sqrt(0.096^2+0.083^2)
```

▶パス係数の差の検定は，ある統計量（a1, a2）とその標準誤差（s1, s2）があるとき，$\frac{a1-a2}{\sqrt{s1^2+s2^2}}$ で計算される値が漸近的に正規分布に従うことを用いる。この式に，多母集団同時分析でグループ別に算出されたパス係数の推定値(Estimate)とその標準誤差（Std Err）を代入して計算し，その値が正規分布のどの位置にあるかという点から判断する。

Step 4　分析スクリプトと出力例

```
## 分析準備
# ディレクトリの設定

# パッケージの読み込み
library(psych)

# データの読み込み
d0 <- read.csv("ch07.csv", header=TRUE)

# データの確認
head(d0)
tail(d0)
nrow(d0)
```

▶エラーがないか，データファイル（ch07.csv）が正しく読み込まれているかどうかを確認。このデータは 407 名分，14 個の変数を含んでいる。

（出力略）

```
# 変数の型の確認
str(d0)
```

（出力略）

```
##1. 欠測値を確認し欠測値のあるデータを削除
```

この論文の Table 1 には欠測値処理した後の結果が示されているので，欠測値の有無を確認した後，欠測値があった回答者のデータを削除します。

```
d0[!complete.cases(d0),]
```

（出力略）

```
d <- na.omit(d0)
```

▶欠測値処理後のデータ d を用いて，もう一度 str( ) を実行してみるのもよい。実行すると，383 名分のデータになっていることが確認できる。

```
##2. 各項目に対する回答の状況を確認（度数分布，平均，標準偏差等）
```

本研究では，学習への動機づけを測定する項目の内，1 項目が逆転項目となっています。そのため，後の分析には逆転処理後の項目得点を用います。また，本研究の目的は，中学生の動機づけ要因と学習行動や学習成果の関連が学年間に違いがないかを検討することなので，基礎統計量も学年別に確認します。

```
# 逆転処理
d$c_d3r <- 6 - d$c_d3
d$k_d3r <- 6 - d$k_d3
# 学年の度数分布
table (d$grade)
```

【注意】

▶c_d3 と k_d3 が逆転項目なので，それぞれの項目番号の後ろに "r" をつけた変数を新たに作成し，データセットに加えている。今回は 5 件法なので 6 から逆転処理前の項目得点を引いている。

```
> table(d$grade)

  1   2
204 179
```

```
# 複数変数に対して一度に項目得点の度数分布の作成を指示する --
lis_tmp <- c("c_d1", "c_d2", "c_d3r", "c_rm", "c_rj", "c_re",
             "k_d1", "k_d2", "k_d3r", "k_rm", "k_rj", "k_re")
# 全体を対象に
sapply(d[lis_tmp], table, exclude=NULL)
```

（出力略）

```
# 学年別に
d_1 <- subset(d, d$grade == 1)
sapply(d_1[lis_tmp], table, exclude=NULL)
```

（出力略）

```
d_2 <- subset(d, d$grade == 2)
sapply(d_2[lis_tmp], table, exclude=NULL)
```

（出力略）

```
# 基礎統計量
# 全体を対象に
describe(d)
```

（出力略）

```
# 学年別に
describeBy(d, group=d$grade)
```

▶記述統計量の確認では，学年別に出力。学年を示す変数は grade なので，describeBy( ) の引数に，group=d$grade を指定する。

```
> describeBy(d, group=d$grade)

 Descriptive statistics by group
group: 1
      vars   n   mean     sd median trimmed    mad min max range  skew kurtosis    se
ID       1 204 271.81 158.89  276.5  272.41 204.60   1 540   539 -0.03    -1.20 11.12
grade    2 204   1.00   0.00    1.0    1.00   0.00   1   1     0   NaN      NaN  0.00
c_d1     3 204   3.49   1.12    4.0    3.52   1.48   1   5     4 -0.25    -0.94  0.08
c_d2     4 204   3.29   1.09    3.0    3.32   1.48   1   5     4 -0.27    -0.56  0.08
c_d3     5 204   2.49   1.13    2.0    2.43   1.48   1   5     4  0.31    -0.75  0.08
c_rm     6 204   7.04   2.14    7.0    7.16   2.97   2  10     8 -0.36    -0.85  0.15
c_rj     7 204   7.46   1.49    8.0    7.54   1.48   3  10     7 -0.57     0.43  0.10
c_re     8 204   7.28   1.79    7.0    7.41   1.48   2  10     8 -0.76     0.55  0.13
k_d1     9 204   3.63   1.10    4.0    3.70   1.48   1   5     4 -0.44    -0.60  0.08
k_d2    10 204   3.37   1.12    3.0    3.41   1.48   1   5     4 -0.26    -0.74  0.08
k_d3    11 204   2.39   1.10    2.0    2.34   1.48   1   5     4  0.29    -0.92  0.08
k_rm    12 204   6.93   2.20    7.0    7.04   2.97   2  10     8 -0.39    -0.89  0.15
k_rj    13 204   7.23   1.58    7.0    7.26   1.48   3  10     7 -0.21    -0.69  0.11
k_re    14 204   7.00   1.97    7.0    7.08   1.48   2  10     8 -0.40    -0.71  0.14
c_d3r   15 204   3.51   1.13    4.0    3.57   1.48   1   5     4 -0.31    -0.75  0.08
k_d3r   16 204   3.61   1.10    4.0    3.66   1.48   1   5     4 -0.29    -0.92  0.08
--------------------------------------------------------------------------------
group: 2
      vars   n   mean     sd median trimmed    mad min max range  skew kurtosis    se
ID       1 179 280.40 151.08    272  281.99 183.84   3 536   533 -0.05    -1.15 11.29
grade    2 179   2.00   0.00      2    2.00   0.00   2   2     0   NaN      NaN  0.00
c_d1     3 179   3.68   1.03      4    3.72   1.48   1   5     4 -0.35    -0.89  0.08
c_d2     4 179   3.40   1.06      3    3.41   1.48   1   5     4 -0.16    -0.78  0.08
c_d3     5 179   2.29   1.02      2    2.23   1.48   1   5     4  0.30    -0.80  0.08
c_rm     6 179   7.13   2.04      8    7.28   1.48   2  10     8 -0.61    -0.47  0.15
c_rj     7 179   7.74   1.39      8    7.81   1.48   4  10     6 -0.50    -0.05  0.10
c_re     8 179   7.17   1.84      7    7.32   1.48   2  10     8 -0.68     0.02  0.14
k_d1     9 179   3.72   1.10      4    3.79   1.48   1   5     4 -0.44    -0.76  0.08
k_d2    10 179   3.24   1.21      3    3.29   1.48   1   5     4 -0.16    -0.93  0.09
k_d3    11 179   2.15   1.18      2    2.03   1.48   1   5     4  0.65    -0.75  0.09
k_rm    12 179   6.85   1.97      7    6.98   1.48   2  10     8 -0.47    -0.73  0.15
k_rj    13 179   7.22   1.62      8    7.33   1.48   3  10     7 -0.53    -0.55  0.12
k_re    14 179   7.06   1.88      7    7.21   1.48   2  10     8 -0.66    -0.11  0.14
c_d3r   15 179   3.71   1.02      4    3.77   1.48   1   5     4 -0.30    -0.80  0.08
k_d3r   16 179   3.85   1.18      4    3.97   1.48   1   5     4 -0.65    -0.75  0.09
```

ここまでの結果を確認すると，特に懸念されるような項目は見当たりません。また，学年の度数分布の出力結果を確認すると，論文で示されているように，1年生が179名，3年生が204人であることが分かります。

▶逆転処理の際に追加した変数（c_d3r と k_d3r）が，正しく追加されているかも確認しておく。

なお，学年を表す変数である grade は，3年生が1，1年生が2となっている点に注意。

```
##3. 全対象者のデータを用いた Figure 1 のモデルとの適合性の検討
# 当てはめるモデルの定義
model_sem <- '
## 測定方程式
c_douki =~ c_d1 + c_d2 + c_d3r  # 中間試験動機づけ
c_seika =~ c_rm + c_rj + c_re  # 中間試験学習成果
k_douki =~ k_d1 + k_d2 + k_d3r  # 期末試験動機づけ
k_seika =~ k_rm + k_rj + k_re  # 期末試験学習成果
## 構造方程式
c_seika ~ c_douki
k_douki ~ c_seika + c_douki
k_seika ~ c_seika + k_douki
'
# 実行
fit <- sem(model=model_sem, data=d, std.lv=TRUE)
summary(fit, standardized=TRUE, fit.measures=TRUE)
fitMeasures(fit)
```

▶測定方程式部分では，「=~」の左側に因子名，右側に項目を「+」でつないで表現する。一方，構造方程式部分では，「~」の左側に従属変数，右側に独立変数を「+」でつないで表現する。モデルを表現した式をシングルコーテーション「'」で囲む。

▶モデルを記述する際はコメントアウト機能を使って区別するとわかりやすい。

```
> # 当てはめるモデルの定義
> model_sem <- '
+ ## 測定方程式
+ c_douki =~ c_d1 + c_d2 + c_d3r # 中間試験動機づけ
+ c_seika =~ c_rm + c_rj + c_re  # 中間試験学習成果
+ k_douki =~ k_d1 + k_d2 + k_d3r # 期末試験動機づけ
+ k_seika =~ k_rm + k_rj + k_re  # 期末試験学習成果
+ ## 構造方程式
+ c_seika ~ c_douki
+ k_douki ~ c_seika + c_douki
+ k_seika ~ c_seika + k_douki
+ '


> fit <- sem(model = model_sem, data = d, std.lv=TRUE)
> summary(fit, standardized=TRUE, fit.measures=TRUE)
 lavaan 0.6-7 ended normally after 29 iterations

  Estimator                                         ML
  Optimization method                           NLMINB
  Number of free parameters                         29

  Number of observations                           383
                                    ※1
Model Test User Model:

  Test statistic                               104.020
  Degrees of freedom                                49
  P-value (Chi-square)                           0.000
```

▶最初に出力されるのは，Estimator（推定方法），Optimization method（最適化の方法），Number of free parameters（推定するパラメタの数），Number of observations（データ数）。

▶「Model Test User Model」の部分（※1）が，論文などでも記載の多い χ^2 検定の結果（χ^2 値，自由度，p 値）。

▶「Model Test Baseline Model」は独立モデルの χ^2 値など。

```
Model Test Baseline Model:

  Test statistic                                3344.259
  Degrees of freedom                                  66
  P-value                                          0.000

User Model versus Baseline Model:

  Comparative Fit Index (CFI)                      0.983
  Tucker-Lewis Index (TLI)                         0.977

Loglikelihood and Information Criteria:

  Loglikelihood user model (H0)                -6493.246
  Loglikelihood unrestricted model (H1)        -6441.236

  Akaike (AIC)                                 13044.491
  Bayesian (BIC)                               13158.984
  Sample-size adjusted Bayesian (BIC)          13066.972

Root Mean Square Error of Approximation:

  RMSEA                                            0.054  ※2
  90 Percent confidence interval - lower           0.040
  90 Percent confidence interval - upper           0.069
  P-value RMSEA <= 0.05                            0.302

Standardized Root Mean Square Residual:                   ※3

  SRMR                                             0.042

Parameter Estimates:

  Standard errors                               Standard
  Information                                   Expected
  Information saturated (h1) model            Structured

Latent Variables:                                                    ※4
                   Estimate  Std.Err  z-value  P(>|z|)   Std.lv  Std.all
  c_douki =~
    c_d1              0.824    0.051   16.230    0.000    0.824    0.764
    c_d2              0.836    0.050   16.677    0.000    0.836    0.780
    c_d3r             0.893    0.050   17.824    0.000    0.893    0.822
  c_seika =~
    c_rm              1.822    0.079   23.139    0.000    1.944    0.932
    c_rj              1.221    0.056   21.934    0.000    1.302    0.901
    c_re              1.554    0.069   22.525    0.000    1.658    0.916
  k_douki =~
```

▶「User Model versus Baseline Model」には，CFIとTLIの値が出力される。

▶「Loglikelihood and Information Criteria」には，AICとBICの情報量基準が示される。

▶「Root Mean Square Error of Approximation」(※2)にはRMSEAと，90%信頼区間などが示されている。

▶「Standardized Root Mean Square Residual」はSRMR（※3)。

▶「Latent Variables」の欄（※4）が「=~」で指定した因子と項目の関係の部分。指定された部分の推定値が示されている。Estimateが推定値，Std.allが論文などに記載されることが多い標準化されたパス係数。

▶P（>|z|）の部分が，推定値の有意性の検定結果（p値）。

```
    k_d1              0.756    0.045   16.677    0.000    0.886    0.809
    k_d2              0.808    0.048   16.754    0.000    0.947    0.813
    k_d3r             0.755    0.047   15.937    0.000    0.885    0.777
  k_seika =~
    k_rm              1.429    0.066   21.698    0.000    1.952    0.934
    k_rj              1.050    0.051   20.620    0.000    1.434    0.898
    k_re              1.266    0.061   20.622    0.000    1.729    0.898

Regressions:
                   Estimate  Std.Err  z-value  P(>|z|)   Std.lv  Std.all  ※5
  c_seika ~
    c_douki           0.371    0.063    5.941    0.000    0.348    0.348
  k_douki ~
    c_seika           0.207    0.063    3.305    0.001    0.188    0.188
    c_douki           0.499    0.077    6.501    0.000    0.426    0.426
  k_seika ~
    c_seika           0.660    0.069    9.560    0.000    0.515    0.515
    k_douki           0.355    0.060    5.936    0.000    0.305    0.305

Variances:
                   Estimate  Std.Err  z-value  P(>|z|)   Std.lv  Std.all
   .c_d1              0.485    0.049    9.936    0.000    0.485    0.417
   .c_d2              0.449    0.047    9.456    0.000    0.449    0.391
   .c_d3r             0.382    0.048    8.014    0.000    0.382    0.324
   .c_rm              0.574    0.073    7.872    0.000    0.574    0.132
   .c_rj              0.394    0.040    9.965    0.000    0.394    0.189
   .c_re              0.526    0.058    9.051    0.000    0.526    0.161
   .k_d1              0.413    0.046    8.989    0.000    0.413    0.345
   .k_d2              0.461    0.052    8.869    0.000    0.461    0.340
   .k_d3r             0.513    0.051    9.971    0.000    0.513    0.396
   .k_rm              0.556    0.075    7.391    0.000    0.556    0.127
   .k_rj              0.492    0.050    9.832    0.000    0.492    0.193
   .k_re              0.714    0.073    9.829    0.000    0.714    0.193
    c_douki           1.000                               1.000    1.000
   .c_seika           1.000                               0.879    0.879
   .k_douki           1.000                               0.728    0.728
   .k_seika           1.000                               0.536    0.536

> fitMeasures(fit)
                                                       ※6
               npar                fmin               chisq                  df
             29.000               0.136             104.020              49.000
             pvalue      baseline.chisq         baseline.df     baseline.pvalue
              0.000            3344.259              66.000               0.000
                cfi  ※9             tli                nnfi                 rfi
              0.983               0.977               0.977               0.958
                nfi                pnfi                 ifi                 rni
              0.969               0.719               0.983               0.983
               logl  unrestricted.logl                  aic                 bic
```

▶「Regressions」は，「~」で指定した潜在変数間のパス。Std.all が論文などに記載されることが多い標準化されたパス係数（※5）。

▶「Variances」は（残差）分散。モデル式において当該変数，もしくは因子に影響を与えると記述した変数では説明しきれない分散を表している。この値が小さいほど他の変数からの影響が大きい変数といえる。

▶例えば，Ⓐ/Ⓑ→Ⓒ の場合，C の残差とは，A, B では説明できない分散を示す。

▶ここからが fitMeasures( ) の出力。各種の適合度指標が出力されている。
7 章の論文に記載されている指標は，
※6　χ^2 検定の結果
※7　AGFI
※8　GFI
※9　CFI
※10　SRMR
※11　RMSEA

```
     -6493.246          -6441.236          13044.491         13158.984
        ntotal               bic2      ※11 rmsea       rmsea.ci.lower
       383.000          13066.972          0.054                0.040
rmsea.ci.upper      rmsea.pvalue                rmr        rmr_nomean
         0.069              0.302              0.082            0.082
          srmr ※10  srmr_bentler srmr_bentler_nomean             crmr
         0.042              0.042              0.042            0.046
   crmr_nomean        srmr_mplus  srmr_mplus_nomean             cn_05
         0.046              0.042              0.042          245.259
         cn_01               gfi ※8           agfi ※7            pgfi
       276.853              0.959              0.934            0.602
           mfi               ecvi
         0.931              0.423
```

##4. 多母集団同時分析

これまでの分析でFigure 1の関係が本研究のデータにも当てはまることが確認できたので，次は，本研究の目的である学年間でFigure 1の関係が異なるかどうかを多母集団同時分析を用いて検討します。

▶多母集団同時分析を実行するには，semの引数に，group="grade"を指定する。

```
fit_ci <- sem(model=model_sem, data=d, group="grade")
summary(fit_ci, standardized=TRUE, fit.measures=TRUE)
fitMeasures(fit_ci)
```

```
                          (出力略)
Group 1 [1]:

Latent Variables:                                                ※12
                   Estimate  Std.Err  z-value  P(>|z|)   Std.lv  Std.all
  c_douki =~
    c_d1              0.857    0.070   12.196    0.000    0.857    0.767
    c_d2              0.932    0.065   14.244    0.000    0.932    0.859
    c_d3r             0.911    0.070   13.042    0.000    0.911    0.806
  c_seika =~
    c_rm              1.827    0.110   16.552    0.000    1.962    0.920
    c_rj              1.247    0.078   16.047    0.000    1.339    0.903
    c_re              1.525    0.093   16.388    0.000    1.637    0.915
  k_douki =~
    k_d1              0.649    0.059   10.987    0.000    0.845    0.773
    k_d2              0.664    0.061   10.963    0.000    0.864    0.771
    k_d3r             0.670    0.059   11.317    0.000    0.871    0.796
  k_seika =~
    k_rm              1.168    0.085   13.669    0.000    2.016    0.919
    k_rj              0.829    0.062   13.448    0.000    1.430    0.905
    k_re              1.041    0.077   13.597    0.000    1.797    0.914
```

▶sem( )の出力がグループ別(group=オプションで指定した集団ごと）に出力される。Latent Variablesまでは，通常の共分散構造分析の場合とほとんど変わらないので出力は省略している。

▶Group 1に続く［ ］内の数字は，group=オプションで指定した変数grade変数の数値を指す。すなわちGroup 1は，grade変数に「1」を持つ人たち（つまり3年生)の結果を意味する。

```
Regressions:                                                          ※13
                    Estimate  Std.Err  z-value  P(>|z|)   Std.lv  Std.all
  c_seika ~
    c_douki            0.391    0.085    4.589    0.000    0.364    0.364
  k_douki ~
    c_seika            0.198    0.090    2.192    0.028    0.163    0.163
    c_douki            0.731    0.121    6.067    0.000    0.562    0.562
  k_seika ~
    c_seika            0.853    0.112    7.600    0.000    0.531    0.531
    k_douki            0.602    0.096    6.249    0.000    0.454    0.454
                              (出力略)
```

因子と項目間のパス係数はLatant VariablesのStd.all（※ 12）を，因子間のパス係数はRegressionsのStd.all（※ 13）を確認してください。他にもInterceptsやVariancesが出力されますが，今回は解釈には用いないので省略しています。続いて，Group 2（1年生）の結果が出力されます。出力結果の内容はGroup 1と同様です。

```
Group 2 [2]:

Latent Variables:
                    Estimate  Std.Err  z-value  P(>|z|)   Std.lv  Std.all
  c_douki =~
    c_d1               0.773    0.073   10.600    0.000    0.773    0.755
    c_d2               0.715    0.076    9.374    0.000    0.715    0.678
    c_d3r              0.875    0.071   12.245    0.000    0.875    0.856
  c_seika =~
    c_rm               1.803    0.112   16.068    0.000    1.903    0.936
    c_rj               1.194    0.078   15.330    0.000    1.261    0.909
    c_re               1.615    0.101   15.952    0.000    1.705    0.932
  k_douki =~
    k_d1               0.831    0.067   12.360    0.000    0.900    0.823
    k_d2               0.993    0.073   13.586    0.000    1.077    0.889
    k_d3r              0.827    0.074   11.240    0.000    0.897    0.763
  k_seika =~
    k_rm               1.571    0.097   16.159    0.000    1.873    0.954
    k_rj               1.211    0.082   14.693    0.000    1.443    0.894
    k_re               1.384    0.096   14.347    0.000    1.650    0.880
```

```
Regressions:
                   Estimate  Std.Err  z-value  P(>|z|)   Std.lv  Std.all
  c_seika ~
    c_douki           0.338    0.090    3.749    0.000    0.320    0.320
  k_douki ~
    c_seika           0.231    0.087    2.658    0.008    0.225    0.225
    c_douki           0.271    0.098    2.758    0.006    0.250    0.250
  k_seika ~
    c_seika           0.524    0.091    5.730    0.000    0.464    0.464
    k_douki           0.192    0.083    2.305    0.021    0.175    0.175
                                 (出力略)
```

出力結果から，両学年ともにすべてのパス係数は有意であること，期末試験動機づけから期末試験学習成果へのパスのように係数の大きさにやや大きな差が認められる部分があることが確認できます。これらを図示したものが論文の Figure 2 になります。

続いて，適合度も確認します。

```
> fitMeasures(fit_ci)                ※14
               npar                fmin               chisq                  df              pvalue
             82.000               0.245             187.756              98.000               0.000
      baseline.chisq         baseline.df   baseline.pvalue                 cfi                 tli
           3520.282             132.000               0.000               0.974  ※15        0.964
               nnfi                 rfi                 nfi                pnfi                 ifi
              0.964               0.928               0.947               0.703               0.974
                rni                logl   unrestricted.logl                aic                 bic
              0.974           -6433.514           -6339.636           13031.028           13354.767
             ntotal                bic2           ※16 rmsea      rmsea.ci.lower      rmsea.ci.upper
            383.000           13094.594               0.069               0.054               0.084
       rmsea.pvalue                 rmr         rmr_nomean            ※17 srmr        srmr_bentler
              0.020               0.084               0.090               0.045               0.045
srmr_bentler_nomean                crmr         crmr_nomean         srmr_mplus   srmr_mplus_nomean
              0.048               0.048               0.053               0.045               0.048
              cn_05               cn_01                 gfi                agfi                pgfi
            250.085             273.274               0.992               0.984               0.540
                                                       ※18                 ※19
                mfi
              0.889
```

▶
※14 χ^2
※15 CFI
※16 RMSEA
※17 SRMR
※18 GFI
※19 AGFI

たくさんの指標が出力されますが，p.170 と同様に論文等で記載される指標を□で囲みました。これらの適合度指標を確認すると，学年ごとの異同を認めるモデルもおおむね満足できる適合度だったようです。

上記の分析で，学年ごとの異同を認めるモデルが本研究のデータに適合していることが確認できましたが，学年間でパス係数の違いが大きい部分もありました。そこで，要因間の5つのパスについて学年間で差があるか否かを検討します。

なお，この検定はlavaanパッケージには関数がないので，ここではパス係数の推定値（Estimate）とその標準誤差（Std.Err）から統計量を計算して判断します。パス係数の推定値（a1, a2）とその標準誤差（s1, s2）があるとき，（a1－a2）/sqrt（s1^2＋s2^2）で計算される値は正規分布に従うため，その値が± 1.96より外側にあれば5%水準で有意（2つのパス係数は等しくない），±2.58より外側にあれば1%水準で有意と判断できます。

▶ $\frac{a1-a2}{\sqrt{s1^2+s2^2}}$

```
##5. パス係数の差の検定
# 中間試験動機づけから中間試験学習成果
(0.391-0.338)/sqrt(0.085^2+0.090^2)
# 中間試験学習成果から期末試験動機づけ
(0.198-0.231)/sqrt(0.090^2+0.087^2)
# 中間試験動機づけから期末試験動機づけ
(0.731-0.271)/sqrt(0.121^2+0.098^2)
# 中間試験学習成果から期末試験学習成果
(0.853-0.524)/sqrt(0.112^2+0.091^2)
# 期末試験動機づけから期末試験学習成果
(0.602-0.192)/sqrt(0.096^2+0.083^2)
```

```
> # 中間試験動機づけから中間試験学習成果
> (0.391-0.338)/sqrt(0.085^2 + 0.090^2)
[1] 0.42813
# 中間試験学習成果から期末試験動機づけ
(0.198-0.231)/sqrt(0.090^2 + 0.087^2)
[1] -0.2636291
# 中間試験動機づけから期末試験動機づけ
(0.731-0.271)/sqrt(0.121^2 + 0.098^2)
[1] 2.954247
# 中間試験学習成果から期末試験学習成果
(0.853-0.524)/sqrt(0.112^2 + 0.091^2)
[1] 2.279835
# 期末試験動機づけから期末試験学習成果
(0.602-0.192)/sqrt(0.096^2 + 0.083^2)
[1] 3.230751
```

これらの結果から，中間試験の動機づけから期末試験の動機づけへのパスの統計量が2.954247なので1%水準，中間試験の学習成果から期末試験の学習成果へのパスの統計量が2.279835なので5%水準，期末試験の動機づけから期末試験の学習成果へのパスの統計量が3.230751なので1%水準の臨界値（±1.96）を越えています。すなわち，これら3つのパスにおいては，係数が学年間で有意に差があると判断できます。

第 3 部

心理学研究で用いられる
さまざまな分析

第8章 t 検定

t 検定に用いる t.test( ) 関数は，何らかのパッケージを使用することなく実行できます。ここでは，対応がない場合の t 検定として，スチューデントの t 検定とウェルチの t 検定，そして対応がある場合の t 検定を紹介します。いずれも t.test( ) 関数で計算することができます。

使用するデータと変数
使用データ：ch08.csv

動物に対する共感性尺度
感情的触れ合い得点：
kanjo_score
寄付経験：kihu

このデータではすでに，5章のデータ（ch05.csv）から，t 検定の説明に必要な変数が準備されている。また，欠測値のあるデータも省かれている。

対応がない場合の t 検定

まずは対応のない t 検定から説明します。対応のない t 検定は，独立した2つの母集団の平均値の差の検定として用いられます。「独立した」とは，その2群が男女や寄付経験の有無など，ある1人の人がどちらかの群に属する場合を指します。

この場合の t.test( ) 関数の基本は，以下のような形になります。

【スクリプトのひな形】

```
t.test( 従属変数 ~ 独立変数 , var.equal= 等分散性にかかる指定 )
```

第1引数として，平均が比較される変数（従属変数），群を分ける変数（独立変数）の順で記述し，これを「~」で結びます。等分散性にかかわる指定の部分は var.equal＝のオプションで TRUE もしくは FALSE を指定します。

では，第5章の研究を用いて説明を続けます。

従来，t 検定としてはスチューデントの t 検定が広く紹介され，用いられてきました。スチューデントの t 検定を適用するには2つの母集団の分散が等しい（$\sigma^2_{アリ}=\sigma^2_{ナシ}$）という前提が必要です。$t$ 値を算出する際に，この仮定を置いて計算するため，スチューデントの t 検定は，「等分散性の検定」とセットで実行します。

▶等分散性の検定の帰無仮説は，「各母集団の分散（σ^2）が等しい（つまり $\sigma^2_{アリ}=\sigma^2_{ナシ}$）」。そのため，この検定の結果が5%水準で有意にならなければ、（積極的ではないが）$\sigma^2_{アリ} \neq \sigma^2_{ナシ}$ とはいえない，すなわち分散は等しいと考えてもよいだろうと判断する。

この一連のスクリプトは下記の通りです。ここでは，第5章の「感情的触れ合い」得点に対して，「寄付経験の有無」による t 検定を実行してみます。

```
var.test(d$kanjo_score ~ d$kihu)
t.test(d$kanjo_score ~ d$kihu, var.equal=TRUE)
```

上記の1行目の var.test( ) 関数が，等分散性の検定を実行するものであり，var.test(従属変数 ~ 独立変数) という形で指定します。ここでの従属変数は「感情的触れ合い」得点 (kanjo_score), 独立変数は「寄付経験の有無」(kihu) です。検討される変数 (kanjo_score)，すなわち「感情的触れ合い」得点が従属変数，群を分ける変数 (kihu)，すなわち「寄付経験の有無」が独立変数となります。

2行目が t 検定を行う関数になります。カッコ内の第1引数は，1行目の var.test( ) と同様です。そして第2引数に，var.equal = TRUE というオプションを付けて，スチューデントの t 検定を実行します。var.equal = TRUE という記述から想像できるように，等分散性が満たされていることを伝えています。実際は，1行目の等分散性の検定結果をみて，TRUE か FALSE を選択します。

▶var は分散（variance）を意味する。

まず1行目 var.test( ) 関数の出力です。

```
> var.test(d$kanjo_score ~ d$kihu)

    F test to compare two variances

data:  d$kanjo_score by d$kihu
F = 0.90281, num df = 31, denom df = 227, p-value = 0.762  ※1
alternative hypothesis: true ratio of variances is not equal to 1
95 percent confidence interval:
 0.5566941 1.6349803
sample estimates:
ratio of variances
         0.9028085
```

▶num df は分子（numerator）の自由度，denom df は分母（denominator）の自由度を指す。

▶Alternative hypothesis は対立仮説のこと。「分散の比が1ではない」つまり，「分散は等しくない」になる。先の帰無仮説の説明と合わせて理解してほしい。

等分散性の検定は F 値を用いる検定です。出力結果(※ 1)をみると，F 値（F）は 0.90281，自由度は 31 と 227，p 値（p-value）は 0.762 であることがわかります。結果は有意ではありません（等分散でないとはいえない）ので，スチューデントの t 検定を適用できます。そこで 2 行目を実行すると以下のような出力が得られます。

▶なお，この検定結果が有意になった場合は，ウェルチの t 検定を用いる。

```
> t.test(d$kanjo_score ~ d$kihu, var.equal = TRUE)

    Two Sample t-test

data:  d$kanjo_score by d$kihu   ※2
t = 3.1341, df = 258, p-value = 0.001923   ※3
alternative hypothesis: true difference in means is not equal to 0
95 percent confidence interval:
 0.1798675 0.7879687
sample estimates:
mean in group 1 mean in group 2
       3.375000        2.891082
```

▶等分散を仮定することができ，スチューデントの t 検定を行った場合，タイトルは Two Sample t-test となる。一方，等分散を仮定しない場合の，ウェルチの t 検定は，Welch Two Sample t-test と表示される。

▶Alternative hypothesis は，「平均値における真の差は 0 ではない」，つまり「平均に差がある」となる。

▶ここで出力されている 95% 信頼区間は，$\mu_{ナシ}-\mu_{アリ}$という差の値の信頼区間。この区間内に 0 が位置することは，母集団の平均値に差があるとは言い難いことを示す。

タイトル下に「従属変数 by 独立変数」という形で使用された変数名が示されます（※ 2）。そしてその次の行に，t 値（t）は 3.1341，df(自由度）は 258，p 値（p-value）は 0.001923 と示されています（※ 3）。

次の，95 percent confidence interval は，2 群の平均値の差の 95% 信頼区間です。最後に，各群の平均値が示されています。ここには論文に必要な標準偏差は出力されないため，describeBy( ) 関数などで別途算出する必要があります。

次に，等分散の仮定を必要としないウェルチの t 検定を紹介します。等分散の仮定を必要としないことは，等分散であっても問題はないということでもあるので，等分散性の検定を必要ないと考えることもできます。

本章では，等分散性の検定の結果をみて t 検定を行うという流れを先に紹介しましたが，実際は等分散性の検定を行わず，すべてウェルチの t 検定を適用すればよいでしょう。また，等分散性の検定と t 検定という 2 つの検定を 1 セットにして繰り返すことによって生じる検定の多重性を回避できます。

▶論文では，スチューデントの t 検定を行った場合も，ウェルチの t 検定の場合も，単に「t 検定を行った」と表記することがほとんどである。

先に紹介した，「感情的触れ合い」得点に対して，「寄付経験の有無」による t 検定を，ウェルチの t 検定で行う場合のスクリプトは以下のようになります。var.equal＝を TRUE から FALSE に変更するだけです。なお，var.equal＝はデフォルト設定が FALSE なので，2 行目のように var.equal＝FALSE を記述しなくても同じ計算が実行されます。

```
t.test(d$kanjo_score ~ d$kihu, var.equal=FALSE)
t.test(d$kanjo_score ~ d$kihu)
```

```
> t.test(d$kanjo_score ~ d$kihu, var.equal = FALSE)

    Welch Two Sample t-test

data:  d$kanjo_score by d$kihu
t = 3.2577, df = 41.252, p-value = 0.002251  ※4
alternative hypothesis: true difference in means is not equal to 0
95 percent confidence interval:
 0.1839778 0.7838584
sample estimates:
mean in group 1 mean in group 2
       3.375000        2.891082
```

▶ウェルチの t 検定では，自由度が小数値になることが多い（スチューデントの t 検定と異なり，データ数−1 ではない）。論文等では，四捨五入をして整数値で記載することが一般的。

ウェルチの t 検定では，t 値（t）は 3.2577，df（自由度）は 41.252，p 値（p-value）は 0.002251 と示されています（※ 4）。スチューデントの t 検定と同じ値になることはまずありません。95％信頼区間もやや異なっています。

対応がある場合の *t* 検定

本書には対応がある t 検定を用いたサンプル論文はありません。対応のある t 検定は，事前・事後の測定があるような縦断データ，もしくは横断データであっても，条件を変えて 2 つの測定があるような場合（A 条件と B 条件で比較する場合）に使用します。t 検定ですから，扱うことができる水準は 2 つ（2 時点もしくは 2 条件）です。

以下，データとして，pair.csv を用いて説明を進めます。データの形としては，以下のような形になります。データの形を見ると分かり

使用するデータと変数
使用データ : pair.csv

時点 1; time1
時点 2; time2
時点 3; time3

やすいですが，例えばID 1の人は，time1では34，time2では35，ID2の人はtime1では13，time2では20です。同じ人がそれぞれのtimeのデータを提供していますので，time1とtime2の得点には何らかの関連がある（対応がある）ことが想定されます。

pair.csv

ID	time1	time2
1	34	35
2	13	20
3	26	31
4	28	38
5	12	21
6	29	25
7	22	25
8	11	11

▶対応のあるt検定の帰無仮説は，「母集団においてtime1とtime2の平均値は等しい」。実際は，対応のあるt検定は，2時点の差（変化量）が0であるかどうかを検定している（1標本問題）。つまり，time1－time2を計算した変化量を求めておき，その平均値に関して，母集団において0であるかを検定している。

ID	time1	time2	変化量
1	34	35	−1
2	13	20	−7
3	26	31	−5
.	.	.	.
.	.	.	.
.	.	.	.

それでは，Rで対応のあるt検定を行ってみましょう。この場合もt.test( )関数を使います。対応がないt検定とは引数の設定が大きく異なりますので注意してください。対応のあるt検定の場合には，群を分けないので「~」（チルダ）は使用しません。スクリプトは，以下のようになります。

▶「群を分けない」というのは，言い換えれば，独立変数がないということ。従属変数，独立変数という位置づけがないので，チルダは使用しない。

【スクリプトのひな形】

```
t.test( 変数 1, 変数 2, paired=TRUE)
```

pair.csvを用いて，time1とtime2の平均について対応のあるt検定を行うスクリプトは以下のようになります。

```
t.test(d$time1, d$time2, paired=TRUE)
```

```
> t.test(d$time1, d$time2, paired=TRUE)

    Paired t-test

data:  d$time1 and d$time2
t = -9.9706, df = 184, p-value < 2.2e-16  ※5
alternative hypothesis: true difference in means is not equal to 0
95 percent confidence interval:  ※6
 -4.228178 -2.831282
sample estimates:
mean of the differences
               -3.52973
```

▶95％信頼区間（※6）は−4.228178から−2.831282であるが，この差は，t.test( )関数に投入した引数の順にしたがい，第1引数（変数1）－第2引数（変数2）で計算されている。
▶出力結果の1番下のmean of the differencesの数値の計算も同様。

出力の見方は対応のない場合とほとんど同じです。この場合，t 値は－9.9706，自由度 184，有意確率が 2.2e－16（$2.2/10^{16}$ であることを示します。つまり，ほぼ0）という結果が示されました（※5）。帰無仮説が棄却されるので，母集団において time1 と time2 の 2 時点での平均は等しくない，有意な差があるという結論になります。

繰り返すまでもないですが，t 検定は，母集団における平均値の差に関する検定です。あくまで母集団における平均値の差に関しての判断をする場合に有用な知見を与えてくれる検定であり，入手できたサンプルの平均値の差について何ら情報を与えてくれるものではありません。サンプルにおける平均値の差（その大きさ）に関して検討する際は，効果量などを利用します。

▶効果量に関しては，p.106 を参照。

第9章 探索的因子分析

この章では探索的因子分析について紹介します。因子分析を行う関数はいくつかありますが，ここでは psych パッケージに含まれる fa( ) 関数を使用します。また，GPArotation というパッケージも必要になります。あらかじめ psych パッケージと GPArotation パッケージを library( ) 関数で読み込んでください。

探索的因子分析では，まず始めに，項目群の背後にいくつの潜在変数があるか，つまり因子数を決める必要があります。因子分析を使った論文を読んだり，実際に因子分析をしたことがある人は，固有値やスクリープロットという単語を耳にしたこともあると思います。それらの情報をもとに因子数を仮定してから，因子分析を実行するという流れになります。

使用するデータと変数

使用データ：ch05.csv

動物に対する共感性尺度の候補項目 20 項目：a01~a20

ここでは p.103 のように欠測値を削除し，事前準備が終わっているとして説明を進める。

因子数を決めるための方法を紹介します。因子数の決定には固有値の減衰状況（それを図示したものがスクリープロット）を用います。これは項目群の項目相関行列に対して計算されます。また，近年では平行分析といった手法も一般的になってきています。

はじめに，固有値を算出し，スクリープロットを描く方法です。順序としては，1）項目群だけで構成されるデータフレームを作成する。2）cor( ) 関数を使用して項目間相関行列を求める。3）その結果をもとに eigen( ) 関数を用いて固有値を求める。4）VSS.scree( ) 関数を用いてスクリープロットを描く，となります。なお，3）と 4）は情報としては同じなのですが，両方実行しておくと良いでしょう。

```
d_fa <- d[c("a01", "a02", "a03", "a04", "a05", "a06", "a07",
            "a08", "a09", "a10", "a11", "a12", "a13", "a14",
            "a15", "a16", "a17", "a18", "a19", "a20")]
tmp_c <- cor(d_fa)
eigen(tmp_c)
VSS.scree(tmp_c)
```

出力は p.111 のような形になります。

次に，もうひとつの方法が，平行分析です。この方法は，R の普及とともに広まってきたともいえるでしょう。平行分析は次のスクリプトで実行します。出力と結果の見方は p.112 を参照してください。

```
fa.parallel(d_fa)
```

これらの結果から因子数の見通しとしては，3 因子または 4 因子と考えられるので，実際に fa( ) 関数を用いて因子分析を行います。fa( ) 関数にはさまざまなオプションがありますが，下記がオーソドックスな形です。データフレーム名以外は，なくてもエラーになりませんが，この 4 つは常に指定することを習慣にするとよいでしょう。

【スクリプトのひな形】

```
fa( データフレーム , nfactors= 因子数 , fm= 初期解の抽出方法 ,
   rotate= 回転方法 )
```

▶データに欠測値が含まれる場合，自動的にペアワイズで削除処理が行われた結果が出力される。

データフレーム：データフレームの名称を指定します。データフレームではなく相関行列や共分散行列から因子分析を行うこともできます。

因子数：抽出する因子数を指定する部分で，nfactors = の後に任意の値を記入します。

初期解の抽出方法：抽出方法を fm = の後に minres など文字列で記入するので，これをダブルコーテーションで囲みます。デフォルトはミンレス法（fm = "minres"）です。

▶因子の抽出方法の例

方法名	記述記号
ミンレス法（デフォルト）	minres
重みづけ最小二乗法	wls
一般化最小二乗法	gls
主因子法	pa
最尤法	ml

回転方法：回転は rotate = の後に promax などと文字列で記入するので，これをダブルコーテーションで囲みます。デフォルトは斜交回転のオブリミン法（rotate = "oblimin"）です。回転させない場合は，rotate = "none" を指定する必要があります。

初期解の抽出方法や回転方法は，これまでに多様なものが提案されており，fa( ) 関数でもいくつもの選択肢があります。右は実施可能な方法の一部です。因子分析では，適切な解を求めて試行錯誤を繰り返しますが，その過程で，複数の方法を試してみるのが一般的です。なおこれら以外にもあるので，詳細は psych パッケージのマニュアル fa( ) 関数部分を参照してください。

以下のスクリプトは，データフレーム d_fa の項目に対して，ミンレス法を用いて 3 因子を抽出し，プロマックス回転を行うという指示になります。

```
fa(d_fa, nfactors=3, fm="minres", rotate="promax")
```

さて，このスクリプトを実行するだけで因子分析の結果を出力できますが，出力された結果は決して読み取りやすいとはいえません。論文等で記載されている結果は，因子ごとに因子パタンの高い項目から低いものに並べ替えられており，結果を把握しやすくなっています。このような形式で出力させるため，以下のように，一旦，結果を result_3fa に入れ，print( ) 関数によって出力の形式をコントロールします。print( ) 関数では，sort = TRUE というオプションを設定することで，並び替えた結果が出力されます。

```
result_3fa <- fa(d_fa, nfactors=3, fm="minres", rotate="promax")
print(result_3fa, sort=TRUE)
```

上記のスクリプトは，動物に対する共感性の 20 項目すべてに対して行われる因子分析を実行するものです。このスクリプトの実行結果は p.113 のようになります。

また，fa( ) 関数の結果を fa.plot( ) 関数に受け渡すことで，因子パタンから項目の位置をプロットし，視覚化することができます。項目のまとまりや，他の項目から独立した位置にあるものなどをチェックしやすいでしょう。

▶**回転方法の例**

回転の種類	回転名	記述記号
回転なし		none
直交回転		
	バリマックス	varimax
	クォーティマックス	quartimax
	エカマックス	equamax
斜交回転		
	オブリミン（デフォルト）	oblimin
	プロマックス	promax
	シンプリマックス	simplimax
	斜交ジオミン	geominQ
	独立クラスター	cluster

▶因子分析結果は，Excel に出力を移してから解釈することを強く推奨する。方法に関しては，p.190 参照。

▶エラーが出る場合は，library(psych) と library(GPArotation) を実行しているか確認。

```
fa.plot(result_3fa, labels=colnames(d_fa), show.points=FALSE,
cut=0.5)
```

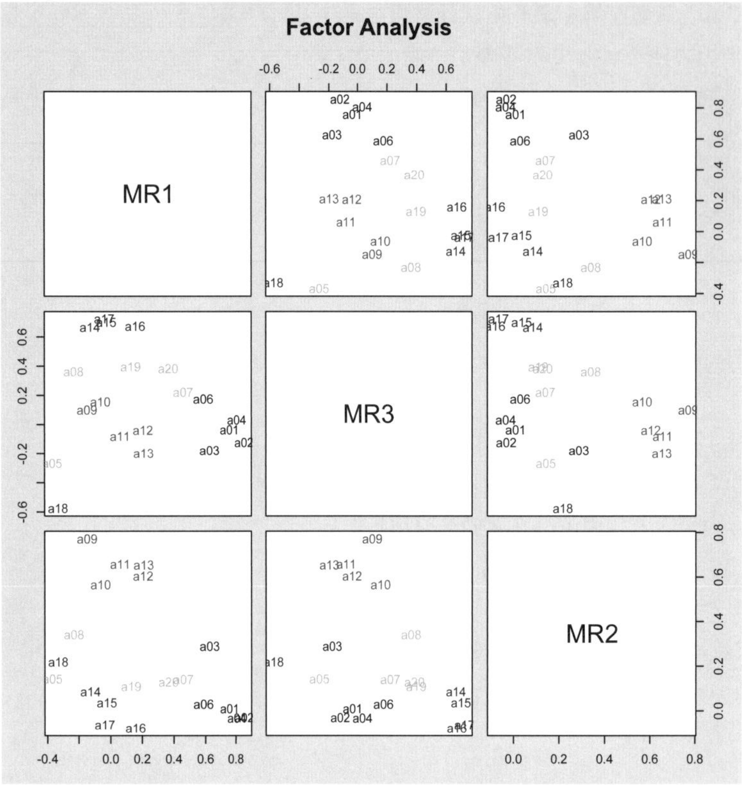

▶fa.plot( ) 関数

第 1 引数

fa( ) 関数の出力結果を保存したものを指定。

第 2 引数

labels=colnames( ) で因子分析に用いたデータフレームを指定。colnames( ) を指定することで，データフレームの変数名をラベルとして用いる。

第 3 引数

show.points=FALSE では，プロットの際のマーカーを消す。ラベルがあるので，マーカーはとくに必要ない。

第 4 引数

cut= では，指定された値よりも小さい因子パタンの項目を薄い色にして区別する。

fa.plot( ) の詳細は，psych のヘルプの cluster.plot を参照。

探索的因子分析は，研究者がとらえたい構成概念の因子構造を見出すための有用な武器になります。しかし，絶対的な基準がある分析でもないため，分析者の意図が結果に反映されやすい分析ともいえます。いくつの因子を抽出するか，その因子にどのような名前を与えるか，下位尺度を構成するためにどの項目を選出するかなど，慎重に検討を重ねる必要があります。

また，探索的因子分析の結果は，対象を変えた別の調査のデータを用いて同様の分析を施しても，同じ結果にならないことが頻繁に生じます。1 回の調査だけで尺度を作成することもありますが，通常は予備調査も含めて何度もデータを収集し，繰り返し因子構造を把握します。その過程で，より単純構造に近づくように項目を修正したり，追加・削除したりもします。第6章で用いられている確認的因子分析も，このプロセスで有用な知見を与えてくれる分析です。

Column Rコンソールの出力結果をExcelに移す方法

ここでは，探索的因子分析の結果を例にして，Rコンソールの出力結果をExcelに移す方法を解説します。3段階で行うことができます。

1. Rコンソールの結果で移したい部分を選択してコピーする

2. Excelに貼り付ける

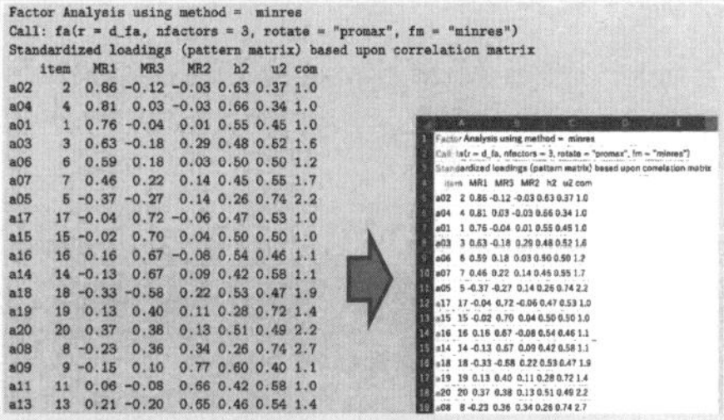

3. 区切り位置を指定してセルに分ける

A列を選択します。

↓

メニューの「データ」から，「区切り位置」を選択します。

区切り位置指定ウィザード（テキストウィザード）が出てきます。

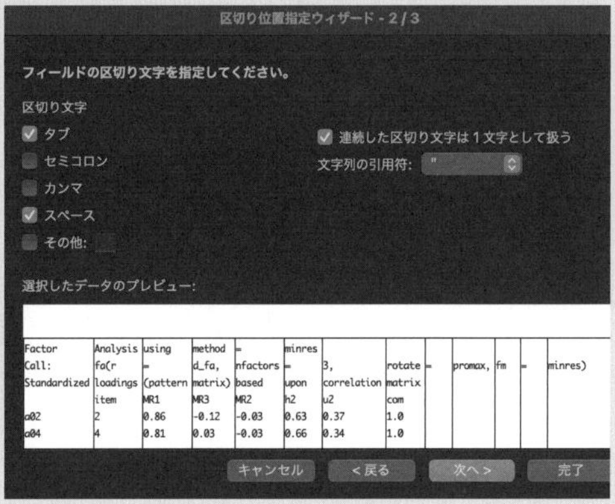

上の，「区切り記号付き」をチェックして，「次へ」。続いて，区切り文字の「スペース」にチェックを入れます。すると，スペースが入っているところでセルに分割されます。もう一度「次へ」をクリックして，「完了」します。

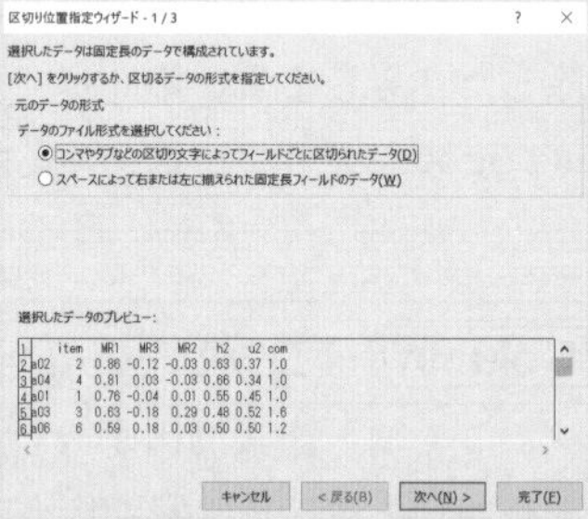

1 行目の文章など，少し変な形になっていますが，これは必要に応じて整えてください。

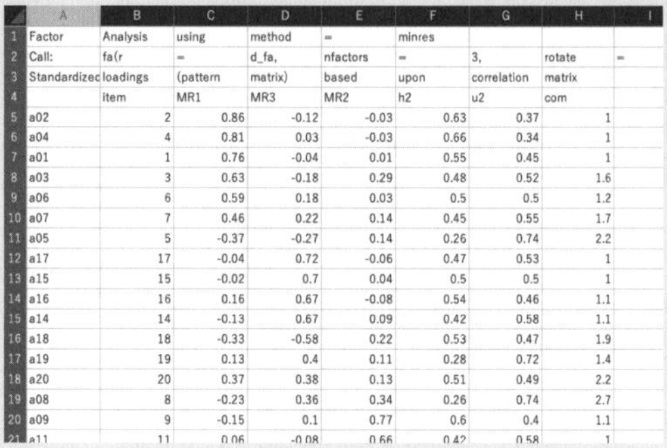

	A	B	C	D	E	F	G	H	I
1	Factor	Analysis	using	method	=	minres			
2	Call:	fa(r	=	d_fa,	nfactors	=	3,	rotate	=
3	Standardizec	loadings	(pattern	matrix)	based	upon	correlation	matrix	
4		item	MR1	MR3	MR2	h2	u2	com	
5	a02	2	0.86	-0.12	-0.03	0.63	0.37	1	
6	a04	4	0.81	0.03	-0.03	0.66	0.34	1	
7	a01	1	0.76	-0.04	0.01	0.55	0.45	1	
8	a03	3	0.63	-0.18	0.29	0.48	0.52	1.6	
9	a06	6	0.59	0.18	0.03	0.5	0.5	1.2	
10	a07	7	0.46	0.22	0.14	0.45	0.55	1.7	
11	a05	5	-0.37	-0.27	0.14	0.26	0.74	2.2	
12	a17	17	-0.04	0.72	-0.06	0.47	0.53	1	
13	a15	15	-0.02	0.7	0.04	0.5	0.5	1	
14	a16	16	0.16	0.67	-0.08	0.54	0.46	1.1	
15	a14	14	-0.13	0.67	0.09	0.42	0.58	1.1	
16	a18	18	-0.33	-0.58	0.22	0.53	0.47	1.9	
17	a19	19	0.13	0.4	0.11	0.28	0.72	1.4	
18	a20	20	0.37	0.38	0.13	0.51	0.49	2.2	
19	a08	8	-0.23	0.36	0.34	0.26	0.74	2.7	
20	a09	9	-0.15	0.1	0.77	0.6	0.4	1.1	
21	a11	11	0.06	-0.08	0.66	0.42	0.58	1	

この方法を使用する場面は数多くあります。覚えておくと良いでしょう。

Column 因子分析の結果を Excel に移して検討する方法

R の因子分析の結果は，変数名しか表示されません。しかし，因子分析の結果を解釈するには，変数名と項目内容を対応づけて検討することが必要です。ここで紹介する方法は，Excel の VLOOKUP という関数を使う方法です。

1. 因子分析の結果を，R から Excel に移します。

2. 別途、別の場所（シート）に項目リストを作成しておきます。

（例：シート「項目リスト」の A1:B20 の範囲）

3. B 列に項目内容を表示するために，B 列で下のように VLOOKUP 関数を用います。

以下は、B5 に、項目リストの中から、A5 と同じ値を探し、項目リストの 2 列目を返す場合の方法です。

```
=VLOOKUP(A5, 項目リスト!$A$1:$B$20, 2)
```

詳細は、サポート Web ページをご覧ください。

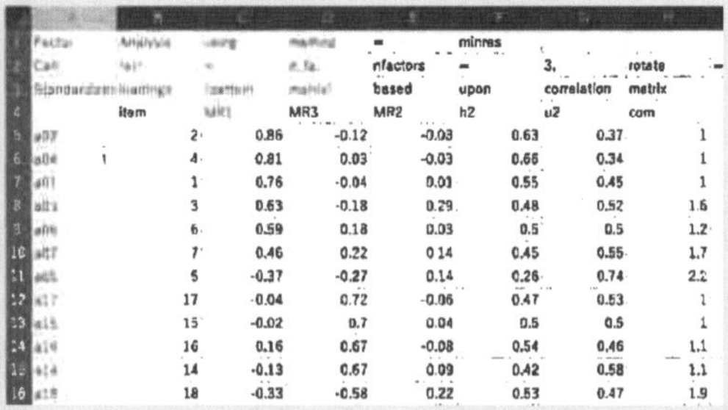

1	[illegible]	[illegible]	[illegible]	[illegible]	=	minres			
2	[illegible]	[illegible]	[illegible]	[illegible]	nfactors	=	3,	rotate	=
3	[illegible]	[illegible]	[illegible]	[illegible]	based	upon	correlation	matrix	
4		item	[illegible]	MR3	MR2	h2	u2	com	
5	[illegible]	2	0.86	-0.12	-0.03	0.63	0.37	1	
6	[illegible]	4	0.81	0.03	-0.03	0.66	0.34	1	
7	[illegible]	1	0.76	-0.04	0.01	0.55	0.45	1	
8	[illegible]	3	0.63	-0.18	0.29	0.48	0.52	1.6	
9	[illegible]	6	0.59	0.18	0.03	0.5	0.5	1.2	
10	[illegible]	7	0.46	0.22	0.14	0.45	0.55	1.7	
11	[illegible]	5	-0.37	-0.27	0.14	0.26	0.74	2.2	
12	[illegible]	17	-0.04	0.72	-0.06	0.47	0.53	1	
13	[illegible]	15	-0.02	0.7	0.04	0.5	0.5	1	
14	[illegible]	16	0.16	0.67	-0.08	0.54	0.46	1.1	
15	[illegible]	14	-0.13	0.67	0.09	0.42	0.58	1.1	
16	[illegible]	18	-0.33	-0.58	0.22	0.53	0.47	1.9	

第10章

尺度の信頼性

心理尺度の信頼性を表す係数

ここでは心理尺度の信頼性係数の推定方法を紹介します。近年，信頼性の係数としてはCronbachのα係数およびMcDonaldのω係数が用いられることが多いといえるでしょう。α係数は従前より頻繁に利用されますが，以前から現実的な場面では信頼性を過小評価するといった問題が指摘されています。このα係数に代わる指標としてω係数が注目されており，Rではこのω係数を簡単に算出できるというメリットがあります。

▶もともと信頼性係数は，古典的テスト理論において，観測得点の精度（誤差）を評価するものとして定義されている。誤差のない完全な測定であれば，信頼性係数は1，すべてが誤差の場合は0になる。1に近ければ近いほど，精度が高い測定だといえる。しかし，この信頼性係数を直接計算することはできないため，その推定値としてCronbachのαが用いられてきた。

そこでこの2種について取り上げます。関数は，いずれもpsychパッケージに含まれるalpha( ) 関数とomega( ) 関数を用います。

1 Cronbachのα

はじめに，Cronbachのαを求めるalpha( ) 関数です。オーソドックスな形式は以下のように単純です。

【スクリプトのひな形】

```
alpha( データフレーム名 )
```

引数には，複数の項目を列挙することもできますが，尺度に含まれる変数だけを抽出して作成したデータフレームを用いることが最も簡単です。因子分析などを経て，下位尺度を構成した場合は，それぞれの下位尺度ごとにデータフレームを作成します。

この時，逆転項目が存在する場合は，前もって逆転処理をした後の値をデータフレームに含めておきましょう。逆転項目が存在した場合，Rは警告メッセージを発してくれます。

▶この警告は，ある項目と合計点との相関（いわゆるIT相関）が，負の場合に表示される。

では，具体的に第6章の研究とデータを使って説明します。

確認的因子分析の結果，感情的触れ合いの因子は，a01，a13，a07，a16，a10，a04の6つの項目で構成されると確認できました。これらの項目からなる下位尺度のα係数を算出します。なお，逆転項目はありません。

使用するデータと変数

使用データ：ch06.csv

動物に対する共感性尺度の16項目：a01~a16

データはデータフレームdにあるとします。そこから6つの項目(変数）だけを抽出し，alpha( )関数の引数に指定します。出力と結果の見方はp.85を参照してください。

【補足】

▶alpha( )関数では，オプションkeys=で，逆転項目を指定することもできる。

▶データに欠測値が含まれる場合，何も指定しないと，自動的にペアワイズで削除処理が行われた結果が出力される。

▶欠測値が含まれていた場合に注意喚起を必要とするなら，na.rm=オプションをFALSEに設定。

```
lis_kanjo <- c("a01", "a13", "a07", "a16", "a10", "a04")
alpha(d[lis_kanjo])
```

α係数は以前より頻繁に利用されている信頼性の指標です。一般的に0.70程度を最低ラインとして判断をすることが多いのですが，α係数は項目数にも影響されます。そこで，もう少しα係数についての説明を加えておきます。

α係数は，項目数と，項目間の相関係数の平均から計算することができます。項目間の相関係数の平均は上記出力の最初の部分，average_r部分に出力されている0.52です。これと項目数の6を使って右側の式に代入して計算すると，確かに0.87程度の値になります。では，6項目でα係数が0.70程度の場合，項目間の相関係数の平均はどの程度になるでしょうか。

▶αの計算
nは項目数
$\bar{r}$は項目間の相関係数の平均

$$\alpha = \frac{n\bar{r}}{1+(n-1)\bar{r}}$$

$$\alpha = \frac{6 \times 0.52}{1+(6-1) \times 0.52}$$

項目間の相関係数の平均が0.30でもα係数は0.72と，0.70を越えます。つまり6項目でα係数が0.70という場合，項目間の相関係数の平均は0.30を下回るということです。また，項目間の相関係数の平均が0.30でも，項目数が5項目だとα係数は0.68になり0.70を下回ります。

alpha( ) 関数の出力から α 係数の部分だけを読み取って，0.70 を超えているかどうかを機械的に判断するだけでは，信頼性に関する出力の読み取りとしては不十分でしょう。average_r や α 係数の 95% 信頼区間，さらには項目間相関を別途算出して眺めるといった多面的に検討する姿勢が必要です。

2 McDonald の ω

次に，McDonald の ω 係数を求める omega( ) 関数です。基本的な形式は以下のように alpha( ) と同じです。

▶データに欠測値が含まれる場合，自動的にペアワイズで削除処理が行われた結果が出力される。

【スクリプトのひな形】

```
omega( データフレーム名 , fm= 因子抽出法 , rotate= 回転法 ,
     plot=FALSE)
```

ω 係数は因子分析の結果を使って計算をします。omega( ) 関数が行う因子分析のデフォルト設定は，因子抽出法はミンレス法（fm = "minres"），回転法はオブリミン法です（rotate = "oblimin"）。探索的因子分析に利用した fa( ) 関数と同様に，fm =，rotate = オプションで変更が可能です。では実際に実行させてみましょう。対象とする尺度は α 係数の説明の時と同じです。

▶fm= や rotate= のオプションについては，omega( ) 関数のヘルプや fa( ) 関数の部分を参照。

なお，omega( ) 関数はテキストでの出力と内容が重複する因子分析の図の両方が表示されるので，ここでは plot = FALSE という設定を加えておきます。次の 2 行のスクリプトはどちらも同じです。

```
omega(d[lis_kanjo], plot=FALSE)
omega(d[lis_kanjo], fm="minres", rotate="oblimin", plot=FALSE)
```

```
> omega(d[lis_kanjo] , plot=FALSE)
Loading required namespace: GPArotation
Omega
Call: omegah(m = m, nfactors = nfactors, fm = fm, key = key, flip = flip,
    digits = digits, title = title, sl = sl, labels = labels,
    plot = plot, n.obs = n.obs, rotate = rotate, Phi = Phi, option = option,
    covar = covar)
Alpha:                 0.87  ※1
```

▶Alpha(※1)：α 係数。alpha( ) 関数で求めた std_alpha(※ 1)。

```
G.6:                    0.85
Omega Hierarchical:     0.83  ※2
Omega H asymptotic:     0.9
Omega Total             0.92  ※3

Schmid Leiman Factor loadings greater than  0.2 ※4
       g   F1*   F2*   F3*   h2   u2   p2
a01 0.78  0.23               0.68 0.32 0.91
a13 0.77  0.20               0.63 0.37 0.93
a07 0.69                     0.51 0.49 0.93
a16 0.73                     0.59 0.41 0.92
a10 0.64        0.76         1.00 0.00 0.42
a04 0.63              0.73   0.93 0.07 0.42
                         （出力略）
```

係数の確認は，出力の最初の方にあります。α係数（Alpha），ガットマンのラムダ6（G.6）に加えて，ω係数が出力されています。ω係数は，McDonaldが1978年に発表したものと，1999年に発表したものを総称的によびます。McDonald（1978）によるω係数がOmega Hierarchicalに，McDonald（1999）によるω係数がOmega Totalに示されます。

現在では，論文などでは，McDonald（1999）によるω係数を報告することが一般的でしょう。なお，これらを区別するため，1978の係数をω_h，1999年の係数をω_tと表記することもあります。

「Schmid Leiman Factor loadings greater than 0.2」（※4）部分の後は，因子分析の結果や適合度指標に関するものが主となります。

さて，omega( ) 関数の実行過程では因子分析も行われるので，「The estimated weights for the factor scores are probably incorrect. Try a different factor score estimation method.」などの警告メッセージが示されることがしばしばあります。第7章のデータではこの警告が表れます。

デフォルトのままでは適切な結果が得られていないということですので，先に紹介した因子分析に関するオプションを検討します。警告が発せられたデフォルトの設定は，因子抽出法がミンレス法（fm＝"minres"），回転法がオブリミン法（rotate＝"oblimin"）です。これらのオプションを変更して警告が回避される設定を探ります。第7章の

▶Omega Hierarchical：McDonald(1978) によるω係数(※2)。

▶Omega Total(※3)：McDonald(1999) によるω係数。

▶print(omega(d[lis_kanjo], plot=FALSE), digits=3) とすれば，少数第3位まで表示される。

```
print(omega(d[lis_kanjo],
      plot=FALSE),
      digits=3)
```

とすれば，小数第3位まで表示される。

論文では，因子抽出法を最尤法に変更した（fm = "ml"）結果を採用しています。

以上のように，ω 係数は因子分析の結果を踏まえて算出されるものですが，α 係数と比較し，「ある制限を外した係数」と表現されることもあります。尺度の信頼性は，測定したいひとつの因子があり，それを測定できる複数の項目があるところから生じます。すなわちそれらの項目群に１因子構造が仮定されるのですが，その１つの因子と項目の関係をどのように考慮するのかというところに違いがあります。

出力結果の※３部分のｇ列は，測定したいひとつの因子ｇと各項目との間の係数と考えてください。これらの値が等しくない，すなわち因子との関係の強さが項目ごとに違うと考えた場合の信頼性が ω 係数といえます。α 係数では，それらがすべて等しいという制限が加えられているととらえてください。

Column　高機能エディタを用いて，スクリプトを効率良く作成する方法

R に加えて Excel を用いて分析を進めていますが，テキストエディタによる正規表現を使うことで，より効率的な分析が可能となります。本書では，フリーソフトである TeraPad を使った方法を紹介します（PC が Macintosh の方は CotEditor 等で代用してください）。

Excel に貼り付けた因子分析結果を用いて，TeraPad に項目番号を縦に並べると右の図のようになります。項目番号の横にある↓は「改行」を意味します。この↓を","（ダブルコーテーション，カンマ，ダブルコーテーション）に置換することで，ダブルコーテーションで挟んだ項目番号をカンマで区切りながら横に並べた形にします。

「検索」から「置換」を選択してクリックすると，置換ウィンドウが表示されるので，検索する文字列に¥n（円マーク，n）を，置換後の文字列に","（ダブルコーテーション，カンマ，ダブルコーテーション）を入力し，「すべて置換」をクリックしてください。¥n は「改行」を意味する演算子です。すると，下図のように，項目番号がダブルコーテーションに挟まれた形で全ての項目を横に並べることができます。これを利用することで項目削除がスムーズになります。ただし，最初の項目はダブルコーテーションが一つ不足していること，最後の項目はカンマとダブルコーテーションが一つ余分になっていることには注意してください。

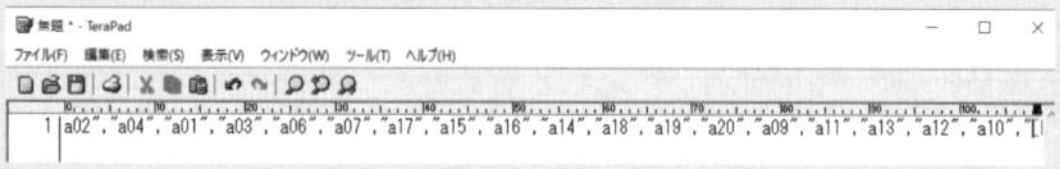

また，↓を＋に置換することで尺度得点の算出にも利用可能です。

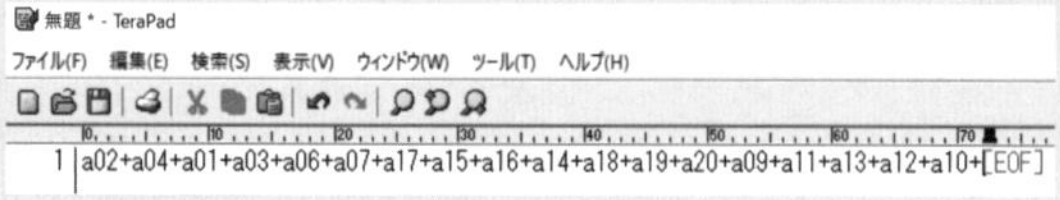

第11章 確認的因子分析

使用するデータと変数

使用データ：ch06.csv

動物に対する共感性尺度の16項目：a01~a16

確認的因子分析（Confirmatory Factor Analysis；CFA）は，共分散構造分析の利用法のひとつともいえます。共分散構造分析を可能にするパッケージはいくつかありますが，本書ではlavaanパッケージを用います。

第6章のモデルとデータを用いて説明します。まず，データを当てはめる因子モデルを確認します。そのモデルは第5章の探索的因子分析の結果を踏まえて設定されたものです。これを図示すると下図のよ

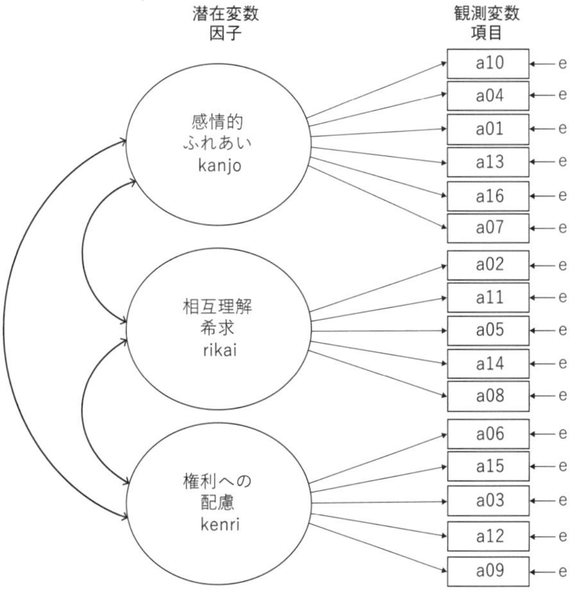

うになります。

それぞれの因子は，第５章の探索的因子分析の結果から特定の項目とのみつなげられており（矢印が出ており），つながっていない部分もあります。なお共分散構造分析のモデル図においては，関係性の表現は２つしかありません。ひとつは片方のみに矢のある因果関係，もうひとつは両端に矢のある共変関係（相関関係）です。このルールに沿って，何と何がどのようにつながっているのかを明示したモデルを作りＲに伝えます。

▶両端に矢のある関係の設定は，「共分散を仮定する」と表現されることもある。

lavaan パッケージにおける因子モデルの指定は，かなり簡単です。まず潜在変数である因子と項目のつながりの部分は，以下のように記述します。「=~」の右側に矢印の出発点（因子），左側に矢印の終着点である項目を位置させます。

前ページの図の 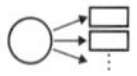 だけとり出し，

因子 =~ 項目 1＋項目 2＋…と表現します。

このルールを用いると，「感情的触れ合い」因子（ここではF_kanjoという名前にします）と項目の関係は以下のようなスクリプトになります。

▶「=~」は，正確にいうと潜在変数の定義を行う記号（難しくいうと，論理演算子，オペレータ）。「~」側の観測変数によって，「=」側の潜在変数が定義される。

▶「=~」の右側では，各項目を「+」でつなぐが，得点の和を求めているわけではない。

【スクリプトのひな形】

```
F_kanjo =~ a01 + a13 + a07 + a16 + a10 + a04
```

このような方法で，３つの因子とそれぞれの項目の関係を記述します。なお，この部分は１行につき１つの因子しか記述できません。

もうひとつ，図には  のように因子間の両端に矢印のついた関係性の表記があります。これは相互に何らかの関係がある，いわゆる相関関係を示しますが，これは kanjo ~~ rikai のように２つのチルダ「~~」で結びます。「~~」の左右に記述する変数の順番に意味はありません。

▶「~~」は２変数間に共分散を設定するオペレータ。

これらのルールを使って当てはめるモデルを定義します。そして，データをモデルに当てはめて，各矢印部分の係数（つながりの程度）や，

モデル全体とデータの当てはまり具合（適合性）を算出するのです。

では，第6章のデータを使って確認的因子分析を実行してみます。

スクリプトの流れは，まず当てはめる因子分析モデルを作成し，確認的因子分析を実行します。表示させたい結果は，summary( ) 関数などでコントロールして出力させます。

モデルの指定部分は，先のルールで因子モデルを指定し，そのモデルに名前を付けて保存します。ここでは，model_cfa としましたが，任意の名前でかまいません。先のルールで記述した因子モデルは，' '（シングルコーテーション）で囲みます。このシングルコーテーションは忘れやすいので注意してください。

因子間の共変関係は，lavaan では，記述しなくても自動的にパスを入れてくれます。したがって右の例のように記述しても同じです。

▶共変関係も記述した例

```
model_cfa <- '
F_kanjo =~ a01+a13+
  a07+a16+a10+a04
F_rikai =~ a02+a08+
  a14+a11+a05
F_kenri =~ a03+a09+
  a15+a12+a06
F_kanjo ~~ F_rikai
F_kanjo ~~ F_kenri
F_rikai ~~ F_kenri
'
```

【モデル指定部分のスクリプト】

```
model_cfa <- '
F_kanjo =~ a01 + a13 + a07 + a16 + a10 + a04
F_rikai =~ a02 + a08 + a14 + a11 + a05
F_kenri =~ a03 + a09 + a15 + a12 + a06
'
```

続いて計算実行部分は，cfa( ) 関数を用います。cfa( ) 関数の基本構造は次のようになります。

【スクリプトのひな形】

```
cfa(model= モデル名 , data= データフレーム名 , std.lv=TRUE)
```

▶なお，因子間が直交する場合（因子間に相関を認めない場合）は，因子間に相互のパスを引かない。因子間に相互のパスを引かないということは，相関係数を0にすることなので，F_kanjo ~~ 0*F_rikai のように，一方の因子名の前に0*を付して，関係を0に固定する必要がある。

第1引数のモデル名は，先に作成した因子モデルのことです。model＝を付けず，モデル名だけを記述してもかまいません。そして，それを当てはめるデータが含まれるデータフレーム名を第2引数として指定します。第3引数の std.lv＝のオプションについては，詳しい説明は他書に譲りますが，TRUE としておくことをすすめます。

さて，この cfa( ) 関数の結果をそのまま表示しただけでは一部の情報しか出力されません。そこで一旦何かに保存しておき，summary( )

関数で表示します。ここでは，fit という名前の箱に結果を格納します。この名前は任意です。summary( ) 関数の引数に cfa( ) 関数の結果である fit を指定することで，必要な情報が得られますが，ここでは 2 つのオプションを設定しています。オプション standardized = TRUE は，論文に記載されることが多い標準化されたパス係数を出力することを指定しています。さらに，fit.measures = オプションに TRUE を与えることでいくつかの代表的な適合度指標を表示させます。

▶summary 関数の中のオプション指定は fit.measures。一方，適合度指標を求める fitMeasures( ) 関数もある。fit と Measures の間の .（ドット）および measures の "M" の大文字・小文字に注意。

【スクリプトのひな形】

```
summary( 保存した結果 , standardized=TRUE, fit.measures=TRUE)
```

適合度指標には多くの種類があり，lavaan では 40 以上の指標を算出できます。その一部は，summary( ) 関数の引数に，fit.measures = TRUE を加えることで表示できますが，fitMeasures( ) 関数を使うことで，すべての適合度指標を表示させたり，その中の一部の指標のみを選んで表示させることもできます。今回は全指標を表示させています。

【スクリプトのひな形】

```
fitMeasures( 保存した結果 )
```

確認的因子分析を実行する手順としては，まずは，［モデル指定部分のスクリプト］を実行し，続いて以下の［計算の実行と結果表示部分のスクリプト］を実行します。

出力結果の説明については，第 6 章 p.146 を参照してください。

【計算の実行と結果表示部分のスクリプト】

```
fit <- cfa(model_cfa, data=d, std.lv=TRUE)
summary(fit, standardized=TRUE, fit.measures=TRUE)
fitMeasures(fit)
```

さて，論文には記載がありませんが，モデルに加えるべきパスがあるかどうかをチェックに関する情報を追加しておきます。修正指標とよばれる指標を算出します。

修正指標は，その部分にパスを加えると，適合度がどの程度変化するかを示すものです。修正指標が大きな部分は，モデルの修正を検討する際に有用な情報となります。

修正指標は，modindices( ) 関数に cfa( ) 関数の結果（ここでは先ほどの fit）を入れることで得ることができます。次のスクリプトでは modi という名前で保存しています。しかし，修正指標の数は多く，またこのスクリプトだけでは単にリストが表示されるだけなので，いったん名前をつけて保存し，修正指標（mi）の大きさで降順に並び替えておきます。

```
modi <- modindices(fit)
modi[order(modi$mi, decreasing=TRUE),]
```

▶このスクリプトの 2 行目は，modi を行単位で並び替えている。order( ) は並べ替えるための関数で，引数に並び替えの鍵になる変数を指定する。デフォルトでは昇順に並び替えられるので，decreasing=TRUE というオプションを加えることで降順に並び替えている。

```
> modi <- modindices(fit)
> modi[order(modi$mi, decreasing=TRUE),]
        lhs op rhs     mi    epc sepc.lv sepc.all sepc.nox
181     a03 ~~ a09 23.605  0.291   0.291    0.431    0.431
146     a02 ~~ a08 14.133  0.273   0.273    0.385    0.385
164     a14 ~~ a05 10.720  0.185   0.185    0.279    0.279
147     a02 ~~ a14 10.015 -0.219  -0.219   -0.313   -0.313
182     a03 ~~ a15  9.055 -0.251  -0.251   -0.274   -0.274
188     a15 ~~ a12  8.368  0.165   0.165    0.259    0.259
                   ※1   (出力略)
```

この出力（※ 1）をみると，修正指標 mi が，最も大きかったのは，a03 ~~ a09 の 23.605 です。先にも触れたように，「~~」は 2 変数間に共分散を設定する記号ですので，a03 と a09 の間（正確に言えば，p.197 の図中の a03 と a09 それぞれの e の間）に共分散を設定すれば適合度がよくなるという示唆になります。

ここに共分散を仮定して再計算すると，χ^2 値は 155.686 から 132.840 へと小さくなり，適合度の改善が認められます。しかし，数字だけでなく，意味内容的にもこのパスを加えることの必要性を説明できなければなりません。a03「動物にとっては，人間に飼われているよりも，自然の中で暮らしている方が良い」と，a09「飼っていた動物を捨てることは絶対にしてはならないことである」の類似性を，「権利への配慮」という同じ因子から影響を受けているという説明に加え，さら

▶χ^2 値は，値が小さい方が適合していると判断される。

に何らかの関係で説明できなければ，このパスをモデルに加えるべきではないかもしれません。

第９章で扱った探索的因子分析は，研究者がとらえたい構成概念の因子構造を探索するものでした。一方，本章の確認的因子分析は，手元にあるデータが事前に提案されている因子構造に適合するのか，換言すれば，提案されている因子構造は異なるサンプルにもあてはまるのかということを確認する分析といえるでしょう。また修正指標という，モデルの改善を検討する際に有用な情報を得ることができます。

なお，因子分析は統計的検定を行うわけではありません。因子という見えないものにアプローチしようとする際に，ひとつのサンプル，一度の研究から断定的な判断を行うことは難しいといえます。サンプルを変えながら，因子分析の知見を積み重ねていくことが重要といえるでしょう。

第12章 分散分析

分散分析（Analysis of Variance; ANOVA）は，複数の水準間での平均値の比較を行う方法です。1要因分散分析，2要因分散分析，そのなかで被験者内や被験者間など様々な種類があります。

Rで分散分析を行う方法は，いくつもあります。ここでは，基本ともいえるaov( )という関数を用いる方法と，より簡便に実行できるように公開されているスクリプト，ANOVA君を使用する方法を紹介します。aov( )関数は，Rにもともと含まれる関数であるため，特に準備は必要なく使用する事ができます。ANOVA君は，井関龍太先生が作成され，ご自身のホームページで配布されているものです。分析を行うまでの準備は必要ですが，使いやすいスクリプトです。

1要因分散分析（被験者間）

ここでは，第5章の研究を用いて説明をします。動物の飼育経験別に動物に対する共感性の3つの下位尺度得点の平均・標準偏差をまとめると次表のようになります。もし動物の飼育経験が共感性に影響しているならば，少なくとも「飼ったことがない」群よりも，「現在，飼っている」群の得点の方が高くなるはずです。次表のとおり今回の調査対象者においては，いずれの下位尺度でもサンプルにおいては「飼ったことがない」群よりも「現在，飼っている」群の方が得点が高い傾向が認められますが，母集団においてはどうなのかを検討するために検定を行います。

使用するデータと変数
使用データ：ch08.csv

飼育経験：keiken
相互理解希求：rikai_score

このデータではすでに，5章のデータから必要な変数が準備されている。

飼育経験と動物に対する共感性との関連

	これまで飼ったことがない (1) n=61		飼ったことはあるが，現在は飼っていない(2) n=54		現在，飼っている (3) n=145	
	M	*SD*	*M*	*SD*	*M*	*SD*
感情的触れ合い	2.89	0.82	2.88	0.82	3.00	0.84
相互理解希求	2.59	0.85	2.70	0.85	2.94	0.91
権利への配慮	3.70	0.84	3.65	0.74	3.72	0.73

第5章ではANOVA君を使っていますが，先にaov( )関数を使う方法を，次にANOVA君を使う方法を説明します。途中までは共通です。

1 aov( )関数を用いる方法

aov( )関数を用いる場合，aov(従属変数 ~ 独立変数)と指定するだけです。このaov( )の結果をresという名前をつけて保存しておき，それをsummary( )関数によって出力するという形になります。

スクリプトはこれだけなのですが，aov( )関数を利用する際には重要な確認ポイントがあります。それは，独立変数をfactor型に変更しておくことです。この処理をしておかないと，間違った（意図とは異なった）結果が出力されますので，十分注意してください。変数の型については，p.48を参照してください。

以下は，まず飼育経験（keiken）をas.factor( )関数を用いてfactor型に変更し（keiken_fac），その後に，従属変数に相互理解希求（rikai_score）を指定し，分散分析を行うスクリプトと出力です。

```
d$keiken_fac <- as.factor(d$keiken)
res <- aov(d$rikai_score ~ d$keiken_fac)
summary(res)
```

▶aov(d$kanjo_score~d$keiken_fac)が分散分析のスクリプト。しかし，このスクリプトの実行結果をそのまま表示しただけでは必要な情報がすべて表示されない。そこで，左のスクリプトでは，resに結果を保存し，summary( )で改めて出力をしている。

```
> d$keiken_fac <- as.factor(d$keiken)
> res <- aov(d$rikai_score ~ d$keiken_fac)
> summary(res)
              Df Sum Sq Mean Sq F value Pr(>F)
d$keiken_fac   2   6.22  3.1092   3.958 0.0203 *
Residuals    257 201.88  0.7855
---
Signif. codes:  0 ‘***’ 0.001 ‘**’ 0.01 ‘*’ 0.05 ‘.’ 0.1 ‘ ’ 1
```

結果は以上のように出力されます。Df は自由度，Sum Sq は平方和，Mean Sq は平均平方和，F value は F 値，Pr(>F) は p 値（有意確率）です。第 5 章の論文や，分析結果の出力と一致します。

なお，先に重要と指摘した，独立変数を factor 型に変更する点ですが，これをしないままに計算させるとどうなるかを確認しておきます。

【独立変数を factor 型にしていない場合：適切ではない例】

```
> res2 <- aov(d$rikai_score ~ d$keiken)
> summary(res2)
             Df Sum Sq Mean Sq F value  Pr(>F)
d$keiken      1   6.05   6.048   7.722 0.00586 **
Residuals   258 202.05   0.783
---
Signif. codes:  0 '***' 0.001 '**' 0.01 '*' 0.05 '.' 0.1 ' ' 1
```

▶ F 値の分子の自由度は，水準数−1 となる。今回の飼育経験の要因は 3 水準なので分子の自由度は 2 にならなければ間違いと判断できる。正しい計算では確かに 2 になっているが，factor 型に変更しないと 1 になっている。

以上のように，エラーや警告メッセージは出ず，先のスクリプトとは異なった計算結果が表示されます。このように表示されるためスクリプトのミスに気付きにくいのです。aov( ) 関数を用いる場合には，十分に注意する必要があります。

2 ANOVA 君を用いる方法

本書では，aov( ) 関数ではなくこちらの ANOVA 君を使用することを推奨します。ANOVA 君は，1 要因分散分析だけでなく，この後説明する各種の分散分析も同じ使用方法で実行することができます。出力結果に関しても，論文に記載する必要がある値がすべて出力されるため，非常に有用です。便利な一方で，通常のパッケージとは異なる配付方法になっているため若干手間がかかります。ただ，このデメリットも，一旦理解してしまえば特に戸惑うことなく分散分析を実行することができるでしょう。

まずは準備です。最初に，井関先生のホームページから ANOVA 君をダウンロードして，現在分析を行っている作業ディレクトリに保存します。2021 年 6 月現在では，anovakun_485.txt が配付されています。

▶井関先生のホームページに関しては，p.71 参照。

▶今後，アップデート等されて，配付されているファイル名が変更になった場合は，anovakun_485.txt 部分を適宜変更して対応。

保存ができたら，パッケージを読み込むのと同じような方法で読み込みを行います。ただし，anovakun はパッケージにはなっていないので，library( ) 関数ではなく，source( ) 関数を用いて読み込みます。

```
source("anovakun_485.txt")
```

コンソールにエラーが表示されなければ問題ありません。これでANOVA 君を使う準備ができました。

次に anovakun を使うスクリプトの説明をします。先の aov( ) 関数の説明と同様に，従属変数に相互理解希求（rikai_score）を指定する場合のスクリプトは以下のような 3 行になります。なお，aov( ) 関数でも用いた, keiken を factor 型に変換した keiken_fac を使用します。

```
aov_rikai <- d[c("keiken_fac","rikai_score")]
aov_rikai <- aov_rikai[order(aov_rikai$keiken_fac),]
anovakun(aov_rikai, "As", 3, eta=TRUE)
```

1 行目と 2 行目は anovakun を使うための準備です。分散分析を実行する anovakun の関数は 3 行目なので，まず 3 行目から説明します。anovakun の関数は,

【スクリプトのひな形】

```
anovakun( データフレーム , デザイン , 水準数 , オプション )
```

という 4 つの引数をとる構造になっています。

上記のスクリプトでは第 1 引数にデータフレームとして，aov_rikai が指定されているのがわかります。

第 2 引数はデザイン（要因計画）の指定です。この例では "As" と記述されていますが，ここのポイントは「s」の位置です。ここでは 1 要因なので，1 つめの要因を示す A という記号，そして被験者間なので, s の左側に A を置き, As となります。そしてこれは文字列なので, ダブルコーテーションで囲っています。この説明だけではルールがわかりにくいと思いますが，他のデザインと比較すると理解しやすくな

ります。右段を参照してください。

第3引数の3は水準数を示しています。今回の要因である飼育経験（A）は，「これまで飼ったことがない」，「飼ったことはあるが，現在は飼っていない」，「現在，飼っている」の3水準なので，3となります。データとここで指定した水準数が異なっているとエラーになりますので注意してください。なお，データでの水準数とは，その変数内のデータのカテゴリ数です。今回，変数 keiken には「1」「2」「3」のいずれかが入力されているので，データでの水準数も3となります。

最後のオプション部分には，eta = TRUE が入力されています。これは，効果量 η^2 を算出するためのオプションです。

▶ANOVA 君のデザインの指定

デザインの表記は以下のルールにしたがっている。まず，1つ目の要因はA，2つ目の要因はB，3つ目の要因はCと表す。そして，小文字のsの左側が被験者間要因，右側が被験者内要因の記号を記述する。

As ：1要因 被験者間

sA：1要因 被験者内

ABs ：2要因（被験者間×被験者間）

AsB：2要因（被験者間×被験者内）

それでは，データフレーム作成部分（最初の2行）の説明に戻ります。anovakun( ) 関数を使うためには，この分析に使用する変数だけを格納したデータフレームを作成する必要があります。右図も見ながらスクリプトを追ってみましょう。

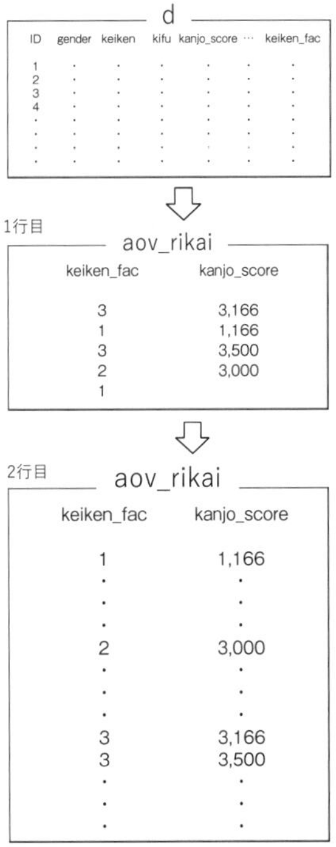

【スクリプトのひな形】

```
aov_rikai <- d[c("keiken_fac", "rikai_score")]
aov_rikai <- aov_rikai[order(aov_rikai$keiken_fac),]
```

1行目は本書の中で何度も使っていますが，データフレーム d から keiken と rikai_score の2つの変数だけを抽出して，aov_rikai というデータフレームを作成しています。ここでのポイントは，変数の並び順を，独立変数を先，従属変数を後としておくことです。

2行目にある order は，データを昇順に並び替える関数です。スクリプトの形としては，欠測値を含むデータのみを表示させる際のスクリプト（p.46 参照）に似ています。データフレーム aov_rikai を，行単位で変数 keiken_fac で昇順に並び替え，改めて aov_rikai に格納（上書き）しています。

anovakun( ) 関数を利用する際に，最も混乱したり，間違ったりするポイントがここにあります。anovakun( ) 関数は，データフレームにある独立変数のデータを1行目（1人目のデータ）から順に把握していき，最初に登場した記号（数字）を水準 1，次に登場した記号（数字）を水準 2 というように認識していきます。例えばデータフレームが右図のような状態であれば，データフレームでは識別の記号（数字）が 3 ですが，anovakun( ) 関数は，最初に登場した記号（数字）が 3 なので，これを水準 1（出力では a1）とする，という形で認識するのです。これでは，データフレームでの識別の記号（数字）と，anovakun( ) が出力する水準記号（数字）が一致せず，非常に分かりにくくなってしまいます。そのため，データフレーム aov_rikai の並び順を，変数 keiken_fac で昇順に並び替えているのです。

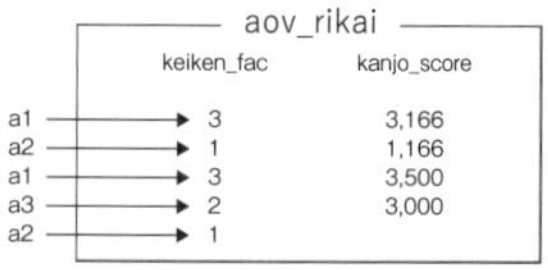

なお，出力結果の見方は本書の第 5 章と同じなので省略します（p.121 参照）。

1 要因分散分析（被験者内）

本書には，1 要因分散分析（被験者内）を用いた論文はありませんので，別のデータを用いて説明をします。pair.csv を d という名前をつけて読み込んでください。このデータには，gender，time1，time2，time3 の変数が含まれています。ある尺度（4 件法 10 項目，範囲は 10 ～ 40 点）に関して，3 時点で測定をした結果です。

使用するデータと変数

使用データ：pair.csv

時点 1: time1

時点 2: time2

時点 3: time3

データを得て平均値の検討を行おうとする場合，まずは，平均値や標準偏差など基礎統計量を算出し，得点の分布の様相をヒストグラムなどを使って視覚化して確認します。ここまでの作業を済ませ，基礎統計量を表にすると以下のようになります。

▶データの構造

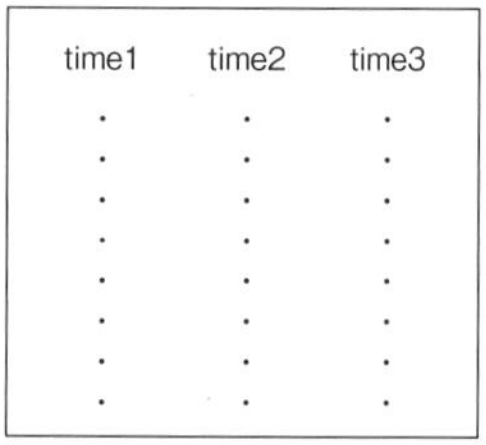

各時点の基礎統計量

	平均	標準偏差
time1	25.08	6.76
time2	28.61	5.74
time3	33.06	5.16

この表から，サンプルにおいては時間の経過に伴い平均値は高くなっていることが確認できますが，母集団においてはどうなのでしょうか。そこで，時点（3 時点）の尺度得点に関して 1 要因分散分析（被験者内計画）を行い，3 時点での母集団の平均値に差があるかどうかを検定します。

スクリプトは以下のようになります。

```
d_aov <- d[c("time1", "time2", "time3")]
anovakun(d_aov, "sA", 3, hf=TRUE, eta=TRUE)
```

1行目は，データフレームdから分析に使う3つの変数だけを抽出して，d_aovというデータフレームを作成しています。

2行目のanovakun( )内の引数は，先の被験者間の場合とほぼ同じです。デザインについては，被験者内計画なので，sの右側にAを記載します。先の被験者間と大きくちがうのはhf=というオプションです。被験者内計画では，球面性の仮定が成立しているかを確認し，考慮する必要があります。球面性の仮定が成立しない場合には，ε(イプシロン）という値を使って自由度の調整を行いますが，その方法の指定がhf=TRUEという引数です。出力は以下のようになります。

▶球面性の検定は，対応のあるすべての水準対の差の分散が異なるか否かを検定している。

```
> anovakun(d_aov, "sA", 3, hf=TRUE, eta=TRUE)

[ sA-Type Design ]

This output was generated by anovakun 4.8.5 under R version 4.0.4.
It was executed on Wed Mar 31 10:28:26 2021.


<< DESCRIPTIVE STATISTICS >>

---------------------------
  A   n     Mean    S.D.
---------------------------
 a1 185  25.0811  6.7622
 a2 185  28.6108  5.7389
 a3 185  33.0595  5.1617
---------------------------


<< SPHERICITY INDICES >>

== Mendoza's Multisample Sphericity Test and Epsilons ==

-------------------------------------------------------------------------
 Effect  Lambda  approx.Chi  df      p          LB     GG     HF     CM
-------------------------------------------------------------------------
      A  0.0000     54.4948   2 0.0000 *** 0.5000 0.7952 0.8010 0.8007
-------------------------------------------------------------------------
```

▶《DESCRIPTIVE STATISTICS》
記述統計量

▶各水準（3時点）の平均，標準偏差が示されている。

▶《SPHERICITY INDICES》
球面性の検定結果。

```
                          LB = lower.bound, GG = Greenhouse-Geisser
                         HF = Huynh-Feldt-Lecoutre, CM = Chi-Muller
```
（出力の途中）

この球面性の検定にはMauchlyの球面性検定等もありますが，ANOVA君のデフォルトは，Mendozaの多標本球面性検定になっています。

pを確認すると，検定結果が有意（p<.001）であるため，自由度の調整を行うことになります。この自由度の調整に用いる値には，GG（Greehnouse-Geisserの方法を用いた場合の調整係数），HF（Huynh-Feldtの方法を用いた場合の調整係数），CM（Chi-Mullerの方法を用いた場合の調整係数）などが用いられます。この出力では，GGの場合は，0.7952，HFの場合は0.8010，CMの場合は0.8007）となっています。厳密にはどの方法を用いるべきかという議論がありますが，結果に大きな違いはないと思われるため，本書ではHuynh-Feldtの方法を用います。このオプションの指定が，hf＝TRUEという部分です。このオプションを入れると，後の結果がすべてこの方法による調整がなされた出力になります。

詳細は省略しますが，井関先生のホームページの解説，anovakun_485.txtをメモ帳等で確認するとさまざまなオプションの説明があります。

（出力の続き）
```
<< ANOVA TABLE >>

== Adjusted by Huynh-Feldt-Lecoutre's Epsilon ==

-------------------------------------------------------------------
 Source          SS      df          MS  F-ratio  p-value       eta^2
-------------------------------------------------------------------
      s 14060.8541     184    76.4177
-------------------------------------------------------------------
      A  5914.0793     1.6 3691.6200 204.7297   0.0000 *** 0.2338   ※1
  s x A  5315.2541  294.77    18.0317
-------------------------------------------------------------------
```

▶《ANOVA TABLE》
分散分析表。Adjusted by Huynh-Feldt-Lecoutre's Epsilonと示されているように，Huynh-Feldtの方法で調整がされた結果。

```
  Total 25290.1874    554   45.6502
                         +p < .10, *p < .05, **p < .01, ***p < .001
```

（出力の途中）

この結果のSourceのAの行を見ましょう（※1）。ここから，3時点の尺度得点間には有意差があることが分かります（$F(2, 295) = 204.7, p<.001$）。しかし，どの時点とどの時点に差があるかまではわかりません。分散分析が有意な結果であった場合，ANOVA君は自動的に事後検定を行ってくれます。次が事後検定（多重比較）の結果です。

▶この$F(2, 295)$という記述は，Aのdf 1.6を四捨五入して整数値にしたもの，s×Aのdfである294.77を四捨五入して整数値にしたものを記載している。

（出力の続き）

```
<< POST ANALYSES >>

< MULTIPLE COMPARISON for "A" >

== Holm's Modified Sequentially Rejective Bonferroni Procedure ==
== The factor < A > is analysed as dependent means. ==
== Alpha level is 0.05. ==


---------------------------
  A   n     Mean    S.D.
---------------------------
 a1 185   25.0811   6.7622
 a2 185   28.6108   5.7389
 a3 185   33.0595   5.1617
---------------------------


-----------------------------------------------------------
  Pair     Diff  t-value  df       p   adj.p
-----------------------------------------------------------
 a1-a3  -7.9784  16.4658 184  0.0000  0.0000  a1 < a3 *  ※2
 a2-a3  -4.4486  13.5158 184  0.0000  0.0000  a2 < a3 *
 a1-a2  -3.5297   9.9706 184  0.0000  0.0000  a1 < a2 *
-----------------------------------------------------------
```

▶《POST ANALYSES》
事後検定の出力

▶Holm's Modified Sequentially Rejective Bonferroni Procedureはシェッフェ（Shaffer）の方法のこと。

出力から，多重比較にはシェッフェ（Shaffer）の方法で，有意水準（Alpha）は5%で検定されていることがわかります。この結果（※2）から，時点1と時点3，時点2と時点3，時点1と時点3，つまりすべての時点間で有意差があることが示されました。

▶多重比較にどの方法を用いるかという議論があるが，ANOVA君のデフォルトに従いシェッフェの方法を用いた。なお，その他の方法に関しては，anovakun_485.txtの最初にある説明を確認。

2 要因分散分析（被験者間×被験者間）

ここでは別のデータを用います。ch11_abs.csv を読み込んでください。変数は，性別（gender, 1：男性，2：女性），交際経験の有無（umu），同性との関係観となっています。同性との関係観については，長期的関係観（tyoki_score），妥協的関係観（dakyo_score），融合的関係観（yugo_score）の 3 つの下位尺度得点から構成されています。

今回は，性別と交際経験の有無が同性との関係観に与える影響を検討するために，2 要因被験者間計画で分散分析を実行します。

性別および交際経験と同性との関係観との関係

	交際経験			
	無		有	
	男性 $N=80$	女性 $N=119$	男性 $N=82$	女性 $N=78$
長期的関係観	3.84	3.67	3.78	4.19
	(0.88)	(0.96)	(0.86)	(0.92)
妥協的関係観	3.87	3.83	3.78	4.13
	(0.96)	(0.91)	(0.96)	(0.95)
融合的関係観	3.84	4.04	3.72	4.10
	(1.02)	(1.00)	(1.03)	(1.12)

( ) は標準偏差

これまでと同様に，ANOVA 君専用のデータフレームを作成します。変数は独立変数，従属変数の順番に並んでいる必要があるので，性別，交際経験の有無，同性との関係観の順番のデータフレームを作成します。さらに独立変数でデータデータフレームの並び順を替えます。

anovakun( ) 関数の引数は 1 要因分散分析の時とほぼ同じです。ただし，デザインの部分と水準数の指定部分が異なります。

デザインの部分は，被験者間計画の場合は "ABs" となります。次に，水準数の指定です。ここでは，2 要因あるので，2 つの水準数を，要因 A，要因 B の順に指示します。すなわち引数は「2, 2,」と 2 つになります。以下の 3 行を実行してみましょう。結果の見方は右段で確認してください。

```
d_aov <- d[c("gender", "umu", "tyoki_score")]
d_aov <- d_aov[order(d_aov$gender, d_aov$umu),]
anovakun(d_aov, "ABs", 2, 2, eta=TRUE)
```

使用するデータと変数
使用データ：ch11_abs.csv

性別：gender
交際経験の有無：umu
長期的関係観：tyoki_score
妥協的関係観：dakyo_score
融合的関係観：yugo_score

▶1 要因目が A，2 要因目が B。そして，s よりも左側に被験者間の要因を記載するルールに従うと，ABs となる。

```
> anovakun(d_aov, "ABs", 2, 2, holm = TRUE, eta=TRUE)

[ ABs-Type Design ]

This output was generated by anovakun 4.8.5 under R version 3.5.1.
It was executed on Tue Jan  5 15:00:40 2021.


<< DESCRIPTIVE STATISTICS >>

------------------------------
 A   B    n    Mean    S.D.
------------------------------
 a1  b1  80  3.8364  0.8766
 a1  b2  82  3.7816  0.8624
 a2  b1 119  3.6700  0.9600
 a2  b2  78  4.1865  0.9165
------------------------------


<< ANOVA TABLE >>

== This data is UNBALANCED!! ==
== Type III SS is applied. ==

------------------------------------------------------------
 Source        SS  df      MS  F-ratio  p-value      eta^2
------------------------------------------------------------
      A    1.2387   1  1.2387   1.4938   0.2224 ns  0.0040
      B    4.6430   1  4.6430   5.5990   0.0185 *   0.0151
  A x B    7.1071   1  7.1071   8.5706   0.0036 **  0.0231   ※3
  Error  294.3805 355  0.8292
------------------------------------------------------------
  Total  307.4569 358  0.8588
              +p < .10, *p < .05, **p < .01, ***p < .001

                                                              ※4
<< POST ANALYSES >>

< SIMPLE EFFECTS for "A x B" INTERACTION >

-------------------------------------------------------------
 Source        SS  df       MS  F-ratio  p-value      eta^2
-------------------------------------------------------------
A at b1    1.3244   1   1.3244   1.5971   0.2071 ns  0.0043
A at b2    6.5531   1   6.5531   7.9026   0.0052 **  0.0213
B at a1    0.1215   1   0.1215   0.1465   0.7022 ns  0.0004
B at a2   12.5696   1  12.5696  15.1579   0.0001 *** 0.0409
  Error  294.3805 355   0.8292
-------------------------------------------------------------
               +p < .10, *p < .05, **p < .01, ***p < .001

output is over --------------------///
```

▶記述統計量
a1 は要因 A の 1 つめの水準，a2 が要因 A の 2 つめの水準。同様に，b1，b2 はそれぞれ要因 B の水準。
ここでは
a1 が男性，a2 が女性
b1 が交際経験なし
b2 が交際経験あり
を示す。

▶分散分析表に効果量を含めた結果が示される。この結果は，要因 A と要因 B の交互作用（A × B）が有意（$F(1,355)=8.5796$, $p=0.0036$）なので（※ 3），POST ANALYSES として，単純主効果の検定が示されている（※ 4）。
▶なお，交互作用が有意であるため，要因 B の主効果も見られているが，交互作用の解釈をすることになる。

▶《POST ANALYSES》の部分は，以下のような意味になる。
1 行目 A at b1：要因 B の水準 1 においては，A の効果が有意ではない。
2 行目 A at b2：要因 B の水準 2 において，A の効果が有意。
3 行目 B at a1：要因 A の水準 1 においては，B の効果が有意ではない。
4 行目 B at a2：要因 A の水準 2 において，B の効果が有意。

2要因分散分析（被験者間×被験者内：混合計画）

1要因被験者内のときと同様のデータを用います。ここでは，1つ目の要因（A）が被験者間要因で性別（gender），2つめの要因（B）が被験者内要因で測定時点1と測定時点3の尺度得点（time1, time3）とした，2×2の混合計画の例を示します。これまでの被験者間要因の扱い方，被験者内要因の扱い方を併せた形だと解釈すればよいでしょう。

使用するデータと変数

使用データ：pair.csv

性別：gender
時点1: time1
時点3: time3

gender	time1	time3
1	⋮	⋮
⋮	⋮	⋮
2	⋮	⋮
⋮	⋮	⋮

性別ごとの各時点の基礎統計量

1: 男性		2: 女性	
time 1	time 3	time 1	time 3
23.29	32.32	26.67	33.71
(6.51)	(5.81)	(6.62)	(4.43)

まずANOVA君専用のデータフレームを作成します。変数の並びは被験者間要因を先にします。さらに被験者間要因でデータフレームの並び順を替えておきます。

anovakun( )関数の引数はこれまでとほぼ同じですが，デザインの部分と水準数の指定部分が異なります。

デザインの部分は，要因Aは被験者間なのでsの左側に，要因Bは被験者内なのでsの右側に記載します。つまり"AsB"となります。水準数を，要因A，要因Bの順に指示します。すなわち「2, 2,」と2つ記述します。

▶もし要因Bの水準を増やして3時点とする（つまり2×3の二要因分散分析（混合計画））の場合は，"AsB", 2, 3となる。さらに，被験者内要因が3水準になるため，被験者内要因で扱った球面性の仮定もふまえた検討が必要になる。

```
d_aov <- d[c("gender", "time1", "time3")]
d_aov <- d_aov[order(d_aov$gender),]
anovakun(d_aov, "AsB", 2, 2, eta=TRUE)
```

出力は少し複雑になります。ここも右側で結果の見方を確認してください。

```
[ AsB-Type Design ]

This output was generated by anovakun 4.8.5 under R version 3.5.1.
It was executed on Wed Oct  7 11:58:04 2020.


<< DESCRIPTIVE STATISTICS >>

-------------------------------
  A   B   n     Mean    S.D.
-------------------------------
 a1  b1  87  23.2874  6.5056
 a1  b2  87  32.3218  5.8080
 a2  b1  98  26.6735  6.6158
 a2  b2  98  33.7143  4.4397
-------------------------------


<< SPHERICITY INDICES >>

== Mendoza's Multisample Sphericity Test and Epsilons ==

-------------------------------------------------------------------------
 Effect  Lambda  approx.Chi  df       p         LB     GG     HF     CM
-------------------------------------------------------------------------
      B  0.7546      0.5599   1 0.4543 ns  1.0000 1.0000 1.0000 1.0000
-------------------------------------------------------------------------
                               LB = lower.bound, GG = Greenhouse-Geisser
                              HF = Huynh-Feldt-Lecoutre, CM = Chi-Muller


<< ANOVA TABLE >>

== This data is UNBALANCED!! ==
== Type III SS is applied. ==

------------------------------------------------------------------
   Source         SS  df         MS  F-ratio  p-value      eta^2
------------------------------------------------------------------
        A   526.1840   1   526.1840  10.9497   0.0011 **  0.0273
    s x A  8793.9890 183    48.0546
------------------------------------------------------------------
        B  5954.7252   1  5954.7252 279.1015   0.0000 *** 0.3090
    A x B    91.5901   1    91.5901   4.2929   0.0397 *   0.0048  ※5
s x A x B  3904.3666 183    21.3353
------------------------------------------------------------------
    Total 19204.1730 369    52.0438
                      +p < .10, *p < .05, **p < .01, ***p < .001
```

（出力の途中）

▶《DESCRIPTIVE STATISTICS》データ作成時にgenderを並べ替えているので，ここではa1が男性，a2が女性を表している。また，
b1は要因Bの1つ目（時点1），b2は要因Bの2つ目（時点3）を表している。

▶《SPHERICITY INDICES》は球面性の検定結果。

▶《ANOVA TABLE》
分散分析表。

▶要因AとBに交互作用が見られている（※5）。要因Aにも要因Bにも主効果が認められているが，交互作用を優先して結果の解釈を行う。

```
<< POST ANALYSES >>

< SIMPLE EFFECTS for "A x B" INTERACTION >

-----------------------------------------------------------------------
  Effect  Lambda  approx.Chi  df    p         LB      GG      HF      CM
-----------------------------------------------------------------------
 B at a1  1.0000     -0.0000   0          1.0000 1.0000 1.0000 1.0000
 B at a2  1.0000     -0.0000   0          1.0000 1.0000 1.0000 1.0000
-----------------------------------------------------------------------
                            LB = lower.bound, GG = Greenhouse-Geisser
                           HF = Huynh-Feldt-Lecoutre, CM = Chi-Muller

-------------------------------------------------------------------
     Source         SS  df         MS  F-ratio  p-value      eta^2
-------------------------------------------------------------------
    A at b1  528.4167   1  528.4167  12.2633   0.0006 *** 0.0628
   Er at b1 7885.3671 183   43.0894
-------------------------------------------------------------------
    A at b2   89.3574   1   89.3574   3.3976   0.0669 +   0.0182
   Er at b2 4812.9885 183   26.3005
-------------------------------------------------------------------
    B at a1 3550.5517   1 3550.5517 181.5979   0.0000 *** 0.3518  ※6
s x B at a1 1681.4483  86   19.5517
-------------------------------------------------------------------
    B at a2 2429.0816   1 2429.0816 105.9962   0.0000 *** 0.2829  ※7
s x B at a2 2222.9184  97   22.9167
-------------------------------------------------------------------
                      +p < .10, *p < .05, **p < .01, ***p < .001

output is over --------------------///
```

▶《POST ANALYSES》
事後検定。水準数が2なので，球面性の仮定による自由度の調整は行われない。

▶現在検討しているのは，性別(gender)によって，time1とtime3に違いが生じるかということ。従って，要因Aを基準にみるのが妥当。

▶要因Aの水準1において，要因Bの効果がある（※6）。要因Aの水準2において要因Bの効果がある（※7），という結果。

第 13 章 共分散構造分析

この章では，共分散構造分析（構造方程式モデリング；Structural Equation Modeling：SEM とも呼ばれます）を扱います。共分散構造分析は，第 11 章の確認的因子分析をはじめ，分散分析，相関係数，偏相関係数，重回帰分析，パス解析といった分析をも含むような，非常に適用範囲の広い分析手法です。そのため，共分散構造分析が用いられているときは，どのような意図で用いられているかを注意する必要があります。

この章では，はじめに一般的な共分散構造分析，続いて多母集団同時分析を実行する方法を説明します。モデルとデータは第 7 章のものを用います。パッケージは lavaan パッケージを用います。

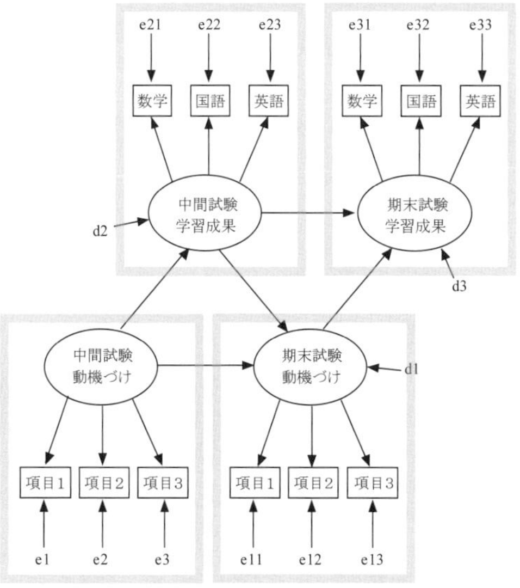

Figure 1 定期試験に対する動機づけと定期試験の学習成果の関係

▶第 11 章で扱った確認的因子分析も共分散構造分析のひとつ。そのため，多くの部分で共通点がある。

使用するデータと変数

使用データ：ch07.csv

学年：grade
中間動機：c_d1, c_d2, c_d3
中間成果：c_rm, c_rj, c_re
期末動機：k_d1, k_d2, k_d3
期末成果：k_rm, k_rj, k_re

▶左の図と変数名の対応

中間試験動機づけ
- 項目 1：c_d1
- 項目 2：c_d2
- 項目 3：c_d3

中間試験学習成果
- 数学：c_rm
- 国語：c_rj
- 英語：c_re

期末試験動機づけ
- 項目 1：k_d1
- 項目 2：k_d2
- 項目 3：k_d3

期末試験学習成果
- 数学：k_rm
- 国語：k_rj
- 英語：k_re

後の図では，これらの表記を省略する。

今回のモデルはFigure 1のようになっています。中間試験の動機づけ，学習成果，期末試験の動機づけ，学習成果の4つの潜在変数があり，そのパスが仮定されています。このFigure 1の内，潜在変数（中間試験動機づけ）から各変数（項目1〜3）に出ている矢印部分（薄い線で囲んだ4つの部分。確認的因子分析に相当する部分）を測定方程式と呼びます。一方，4つの楕円同士の関係を表す部分（潜在変数間の関連に関する部分）を構造方程式と呼びます。これら測定方程式と構造方程式を用いてFigure 1の変数と潜在変数の関係を表現する，というイメージを持っておくと良いでしょう。

では，具体的に，Rにモデルを伝えるための記述法を説明します。モデルは測定方程式，構造方程式の順に書いていきましょう。測定方程式部分は以下のように表現されます。詳細は，確認的因子分析のときと同様なので11章を参照してください。以下で，4つの楕円と変数の関係を表しています。

▶測定方程式は，潜在変数　=~　構成する項目で示す（確認的因子分析 p.198と同様）。

```
c_douki =~ c_d1 + c_d2 + c_d3r
c_seika =~ c_rm + c_rj + c_re
k_douki =~ k_d1 + k_d2 + k_d3r
k_seika =~ k_rm + k_rj + k_re
```

構造方程式部分は，「~」（チルダ）記号を用い，従属変数側の潜在変数（矢印を受け取る変数）~独立変数側の潜在変数（矢印を出す変数）という形で示します。今回記述するモデルは，Figure 2のように3つの従属変数と独立変数の関係から構成されることになります。

Figure 2で，それぞれの変数の関係と，それを式でどのように表現しているかを対応づけて確認してください。

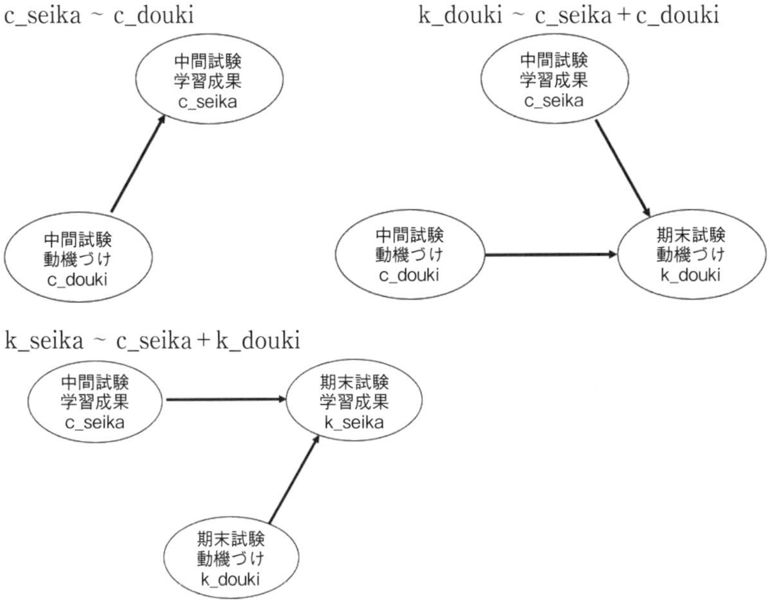

Figure 2 各構造方程式部分

以上の測定方程式部分と構造方程式部分のスクリプトを合わせると，今回検討したいモデルを表現できます。

▶その他のモデルの記述法
ここでは，=~ と ~ のみを使用したモデルを提示している。より複雑なモデルを記述するためには，共分散を指定する（~~）や潜在変数の切片を表現する（~1）も使用する。詳細は他書，例えば，豊田 秀樹（2014）『共分散構造分析［R 編］―構造方程式モデリング』（東京図書）などに譲る。

【モデル指定部分のスクリプト】

```
# 当てはめるモデルの定義
model_sem <-'
## 測定方程式
c_douki =~ c_d1 + c_d2 + c_d3  # 中間試験動機づけ
c_seika =~ c_rm + c_rj + c_re  # 中間試験学習成果
k_douki =~ k_d1 + k_d2 + k_d3  # 期末試験動機づけ
k_seika =~ k_rm + k_rj + k_re  # 期末試験学習成果
## 構造方程式
c_seika ~ c_douki
k_douki ~ c_seika + c_douki
k_seika ~ c_seika + k_douki
'
```

▶シングルコーテーション内でもコメントアウト機能を使うことができる。慣れるまでは各行が何を表しているのかを記述しておくとよい。

上記のスクリプトは，測定方程式と構造方程式からなるモデルを model_sem という名前で格納しています。名前は任意でかまいませんが，測定方程式と構造方程式からなるモデル全体をシングルコーテーション（'）で囲うのを忘れないようにしましょう。

モデルを指定するスクリプトが完成したら，sem( ) 関数や summary( ) 関数を用いて計算をさせて分析結果を出力します。

確認的因子分析のときは lavaan パッケージの cfa( ) 関数を用いて計算しましたが，測定方程式と構造方程式からなるモデルの分析では，同じく lavaan パッケージの sem( ) 関数を用います。関数の引数については cfa( ) と同様に以下のような形式になります。

【スクリプトのひな形】

```
sem(model= モデル名 , data= データフレーム名 , std.lv=TRUE)
```

cfa( ) 関数と同様に，sem( ) 関数も結果をそのまま表示しただけでは一部の情報しか出力されないので，一旦別の変数として保存しておき，summary( ) 関数で表示させます。summary( ) 関数の引数に，standardized = オプションに TRUE を指定することで標準化されたパス係数を，fit.measures = オプションに TRUE を与えることでいくつかの代表的な適合度指標を表示させることができます。

【スクリプトのひな形】

```
summary( 保存した結果 , standardized=TRUE, fit.measures=TRUE)
```

上記のスクリプトでは表示されない適合度指標は，fitMeasures( ) 関数を用います。

【スクリプトのひな形】

```
fitMeasures( 保存した結果 )
```

ここでは，sem( ) 関数の結果を fit という名前で保存することにしましょう。［モデル指定部分のスクリプト］と上記の 3 つのスクリプトを順に実行すると，以下のような結果が示されます。

▶パス図を自動で描くことができる semPlot というパッケージもある。ただし，PC の環境，R の環境にも左右されることがあり，必ず適切な図が描けるわけではない。
使用法は，semPlot パッケージをインストール。そのうえで，library(semPlot) を実行。
次ページの sem( ) 関数の結果を格納したものを第 1 引数として，

```
semPlot(fit, "std")
```

を実行する。第 2 引数は，表示する係数を指定している。

```
> #当てはめるモデルの定義
> model_sem <- '
+ ## 測定方程式
+ c_douki =~ c_d1 + c_d2 + c_d3r  # 中間試験動機づけ
+ c_seika =~ c_rm + c_rj + c_re   # 中間試験学習成果
+ k_douki =~ k_d1 + k_d2 + k_d3r  # 期末試験動機づけ
+ k_seika =~ k_rm + k_rj + k_re   # 期末試験学習成果
+ ## 構造方程式
+ c_seika ~ c_douki
+ k_douki ~ c_seika + c_douki
+ k_seika ~ c_seika + k_douki
+ '
```

```
# sem の実行
fit <- sem(model=model_sem, data=d, std.lv=TRUE)
summary(fit, standardized=TRUE, fit.measures=TRUE)
fitMeasures(fit)
```

```
> fit <- sem(model=model_sem, data=d, std.lv=TRUE)
> summary(fit, standardized=TRUE, fit.measures=TRUE)
lavaan 0.6-7 ended normally after 29 iterations

  Estimator                                         ML
  Optimization method                           NLMINB
  Number of model parameters                        29

  Number of observations                           383

Model Test User Model:                                     ※1

  Test statistic                               104.020
  Degrees of freedom                                49
  P-value (Chi-square)                           0.000

Model Test Baseline Model:

  Test statistic                              3344.259
  Degrees of freedom                                66
  P-value                                        0.000

                    (出力略)
```

▶出力の冒頭には各種指標（適合度指標）が示される。

▶「Model Test User Model」の Test statistic が χ^2 値，続いて検定結果が示される（※1）。

```
Latent Variables:                                                    ※2
                   Estimate  Std.Err  z-value  P(>|z|)   Std.lv  Std.all
  c_douki =~
    c_d1              0.824    0.051   16.230    0.000    0.824    0.764
    c_d2              0.836    0.050   16.677    0.000    0.836    0.780
    c_d3r             0.893    0.050   17.824    0.000    0.893    0.822
  c_seika =~
    c_rm              1.822    0.079   23.139    0.000    1.944    0.932
    c_rj              1.221    0.056   21.934    0.000    1.302    0.901
    c_re              1.554    0.069   22.525    0.000    1.658    0.916
  k_douki =~
    k_d1              0.756    0.045   16.677    0.000    0.886    0.809
    k_d2              0.808    0.048   16.754    0.000    0.947    0.813
    k_d3r             0.755    0.047   15.937    0.000    0.885    0.777
  k_seika =~
    k_rm              1.429    0.066   21.698    0.000    1.952    0.934
    k_rj              1.050    0.051   20.620    0.000    1.434    0.898
    k_re              1.266    0.061   20.622    0.000    1.729    0.898
```

▶論文に記載される因子と項目間の係数，因子間相関はこの部分。「Latent Variables」のstd.all部分が，「標準化推定値」「パス係数」などと記述される因子と項目間の係数（※2）。

```
Regressions:                                                         ※3
                   Estimate  Std.Err  z-value  P(>|z|)   Std.lv  Std.all
  c_seika ~
    c_douki           0.371    0.063    5.941    0.000    0.348    0.348
  k_douki ~
    c_seika           0.207    0.063    3.305    0.001    0.188    0.188
    c_douki           0.499    0.077    6.501    0.000    0.426    0.426
  k_seika ~
    c_seika           0.660    0.069    9.560    0.000    0.515    0.515
    k_douki           0.355    0.060    5.936    0.000    0.305    0.305
```

▶構造方程式部分に該当する潜在変数間のパス係数は，RegressionsのStd.all（※3）。

```
Variances:
                   Estimate  Std.Err  z-value  P(>|z|)   Std.lv  Std.all
   .c_d1              0.485    0.049    9.936    0.000    0.485    0.417
   .c_d2              0.449    0.047    9.456    0.000    0.449    0.391
   .c_d3r             0.382    0.048    8.014    0.000    0.382    0.324
   .c_rm              0.574    0.073    7.872    0.000    0.574    0.132
   .c_rj              0.394    0.040    9.965    0.000    0.394    0.189
   .c_re              0.526    0.058    9.051    0.000    0.526    0.161
   .k_d1              0.413    0.046    8.989    0.000    0.413    0.345
   .k_d2              0.461    0.052    8.869    0.000    0.461    0.340
   .k_d3r             0.513    0.051    9.971    0.000    0.513    0.396
   .k_rm              0.556    0.075    7.391    0.000    0.556    0.127
   .k_rj              0.492    0.050    9.832    0.000    0.492    0.193
   .k_re              0.714    0.073    9.829    0.000    0.714    0.193
    c_douki           1.000                               1.000    1.000
   .c_seika           1.000                               0.879    0.879
   .k_douki           1.000                               0.728    0.728
   .k_seika           1.000                               0.536    0.536
```

▶Variancesは（残差）分散の推定結果。

```
> fitMeasures(fit)
               npar                fmin               chisq                  df
             29.000               0.136             104.020              49.000
             pvalue      baseline.chisq         baseline.df   baseline.pvalue
              0.000            3344.259              66.000               0.000
                cfi                 tli                nnfi                 rfi
              0.983               0.977               0.977               0.958
                nfi                pnfi                 ifi                 rni
              0.969               0.719               0.983               0.983
               logl   unrestricted.logl                 aic                 bic
          -6493.246           -6441.236           13044.491           13158.984
             ntotal                bic2               rmsea      rmsea.ci.lower
            383.000           13066.972               0.054               0.040
     rmsea.ci.upper        rmsea.pvalue                 rmr          rmr_nomean
              0.069               0.302               0.082               0.082
               srmr        srmr_bentler srmr_bentler_nomean                crmr
              0.042               0.042               0.042               0.046
        crmr_nomean          srmr_mplus   srmr_mplus_nomean               cn_05
              0.046               0.042               0.042             245.259
              cn_01                 gfi                agfi                pgfi
            276.853               0.959               0.934               0.602
                mfi                ecvi
              0.931               0.423
```

▶見方は確認的因子分析と同じ(p.146参照)。

今回の論文に記載されているものはχ^2検定に関わるchisq，df, pvalueとagfi(AGFI)，gfi(GFI)，cfi(CFI)，srmr(SRMR)，rmsea(RMSEA）です。これらの値を確認すると，データとモデルの適合度は満足できるレベルにあるといえるでしょう。

また，観測変数と潜在変数の対応は，最も低い係数で.764であり，十分に高い値です。さらに，仮定される潜在変数間の関連はすべて有意だったことから，先行研究で示されたFigure 1の関係が本研究のデータにも当てはまるといえそうです。

多母集団同時分析

第7章で用いられている多母集団同時分析（Multiple Group Structural Equation Modeling）は，複数の母集団間でモデルを比較したい場合などに利用される分析方法です。性，所属集団，文化や国といった違いを検討する際にもよく利用されています。

多母集団同時分析では，複数の集団間でモデルの比較などをする場合，それぞれのパスごとに，パスの強さが「等しい」か「等しくない」かを指定しながら，より適切なモデルを探っていきます。また，多母集団同時分析では複数の集団間で因子の平均を比較することもできます。

▶第７章では簡単のために配置不変モデルを検討した後，パス係数の差の検定をするにとどまっている。本来であれば，ここにあるような等値制約によって最善のモデルを探索してから集団間の比較をすべきだろう。

この分析の概略を簡単に説明しておきましょう。測定方程式の１つの部分（たとえば，観測変数である「中間試験の英語」）だけを取り出して，それに関連する要因との影響関係をモデル化すると以下のような図と式で表されます。

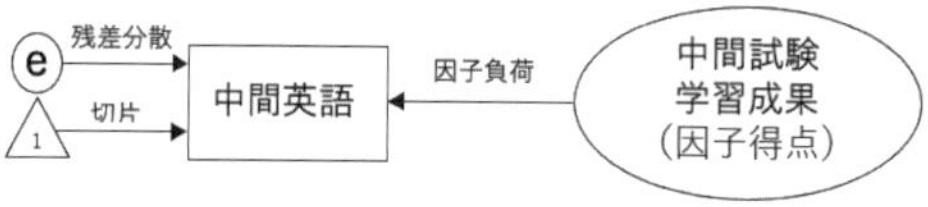

中間英語＝(因子負荷×因子得点＋切片)＋残差分散

この式を，１年生の群，３年生の群それぞれで表記すると以下のように記述できるでしょう。

１年生

中間英語１＝(因子負荷１×因子得点１＋切片１)＋残差分散１

３年生

中間英語３＝(因子負荷３×因子得点３＋切片３)＋残差分散３

多母集団同時分析で，複数の集団間でモデルの比較をするというのは，この式の異同を検討するというイメージです。その際の着眼点は次の４点（パラメタ：母数）です。

因子負荷１　と　因子負荷３

切片１　　　と　切片３

残差分散１　と　残差分散３

因子得点１　と　因子得点３（潜在変数である因子得点の平均）

このようにモデルのそれぞれの部分（パラメタ）ごとに，集団間で「等しい」か「等しくない」を確認するのです。もし1年生と3年生がひとつの集団（母集団）であれば，4点すべてが等しくなると考えられます。

具体的な手順は以下に示しますが，モデルの検討では，パラメタの等値制約（パラメタが集団間で等しいと仮定すること）を行う部分を少しずつ増やしていき，データとの適合度を確認しつつ，最良の制約状態を探ります。この時，測定方程式部分，構造方程式部分の順に等値制約を検討することになります（測定方程式部分は以下，構造方程式部分はp.229から）。

▶推定したパラメタ数は重要なので，想定したモデルになっているかをsemPlot( )を用いて視覚的に確認(p.220右段参照)。

1 測定方程式部分の等値制約

まずは測定方程式に関しては，下記のように，徐々にモデルのパラメタに制約を加えていき，比較していきます。次ページのTable 1とFigure 3を見比べてください。最も制約の緩い「配置不変モデル」では，変数の配置（たとえば，「中間試験動機づけ」の因子があり，それは3つの項目に影響しているという変数の関係）のみが等しく，因子負荷，観測変数の切片，観測変数の残差分散，潜在変数の平均（因子得点の平均）のすべてが「自由」となっています。自由というのは，集団ごとに異なった値を許容する，例えばg1とg2は同じ値でなくてよいという条件下で値を推定することになります。

続く「弱測定不変モデル」では，潜在変数と観測変数の配置が等しいことに加え，因子負荷の部分（例えば，中間試験学習成果のj1とj2，k1とk2，ℓ1とℓ2）が「固定」され，集団が異なっても同じ値であるという制約（等値制約）を課します。なお，等値制約部分を増やすと，推定されるパラメタは減ることになります。中間試験学習成果のj1とj2, k1とk2, ℓ1とℓ2の部分だけで考えると，すべてを「自由」とした配置不変モデルでは，j1, j2, k1, k2, ℓ1, ℓ2の6個のパラメタを推定しますが，弱測定不変モデルでは，j1＝j2となり，両方ともjで表すことができます。k1＝k2，ℓ1＝ℓ2も同様に制約を課すため，j, k, ℓの3個のパラメタを推定します。

一般的には，Table 1のような順に徐々に集団間でパラメタが等しいと仮定する部分を増やしながら進めていきます。Table 1に各モデルで推定するパラメタ数を示すので，パラメタ数の変化を確認しておいてください。モデルごとに，集団間でパラメタが異なる（自由）とされた部分（つまり，カッコに入った部分）に関して，集団数の2がかけられています。一方で，集団間でパラメタが同じ（固定）とされた部分に関しては，カッコの外にあります。

このように測定方程式部分について各モデルについて検討した後，適合度指標を用いて各モデルを比較し，データに最も当てはまりの良いモデルを採用します。

Table 1　測定方程式の等値制約

モデル	因子負荷		観測変数の切片		観測変数の残差分散		潜在変数の平均			推定するパラメタ数
1. 配置不変	自由 (3パス×4潜在変数	+	自由 12	+	自由 12	+	自由 4	)×2学年	=	80
2. 弱測定不変	固定 3パス×4潜在変数	+	自由 (12	+	自由 12	+	自由 4	)×2学年	=	68
3. 強測定不変	固定 3パス×4潜在変数	+	固定 12	+	自由 (12	+	自由 4	)×2学年	=	56
4. 測定不変	固定 3パス×4潜在変数	+	固定 12	+	固定 12	+	自由 (4	)×2学年	=	44
5. 全パラメタが等しい	固定 3パス×4潜在変数	+	固定 12	+	固定 12	+	固定 4		=	40

▶左の表の推定するパラメタ数
3パス：潜在変数から観測変数に出た3つの→（パス）
4潜在変数：中間試験動機づけ，中間試験学習成果，期末試験動機づけ，期末試験成果の4つ

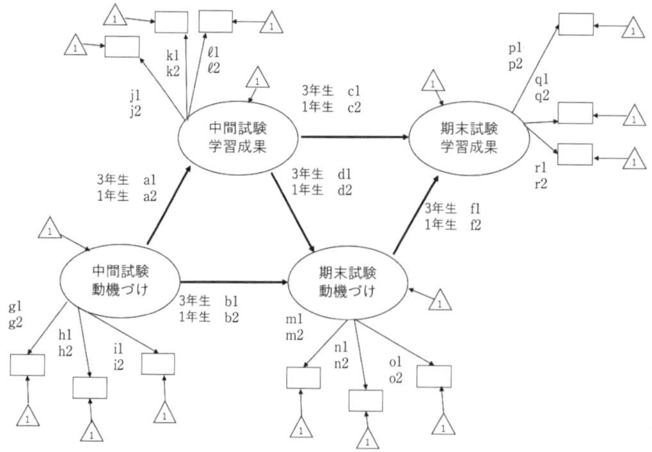

Figure 3　集団間で全てのパスを自由推定とした時のパラメタ

▶左図中では省略しているが，切片もグループごとに推定される。

多母集団同時分析自体は非常に簡単で，sem( ) 関数の引数に group = " " を指定するだけです。測定方程式部分の等値制約は，さらに group.equal = " " で指定し，検討したいモデルによって " " の中身を変えていきます。

1. 配置不変モデル

まずは，配置不変モデルの推定です。これは，先のスクリプトとほとんど変わらず，group = " " の引数が追加されているだけです。

▶各モデルの詳細は豊田秀樹（2014）『共分散構造分析［R編］—構造方程式モデリング—』（東京図書）などを参照。

【配置不変モデルのスクリプト】

```
fit_ci <- sem(model = model_sem, data = d, group = "grade",
          std.lv = TRUE)
summary(fit_ci, standardized = TRUE, fit.measures = TRUE)
fitMeasures(fit_ci)
```

▶このスクリプトの2行目と3行目で結果の出力をしている。以降省略しているが，第1引数部分を変更して分析を進める。

2. 弱測定不変モデル

弱測定不変モデルは，測定方程式部分の因子負荷のみ集団間で等しいというモデルです。オプションとして，group.equal = c("loadings") を入れます。

【弱測定不変モデルのスクリプト】

```
fit_wfi <- sem(model = model_sem, data = d, group = "grade",
           group.equal = c("loadings"), std.lv = TRUE)
```

3. 強測定不変モデル

強測定不変モデルは，弱測定モデルの測定方程式部分の因子負荷および，観測変数の切片（平均）が等しいことを仮定したモデルです。オプションとして，group.equal = c("loadings", "intercepts") を入れます。

【強測定不変モデルのスクリプト】

```
fit_sfi <- sem(model = model_sem, data = d, group = "grade",
         group.equal = c("loadings","intercepts"), std.lv = TRUE)
```

4. 測定不変モデル

測定不変モデルは，強測定不変モデルにさらに観測変数の残差分散が等しいことを仮定したモデルです。オプションとして，group.equal = c("loadings", "intercepts", "residuals") を入れます。

【測定不変モデルのスクリプト】

```
fit_mi <- sem(model = model_sem, data = d, group = "grade",
          group.equal = c("loadings", "intercepts", "residuals"),
          std.lv = TRUE)
```

5. 全パラメタが等しいモデル

全パラメタが等しいモデルは，測定不変モデルにさらに潜在変数の平均も等しいことを仮定したモデルです。オプションとして，group.equal = c("loadings", "intercepts", "residuals", "means") を入れます。

【全パラメタが等しいモデルのスクリプト】

```
fit_all <- sem(model = model_sem, data = d, group = "grade",
           group.equal = c("loadings", "intercepts", "residuals",
           "means"), std.lv = TRUE)
```

結果の読み取り時には，モデル選択のための適合度指標に焦点をあてます。Table 2 に各モデルでの適合度指標をまとめました。AIC の比較からは，最も値が小さい弱測定不変モデルがデータに対して最も当てはまりがよいといえます。弱測定不変モデルの適合度は，$\chi^2(106) = 197.45$, $p < .01$; GFI = .99; AGFI = .98; CFI = .97; SRMR = .05; RMSEA = .07, 90% CI [.05, .08] です。この場合のパス・ダイアグラムを以下に示します。

▶モデルの比較には，AIC や BIC を用いる。左本文では，判断を AIC を基準に行っているが，BIC で考えれば全パラメタが等しいモデルが良いことになる。このように指標間で結果が一致しないことはしばしばあり，総合的な判断をおこなう。

Table 2　各モデルでの適合度指標

モデル	χ^2	*df*	*p* 値	GFI	AGFI	CFI	RMSEA	SRMR	AIC	BIC
1. 配置不変	187.76	98	.00	.99	.98	.97	.07	.05	13031.03	13354.77
2. 弱測定不変	197.45	106	.00	.99	.99	.97	.07	.05	13024.72	13316.87
3. 強測定不変	233.37	114	.00	.99	.98	.97	.07	.05	13044.65	13305.22
4. 測定不変	262.95	126	.00	.99	.98	.96	.08	.05	13050.23	13263.42
5. 全パラメタが等しい	266.53	130	.00	.99	.98	.96	.07	.05	13045.80	13243.20

▶semTools パッケージの compareFit( ) 関数を用いた適合度比較も可能。

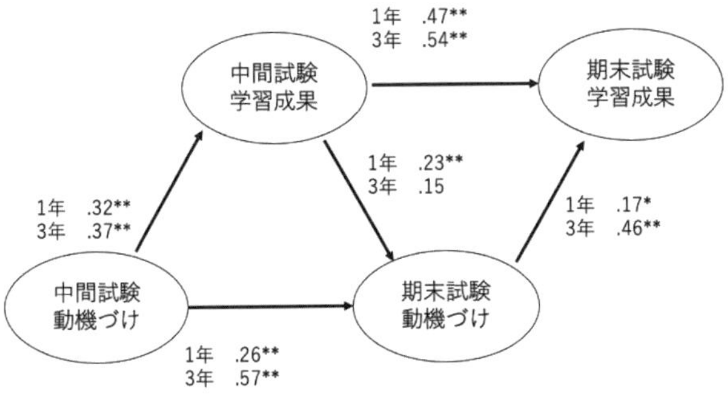

Figure 4　弱測定不変モデルのパス・ダイアグラム

ここまでで測定方程式部分の等値制約に関する検討が終わります。つづいて，構造方程式部分の検討を行います。

▶第７章の論文と異なる点としては，中間試験時の学習成果から期末試験時の動機づけへのパスが有意でなくなったことが挙げられる。

2　構造方程式部分の等値制約

構造方程式部分に等値制約をする場合は，パス部分（パラメタ）に同じラベルを付けます。実際の研究では，それぞれのパス部分に等値制約を課した場合と，課さない場合を比較しながら，検討を進めます。ここでは，１つのパスに制約を課す場合，複数のパスに制約を課す場合のスクリプトを示します。

▶以下では，スクリプト部分から省略しているが，測定方程式の等値制約で弱測定不変モデルが採用されたので，弱測定不変モデルにそって，構造方程式部分のパスを自由推定する。

1. 1つのパスに制約を課す場合

例えば，中間試験時の動機づけから中間試験時の学習成果へのパス（図中a）を取り上げて説明しましょう。

▶中間試験の動機づけから中間試験の学習成果へのパスをグループ間で等値としたので，推定するパラメタ数がa1とa2の計2つからaの1つに減る。

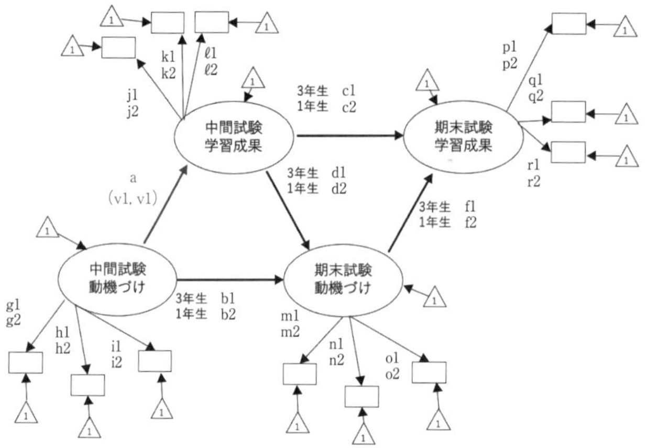

Figure 5　集団間で1つのパスに制約を課した時のパラメタ

このaのパスだけを集団間で等しいと制約し，他のパスは同じではなくてもよいとして自由推定とする場合，以下のように記述します。

【中間試験動機づけ，中間学習成果間を等値制約とするスクリプト】

```
model <- '
## 測定方程式
c_d =~ c_d1 + c_d2 + c_d3  # 中間試験動機づけ
c_r =~ c_rm + c_rj + c_re  # 中間試験学習成果
k_d =~ k_d1 + k_d2 + k_d3  # 期末試験動機づけ
k_r =~ k_rm + k_rj + k_re  # 期末試験学習成果
## 構造方程式
c_r ~ c(v1, v1)*c_d
k_d ~ c_r + c_d
k_r ~ c_r + k_d
'
```

固定するaのパスは，中間試験動機づけ（c_d）から中間試験学習成果（c_r）の部分ですが，その部分がc_r ~ c(v1, v1) *c_dと記述されています。これで，c_dからc_rへのパスに，グループ間で同じv1というラベルを付けます。つまり，どちらのグループでもc_dからc_rへのパスは同じと指定されたのです。ラベルは任意のものでかまいませんが，アルファベットから始めるようにしてください。

一方，k_d ~ c_r+c_d や k_r ~ c_r+k_d は自由推定とするパスなのでそのような記述はしません。

2. 複数のパスに制約を課す場合

▶モデル改善の手段として，確認的因子分析の章で紹介した修正指標を用いることもある。

複数のパスを等値制約するときも先ほどと同様です。例えば，先ほどの中間試験動機づけから中間試験学習成果間に加え，中間試験動機づけから期末試験動機づけ間も等値制約とする場合は，以下のようなスクリプトになります。

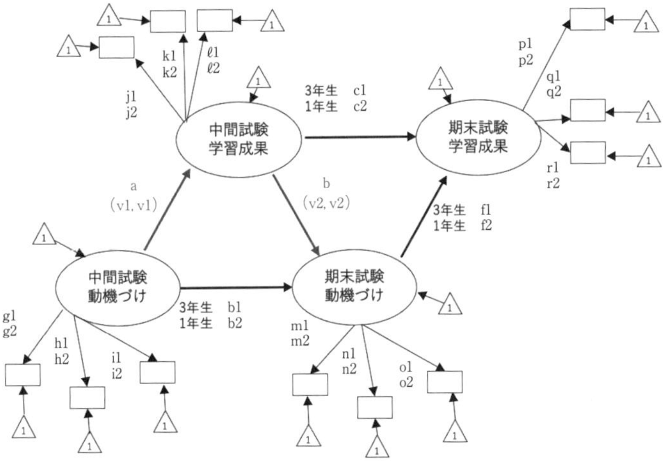

Figure 6　集団間で複数のパスに制約を課した時のパラメタ

【中間試験動機づけ，中間学習成果間と中間学習成果，期末試験動機間を等値制約とするスクリプト】

```
model <- '
## 測定方程式
c_d =~ c_d1 + c_d2 + c_d3  # 中間試験動機づけ
c_r =~ c_rm + c_rj + c_re  # 中間試験学習成果
k_d =~ k_d1 + k_d2 + k_d3  # 期末試験動機づけ
k_r =~ k_rm + k_rj + k_re  # 期末試験学習成果
## 構造方程式
c_r ~ c(v1, v1)*c_d
k_d ~ c(v2, v2)*c_r + c_d
k_r ~ c_r + k_d
'
```

このように各所に等値制約を課した様々なモデルを比較し，最終的な判断を導きます。実際の研究では，潜在変数間のパスをひとつずつ等値制約した後にモデルを比較するという作業を，適合度の改善がほとんどみられなくなるまで繰り返していきます。

Table 3　構造方程式の等値制約

	中間試験動機づけ ↓ 中間試験学習成果 a1 a2	中間試験動機づけ ↓ 期末試験動機づけ b1 b2	中間試験学習成果 ↓ 期末試験学習成果 c1 c2	中間試験学習成果 ↓ 期末試験動機づけ d1 d2	期末試験動機づけ ↓ 期末試験学習成果 f1 f2	AIC
1	等値制約					13022.72
2		等値制約				13025.65
3			等値制約			13023.69
4				等値制約		13023.61
5					等値制約	13036.33
6	等値制約	等値制約				13021.61
7	等値制約		等値制約			13023.65
⋮						⋮

例えばTable 3から，全ての潜在変数間のパスをひとつずつ等値制約した場合（1から5），中間試験動機づけから中間試験学習成果へのパスを等値制約したときのモデルのAICが最も小さく，5つの中で最も適合的と確認できます。そこで，この中間試験動機づけから中間試験学習成果へのパスを等値制約したときのモデルを基準として，その他の潜在変数間のパスにも等値制約を加えるべきかどうかをさらに検討する段階へと進んでいきます（6以降)。これを繰り返しながら，適合度の改善度合いをチェックし，その改善度合いがほとんどなくなるところのモデルを最適と判断することが一般的です。

付録 エラーリストと対応策

Rを使っていれば,必ずエラーが起きます。最初から最後までエラーが起こらないということはありません。エラーは嫌なものではなく,改善の道しるべくらいに捉えてください。英語表記であることが多いので分かりにくいかも知れませんが,慣れればおおよそ何が引っかかっているのかが分かるようになります。詳細はサポートWebページに掲載しますので困った時には参照して下さい。

キーワードと生じる可能性がある分析スクリプトをリストにしてみました。エラーメッセージのキーワードと何をしようとして生じたのかを下記から想像して,可能性があるものを探ってみてください。以下は代表的なエラーメッセージです。該当する状況に応じた対応策を試してみてください。

1 エラーメッセージのキーワード

●～はありません，There is no…

・libraryが読み込めない場合　**→状況1**

・尺度得点が作成できない　**→状況2**

・初めてパッケージを使用する場合に生じるエラー　**→状況13**

●変更できません

・作業ディレクトリ（フォルダ）の設定ができない　**→状況2**

● No such file or directory

・read.csv でデータを読み込めない　→**状況 3**

● undefined columns selected

・新たなデータフレームが作成できない　→**状況 6**

●見つけることができない

・関数が使用できない　→**状況 9**

●予想外の

・様々な場面で生じるエラー　→**状況 7**

●その他

・尺度得点が作成できない　→**状況 5**

・引数が足りないと言われる　→**状況 8**

・anovakun でのエラー　→**状況 10**

・eigen で固有値を求める場合のエラー　→**状況 11**

・確認的因子分析，共分散構造分析で生じるエラー[1]　→**状況 12**

2 各状況に応じた対応策

状況 1：library が読み込めない場合

```
> library(psyrh)
 library(psyrh) でエラー：'psyrh' という名前のパッケージはありません
```

➡正しいライブラリ名が指定されていないので，ライブラリ名を確認しましょう。また，初めて利用する場合は，パッケージ自体がインストールされているかを確認しましょう。

確認方法として，packageVersion("パッケージ名") というスクリプトを実行してみます。パッケージが存在していれば，バージョンが表示され，そもそもパッケージが存在してなければ，パッケージがないというエラーが表示されます。

```
> packageVersion("psych")
[1] '2.0.8'
> packageVersion("psycy")
 packageVersion("psycy") でエラー: there is no package called 'psycy'
```

状況 2：作業ディレクトリ（フォルダ）の設定ができない

```
> setwd("/〇〇 ")
 setwd("/〇〇 ") でエラー：
   作業ディレクトリを変更できません
```

➡存在しないディレクトリ（フォルダ）を指定しているので，パスを確認する。Windows の場合，/（スラッシュ）の向きを確認する。"（ダブルコーテーション）の付け忘れがないか確認しましょう。

状況 3：read.csv でデータが読み込めない

```
file(file, "rt", encoding = fileEncoding) で：
   ファイル‘トラスト data_ori_rename_flag.csv’を開くことができませ
   ん：No such file or directory
```

➡作業ディレクトリにデータファイルが存在していません。ファイルの存在を確認しましょう。setwd( ) で指定したフォルダの正しさもあわせて確認しましょう。

状況 4：尺度得点が作成できない[1]

```
> d$kaigo_score <- (k01 + k02 + k03 + k04 + k05 + k06)/6
 エラー：オブジェクト‘k01’がありません
```

k01 が存在していないと言われています。

➡どのデータフレームにある k01 を指しているのかを明示します。

d$kaigo_score <- (d$k01 + d$k02 + d$k03 + d$k04 + d$k05 + d$k06)/6

とすれば解決します。

▶このエラーは，尺度得点を作成するときだけでなく，何かしらの計算をしようとした場合にも生じる。別の例として，次のコードでも同様のエラーが示される。

```
x <- 4
x+z
```

x は 4 という数字が代入されているが，z は定義されていないため「オブジェクト "z" がありません」というエラーが表示される。

状況 5：尺度得点が作成できない[2]

```
> d$kaigo_score <- (d$k01 + d$k02 + d$k03 + d$k04 + d$k05 + d$k10)/6
  $<- .data.frame ( *tmp* , kaigo_score, value = numeric(0)) でエラー：
  replacement has 0 rows, data has 383
```

存在しない変数を用いた場合に生じます。

➡ names(d) などで，たしかに用いた変数が存在しているか確認しましょう。

状況 6：新たなデータフレームが作成できない

```
> kanjo <- d[c("a02","a04","a01","a06","a03","a07")]
  [.data.frame (d, c("a02","a04","a01","a06","a03","a07")) でエラー：
  undefined columns selected
```

➡ポイントは，「undefined」です。定義されていないと言われているところです。指定したすべての変数がデータフレームの中に存在しているかを確認します。

データフレーム d に含まれる変数を知るためには，names(d)とすれば，変数が示されます。

もうひとつの方法は，順番に試していく方法です。変数が多い場合に有効でしょう。最終的には，

tmp <- d[,c("d03_1", "group", "kaigo_score", "posi_score",
    "nega_score", "indif_score", "gend2")]

を実行したいので，まずは適当に途中までに投入する変数を減らして実行してみます。

```
tmp <- d[, c("d03_1", "group", "kaigo_score", "posi_score")]
```

ここまでを実行してエラーが出なければ，これ以降に問題があるということになります。これを繰り返して問題がある箇所を同定していくという方法です。

状況 7：様々な場面で生じるエラー

```
> d$groups2[tmp$group=5] <- 4
  エラー： 予想外の '=' です in "d$group2[tmp$group="
```

「予想外の」がポイントです。

これは，R としては，ここに = が来るはずがないという判断でこのエラーを返しています。もう一度，スクリプトを確認してください。

ここでは，tmp$group2[tmp$group == 5] <- 4　のように，もうひとつ = が必要であるために，このようなエラーが出ました。他にも，直前の文字列の「"」が抜けていたり，「(」カッコの数が一致しないなどの理由が考えられます。

➡もう一度スクリプトを確認してみましょう。

状況 8：引数が足りないと言われる

```
> x <- c(165, 174, 162, 180, 166,)
 c(165, 174, 162, 180, 166, ) でエラー： 引数 6 が空です
```

本来は，存在すべき引数が指定されていない場合に生じます。この例は 5 つめの 166 のあとに「,」がありますが，その後に数値がありません。

➡最後のカンマを削除する，もしくは数値が抜けていたのであれば数値を追加すれば解決します。

状況 9：関数が使用できない

```
> sc(x)
 sc(x) でエラー： 関数 "sc" を見つけることができませんでした
```

存在していない関数を指定した際に生じます。

➡関数の名前を確認しましょう。確認して，関数の名前が正しい場合は当該関数が含まれているパッケージが読み込まれているか確認しましょう。必要なパッケージが library( ) で実行されていない可能性があります。

状況 10：anovakun でのエラー

```
> anovakun(d_aov, "ABs", 2, 3, holm=TRUE, eta=TRUE)
 qr.coef(qr(promat[eff.line, eff.line], LAPACK = TRUE),
 promat[eff.line, でエラー：
  エラーコード 1 が Lapack ルーチン 'dtrtrs' から返されました
 追加情報： 警告メッセージ：
1:  mean.default(x, na.rm = TRUE) で：
  argument is not numeric or logical: returning NA
2:  mean.default(x, na.rm = TRUE) で：
  argument is not numeric or logical: returning NA
3:  mapply(function(x, y) dat[x, -y], subline, nmline + 1,
    SIMPLIFY = FALSE) で：

 qr.coef(qr(promat[eff.line, eff.line], LAPACK = TRUE)),
 promat[eff.line, でエラー：
    エラーコード 1 が Lapack ルーチン 'dtrtrs' から返されました
```

これは，anovakun で，水準数が異なった場合に生じるエラーです。

➡要因 A，要因 B の水準数を確認しましょう。

自分自身が考えている水準数と，コードの記述が整合している場合，

データに何か予期しない値が含まれている可能性があります。確認をするには，table(d_aov$gen) というように度数分布を確認しましょう。要因を表す変数に欠測値がある場合は，データから削除することで解決する場合もあります。

状況 11：eigen で固有値を求める場合のエラー

```
eigen(d_fa)
eigen(d_fa) でエラー： 'eigen' に非正方行列が与えられました
```

正方行列とは相関行列のように，行と列の数が等しい行列を言います。eigen では，引数に相関行列（つまり正方行列）を入れる必要があります。ここでは，相関行列ではなくデータフレームを直接指定してしまったためにエラーが生じました。VSS.scree( ) では，データフレームでも相関行列でもどちらでも構わないため，気づきにくいかもしれません。

状況 12：確認的因子分析，共分散構造分析で生じるエラー1

```
> fit <- cfa(model = model_cfa, data = d)
 lavParseModelString(model) でエラー：
  lavaan ERROR: model does not contain lavaan syntax (no
  operators found)
```

➡この前段で指定しているモデルが間違っている可能性があります。よくあるミスとしては，モデルを記述している部分の前後の「'」（シングルコーテーション）が存在しない。=~ などの表記が誤っている。特に ~（チルダ）は注意が必要です。

状況 13：初めてパッケージを使用する場合に生じるエラー

```
> library(car)
要求されたパッケージ carData をロード中です
エラー: package or namespace load failed for 'car' in loadNamespace
(i, c(lib.loc
  'stringi' という名前のパッケージはありません
```

これは少し説明が必要です。新たなパッケージを作成する際に，すでに存在するパッケージを使用していることがほとんどです。通常は，使用したいパッケージをインストールすれば，そのパッケージに必要な別のパッケージもすべて自動でインストールしてくれます。

しかし，何らかの原因（削除されている，バージョンが合わない，など）によって，パッケージが自動でインストールされないことがあります。

上記のエラーは，「car パッケージ」を呼び出そうとしたのですが，car パッケージが使用している，「stringi」というパッケージがインストールされていないというエラーです。

➡対応策としては，不足しているパッケージを手動でインストールし，先にそのパッケージを読み込んでおいた後に，目的のパッケージを読み込むという方法があります。この例の場合，まず install.packages("stringi") を実行して，インストールします。そして，car パッケージを使用する際には，library(stringi)，library(car) の順で読み込むことで上記のエラーが解決できます。

「示したいこと」と「分析方法」の対応

本書では，論文の「筋道」，分析の「流れ」を重視しています。どのようなことを示したいか，何を言いたいかという論文の「筋道」によって，使用するべき分析方法，分析の「流れ」が決まるからです。ところが，その「筋道」を自覚することが難しい場合もあり，そうなると分析も決まらず，立ち往生することになります。

では，自分の論文の「筋道」は，どのようにすれば自覚しやすくなるでしょうか。「示したいこと・言いたいこと」がぼんやりしている場合は，図（や表）にして考えるのが最善でしょう。

以下に，代表的な研究のパターンである相関系の分析，平均値を問う分析の場合を示しました。自身の研究で注目する変数，そしてその関係を明確にした上で，図を見ながら，自分の研究がどのパターンに似ているのか，どのような結果の図を欲しているのかを考えてみてください。自分の使用すべき分析方法を見つけやすくなると思います。また，研究計画を立てる段階でこのようなことを考えておくと，どのようなデータを収集するべきかを検討する参考にもなるでしょう。

なお，ここでは本書の構成に合わせた，基本的なパターンのみを例示しています。ここに適切なものがない場合は，まねをしたい先行研究の「筋道」を参考にしてください。そして，その研究の結果部分を参照し，用いられている分析の「流れ」をまねようとしてみてください。

■相関系の分析

相関係数 ➡ 6 章

2つの変数間の
直線的な関係の程度を示したい。

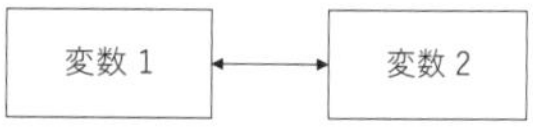

探索的因子分析 ➡ 5 & 9 章

項目群の背後にある，
潜在的な因子を見出したい。

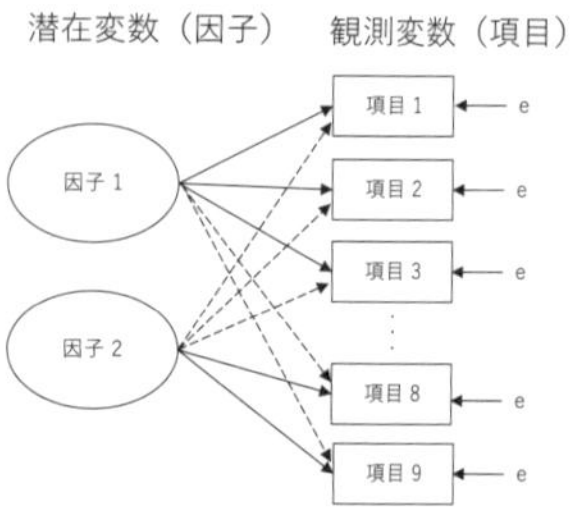

確認的因子分析 ➡ 6 & 11 章

潜在的な因子と項目との関係を表した
モデルとデータの適合度を検討したい。

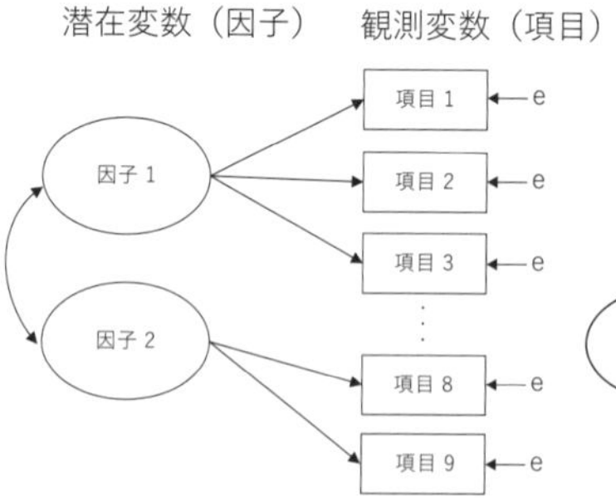

共分散構造分析 ➡ 7 & 13 章

潜在変数・観測変数をまとめてモデル
として表し，それぞれのパス係数および
モデルとデータの適合度を検討したい。

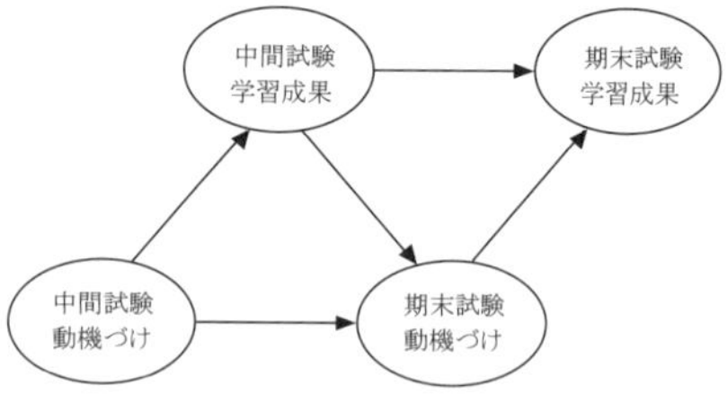

■平均値を問う分析

t 検定（対応なし）➡ 5 & 8 章

独立変数（2 水準：対応なし）が
母集団における従属変数の平均値に
差があるかを検討したい。

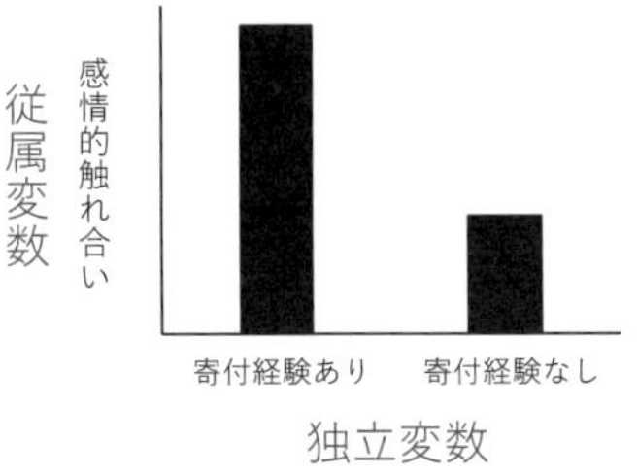

1 要因分散分析（被験者間） ➡ 5 & 11 章

独立変数（被験者間 2 水準以上）が
従属変数に与える影響を検討したい。

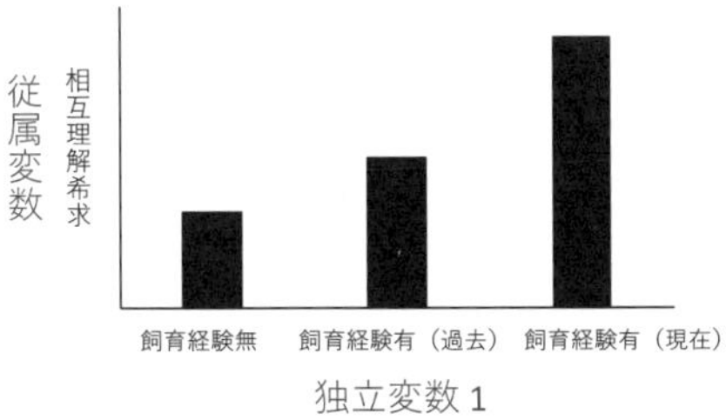

2 要因分散分析（被験者間×被験者間）➡ 11 章

独立変数 1（被験者間）と
独立変数 2（被験者間）の 2 つが
従属変数に与える影響を検討したい。

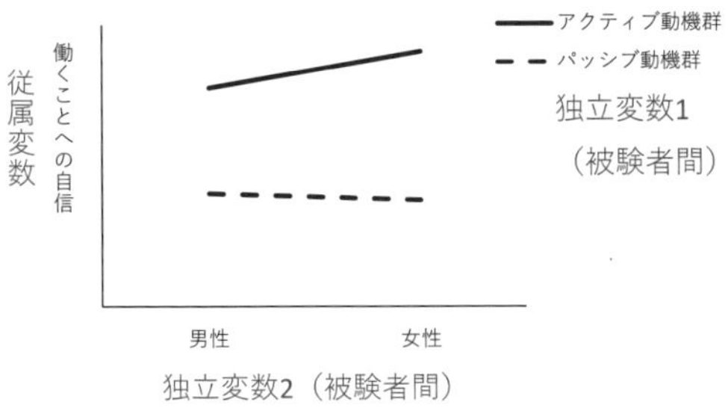

t 検定（対応あり）➡ 8 章

独立変数（2 水準：対応あり）において
母集団における従属変数の平均値に
差（変化）があるかを検討したい。

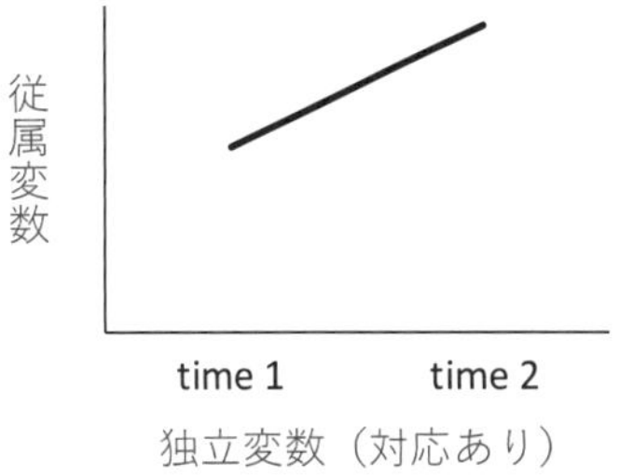

1 要因分散分析（被験者内） ➡ 11 章

独立変数（被験者内 2 水準以上, time 1, 2, 3 など）が,
従属変数に与える影響を検討したい。

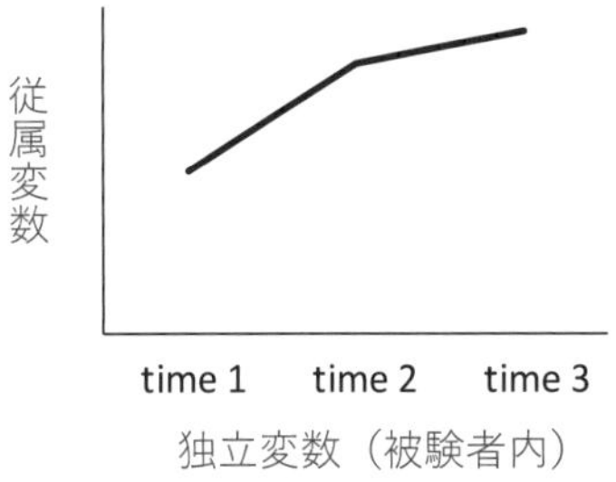

2 要因分散分析（混合計画） ➡ 4 & 11 章

独立変数 1（被験者間）と
独立変数 2（被験者内）が
従属変数に与える影響を検討したい。

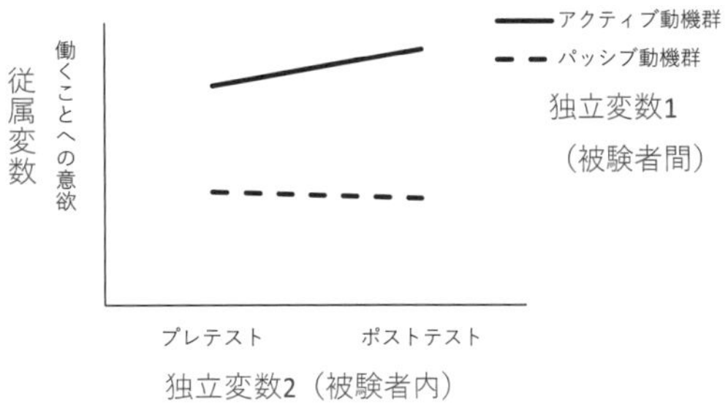

記号

$ 37

欧字

alpha( ) 191
aov( ) 204
as.data.frame( ) 35
as.factor( ) 50
barplot( ) 51
c( ) 21
cbind( ) 31
cfa( ) 138, **199**
chisq.test( ) 51
class( ) 48
colnames( ) 35
complete.cases( ) 46
cor.test( ) 79, **87**
cor( ) 55
corr.test( ) 139, **153**
cut( ) 61
describe( ) 53, 80
describeBy( ) 80, **91**
detach( ) 137
eigen( ) 110, 186
FALSE 16
fa.parallel( ) 110, **186**
fa( ) 186
getwd( ) 42
head( ) 45
help( ) 38
hist( ) 52
ifelse( ) 62
install.packages( ) 24
interaction.plot( ) 91
library( ) 25
mean( ) 36
na.omit( ) 47
names( ) 36
nrow( ) 45
omega( ) 148, **193**
order( ) 94
pairs( ) 139
par( ) 59
pcor( ) 139
plot( ) 54
read.csv( ) 44
R エディタ 27
R コンソール 17
sapply( ) 78
sd( ) 36
sem( ) 164
setwd( ) 42
str( ) 48
subset( ) 57
summary( ) 138, 143
t.test( ) 179
TRUE 16
table( ) 50, 51
tail( ) 45
var.test( ) 180

VSS.scree( ) 110, 185

ア

オプション 15

カ

拡張子 5
関数 14, 23, 25
行列 30
クロス集計 50
コメントアウト 29
コンソール 17

サ

四則演算 18
スクリプト 14

タ

データファイル 40
データフレーム 34
デフォルト 15
度数分布 50

ハ

パッケージ 24
引数 14
ベクトル 21
変数の型 48

ヤ

要素 21

各章と扱う分析の対応

		第1部, 第2部	第3部
相関係数・偏相関係数		3章	6章
t検定	対応がない場合	5章	8章
	対応がある場合	–	
探索的因子分析		5章	9章
確認的因子分析		6章	11章
尺度の信頼性		4, 5, 6 章	10章
分散分析	1要因（被験者間）	5章	12章
	1要因（被験者内）	–	
	2要因（被験者間×被験者間）	–	
	2要因（被験者間×被験者内）	4章	
共分散構造分析		7章	13章

●著者紹介

脇田 貴文（わきた　たかふみ）

2001年　南山大学 文学部 教育学科　卒業
2003年　名古屋大学 大学院教育発達科学研究科 博士前期課程　修了
2006年　名古屋大学 大学院教育発達科学研究科 博士後期課程　単位取得退学
2007年　京都大学 大学院医学研究科　産官学連携研究員
2008年　関西大学 社会学部　助教
現　在　関西大学 社会学部　教授　博士（心理学）

浦上 昌則（うらかみ　まさのり）

1991年　神戸大学 教育学部　卒業
1994年　神戸大学 大学院教育学研究科 修士課程　修了
1997年　名古屋大学 大学院教育学研究科 博士後期課程　単位取得退学
1997年　南山大学 文学部　講師
現　在　南山大学 人文学部　教授　博士（教育心理学）

藤岡 慧（ふじおか　さとし）

2018年　関西大学 社会学部 社会学科　卒業
2020年　関西大学 大学院心理学研究科 博士前期課程　修了
現　在　関西大学 大学院心理学研究科 博士後期課程

心理学《しんりがく》・社会科学研究《しゃかいかがくけんきゅう》のための調査系論文《ちょうさけいろんぶん》で学《まな》ぶ R《アール》入門《にゅうもん》

2021年 9月25日　第1版　第1刷発行

著　者　脇　田　貴　文
浦　上　昌　則
藤　岡　　　慧
発行所　東京図書株式会社
〒102-0072 東京都千代田区飯田橋 3-11-19
振替 00140-4-13803　電話 03(3288)9461
URL http://www.tokyo-tosho.co.jp/

ISBN 978-4-489-02367-5